THE
FIRST
DAYS
OF SCHOOL

★ 超值赠送的教学视频和教学资源请在 www.cyb.com.cn 下载。

如何成为高效能教师

HOW TO BE AN EFFECTIVE TEACHER

HARRY K.WONG

【美】黄绍裘

ROSEMARY T.WONG

【美】黄露丝玛丽

一些人选择教育这行

仅仅因为它是一份工作。

一些人选择教育这行是希望有所作为。

十分荣幸能与教育界

同仁分享我们的成果，

以期在该领域能有所突破。

中国青年出版社

献给我的父亲母亲，他们希望我成为一名脑外科医生。而我超越了他们的期望，我成为了一名学者和教师。

——黄绍裘

献给弗雷德里克·麦克基先生（Frederick McKee），我的第一位校长。他在对我的评语里写道，你需要更好的"课堂管理"技巧。感谢你为我点明我需要努力的方向。我这样做了。成功了！

——黄露丝玛丽

作者介绍

黄绍裘

美国杰出教育家，加利福尼亚大学、杨百威大学教育学博士，美国中小学教育领域公认最佳培训项目"FIRST教师培训体系"创始人、核心导师，曾获得美国教育界最高荣誉"贺拉斯·曼教育家奖"。他专职从事中小学一线教育18年，教师教育20年，因成功转变许多学校和改变了成千上万教师的生活而享誉全美乃至世界教育界。《指导员》杂志公布的读者票选出的教育界最受钦佩的人物中，黄教授位居第20名，仅次于玛雅·安吉罗、劳拉·布什、比尔·考斯比、希拉里·克林顿、罗恩·克拉克、柯林斯、霍华德·加德纳、奥普拉·温弗瑞等超级明星之后。他是享誉教育界的"实践派"，他的理论、研究无不基于实践，他找到了成功管理课堂和提高学生水平的零成本方案，他的影响遍及加拿大、欧洲、亚洲、南美洲、非洲和南极洲。

黄露丝玛丽

来自于美国路易斯安那州新奥尔，专职从事中小学一线教育13年，教师教育20年。因其成功的课堂教学能力被选为加利福尼亚州第一批专业指导教师，并多次获得硅谷商业奖和东南路易斯安那大学"杰出校友奖"。

目　录

师兄

下载师兄APP
即可免费试听
《如何成为高效能教师》
音频课

D 第三特质：掌握课程 · 225
高效能教师知道如何设计课程来帮助学生进步。

E 全新的理解：从高效能教师成长为教师领袖 · · · · · · · · · · · · · · · · · · 301
孜孜不倦地学习和成长的教师最终会成为专业的教育工作者。

"如何成为高效能教师"培训课

● 美国上千个学区的学校选用此课为教师提供进修和培训；

● 来自120余个国家的2,114个师范学院和大学视此培训为教师的"必修课"；

● 在全球已有超过一百万名教育工作者从中受益。

"如何成为高效能教师"中文版线上音频课《30天重塑你的课堂》，由《如何成为高效能教师》一书作者黄绍裘博士亲自培训的认证讲师、北京师范大学附属实验中学高级教师冯琳讲授。

详情请垂询：010-65516810　师老师

什么是真正的 高效能教师

成功的教师必须了解和实践高效能教师的三大特质。

单元 A

什么是真正的高效能教师

成功的教师必须了解和实践高效能教师的三大特质。

成功源自开学第一天

> **成功的老师往往会对开学第一天的教学有着很好的规划。**

开学伊始,教学活动这个头开得好不好,将会影响教师接下来整个学年教学的成败。良好的开端是成功的一半,老师们如果知道怎样将第一天的教学活动安排好,将会迎来一个高效能课堂和成功的学年。

大学教授道格拉斯·M.布鲁克斯采访了许多教师,并将他们第一天的教学情景录制成一个记录片。在看完片子之后,他有了一个惊人的发现。普通教师在开学第一天往往直切正题只顾讲课或做个小游戏来拉近与学生的距离,结果,这些教师在以后的日子里,只得追着学生学。

道格拉斯·M.布鲁克斯 (Douglas M.Brooks),俄亥俄州迈阿密大学

而高效能老师在第一天就能很好地掌控大局,组织安排好课堂教学进程,使学生们明白自己该做什么,怎样取得成功。布鲁克斯教授将这个发现写成了一篇论文《开学第一天》。①

在开学的第一周里,最重要的事是建立教学的一致性、连贯性。学生们希望明确自己现在学的是什么以及将要学什么。在这点上,他们不希望有任何"惊喜"或混乱。教学的一致性和连贯性使学生们不会再质疑"今天我们学什么"。

学生们希望有一个安全的、可预知的教学培养环境:这便是**一致连贯的教学模式**。

关键理念

良好的开端是教学成功的关键。

> 教师的至高追求,就是以己之力帮助学生发掘他们的潜力。
> ——塞缪尔·J.梅索斯(Samuel J.Meisels)

① 道格拉斯·M.布鲁克斯:开学第一天,《教育先锋》,页码:76—78,1985年5月.

交作业吧!

在一所位于治安不良社区的学校里（事实上，那里的学生们都非常有前途），一名学生说："我喜欢在这里读书，因为这里的每一个人都知道自己在做什么。没人向我们大声叫嚷、发号施令，我们可以自主学习，不受打扰。"

这位学生谈论的并不是举止行为（这一点我们在本书的第18章会有所涉及），他谈论的是"做"，或者如第19、20章所定义的"完成事情"。一名七年级学生对"做"的重要性是这样总结的："我终于明白了怎样才能学有所成，交作业吧！"

学生将事情做好，这便是学习。

井然有序的课堂是学生们向往的，没有喧闹，只有学习。高效能教师会用最初的两周时间教导学生们如何在一致连贯的教学氛围中约束和控制自己的行为。

高效能教师在课堂教学管理程序上总能保持一致性和连贯性。他们的课堂教学在学生关怀、思维激发、难易安排和专业内容的设置等方面都相当地成功。一个井然有序的课堂氛围是课堂教学的基础。因此，对于"开学伊始"，本书的C单元会是您最值得仔细阅读和参照实践的部分。

高效能教师有自己的教学计划和程序，从而能促使学生很好地学习。D单元将着重告诉您怎样才能使学生学有所成。

高效能教师对开学第一天都有书面计划

体育教练会对足球比赛前10到20分钟的踢法有详细的计划。婚礼司仪对婚礼的每一个进程都了如指掌。同样，一个高效能教师在开学之日会制订一个详实的课堂教学管理计划。

GoBe

在www.cyb.com.cn 中点击"GoBe"，进入相应各章，了解更多内容。

Going Beyond

"lagniappe"（小赠品）这个词源于"lan-yap"，意思是"额外的东西"，在路易斯安那州和密西西比州广泛使用。最开始，这个词用于卖家为答谢买家的光顾而给予的小恩惠，现在，这个词普遍用于人们之间互相施与小礼物。

在本书中，当你看见"Going Beyond"或者"GoBe"的标识，请登陆官方网站www.cyb.com.cn点击相应的按钮。我们将向你呈现与本书中相应章节相关的部分。你将获得更多有用的信息和研究成果。当你为准备迎接新学生、新学年和新课程时，你可以登陆上述网页下载最新资料。

戴安娜·格林浩斯
（Diana Greenhouse）

卡京·奇切克
（Kazim Cicek）

戴安娜·格林浩斯,一名来自德克萨斯州的教师说："第一年的教学经历简直太难以置信了。每当我回望自己完成的事，就激动得无法呼吸。我的学生们学得很好，我热爱教学的每分每秒。"

"所有的这一切都源于开学第一天的第一分钟。那天，我的课堂教学安排是由幻灯片演示开始的。"

卡京·奇切克，一位来自俄克拉荷马州的教师说，他在最初的三年教师生涯里一直扮演武士的角色与学生互斗。到了第四学年开始的前四天，他迟迟不愿重回课堂——直到听了黄绍裘在一次学前教育会议上的讲话，才拥有了一个豁然开朗的"灯泡时刻"。通过一个周末，他终于炮制出了一个用幻灯片演示的课堂管理计划。

在第四学年结束的时候，他说："我自己也同样得到了我希望学生能得到的，我也拥有了一个美好的学年。"

如今，卡京·奇切克已经成为一个非常快乐、非常成功的教师。

高效能教师在开学第一周就能很好地控制课堂教学进程，并保持下去。这里的控

teachers.net

戴安娜·格林浩斯和卡京·奇切克的故事最开始出现在teachers.net的网站上。自2000年6月起，我们在teachers.net上开辟了一个月刊栏目。

专栏中介绍了一些教师在阅读本书后，成功地将理论转化为教学实践，创造了很好的教学典范。他们当中有小学、中学和特殊教育教师，包括英语、科学、技术和艺术老师，还有图书管理员、大学教授。

从这些成功教师身上，你求也好、借也行、偷也罢，总能发掘出他们的闪光点并成功运用到自己的课堂教学中。

GoBe

课堂管理计划

在www.cyb.com.cn第1章的内容中，你可以找到戴安娜老师和卡京老师有关课堂管理计划。

不要与学生称兄道弟，一团和气

我们并不赞同所有想要与学生打成一片的新教师的做法。对学生要保持友好、呵护、关爱、细心，但不要成为他们的朋友。他们身边的朋友已经够多了。

如今的学生需要你成为他们的成人榜样，对你的为人师表产生敬佩和自豪。如果你成为学生的朋友，他们对你就会像对待朋友那样，开始向你寻求帮助。如果你没能取悦他们，他们就会发怒："我还以为你真是我的朋友呢，我恨你！"

为人师表胜于打成一片。

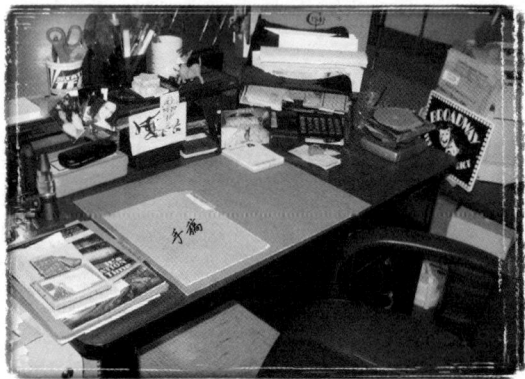

这位教师做好了开学第一天的教学准备。

> **学生的期末成绩与教师在学年伊始建立起来的课堂程序息息相关。**

制手段并非威胁或者恐吓，而是指：（一）你知道自己在做什么；（二）你知道自己的课堂程序；（三）你知道自己的专业教学能力。你必须让学生明白你知道自己在做什么，这是非常重要的。

强有力的证据表明，开学之初的两到三个星期对学生今后能否取得良好的成绩起着决定性的作用。

作为教师，你必须在教学开始前做好一切准备和组织工作。开学头几天的作为是你在这一学年成功与否的关键。

高效能教师创造骄人的成绩

高效能意味着"出成效"，"诞成果"。

当你与别人，如管道工、售货员、牙科医生或律师打交道时，你希望他们是讲效率的（能创造成果的）人。

同样，讲效率的教师能引导学习，传播知识。

一个人要做到卓有成效，首先必须精通专业。精于教学的教师，是指那些做到学无止境，不断提升自己的知识与技能，从而能够实现卓有成效地教学的教师。

> 精通专业：具备一定的知识和技能。
> 卓有成效：出成果。
> 高效能的教师能影响学生的人生。

教学四阶段

教学分为四个阶段。[①] 至今，许多教师还维持在第二阶段——"维持教学"，停滞不前。本书的撰写旨在帮助你脱离第二阶段——"维持教学"，从而进入到第三阶段——"融会贯通"，于是，你便能对你学生的人生产生非同一般的影响。

教学四阶段

天真幻想 ➡ 维持教学 ➡ 融会贯通 ➡ 潜移默化

第一阶段——天真幻想。 许多新教师天真地认为，要成为一名成功的教师就要与自己的学生一团和气、打成一片，并成为他们的朋友。他们几乎不考虑教学标准、评估或者学生成绩。愉悦学生，让学生参与活动是他们对教学的理解。

第二阶段——维持教学。 在"维持教学"阶段中，教师们并未运用在D单元中讲解的那些教学技巧。他们将时间大量花费在为学生安排作业上，如完成练习册、看录像、做课堂作业——一切为了确保大家保持安静。学生的学习和成绩都未列入他们的教学目标中，他们的教学只是为了单纯的工作和薪水，这是他们"维持教学"的目标。

学校

学校是个大熔炉。人们上学的目的是为了学习、工作及创造——与成人职场并无二致。学校是人们获取知识、学习技能和培养自身价值的地方，它会充实人们的头脑，帮人们充分挖掘各自的潜能，成为富有成效的公民。

---

① 凯文·赖安（Ryan, Kevin）：《新手教师入职培训》，1986.

永远为时不晚

　　教学不同于大多数职业，因为它每一天、每一年都在为我们提供重新开始的机会。你可以在开始几年里停留在"维持教学"的模式中，但如果你阅读此书，并实施这些通用的技能，是绝对不可能只停留在"维持教学"的模式中的。

　　如果你是一位经验丰富的教师，只为继续"维持教学"而第一次阅读本书，那么，明天就将会成为你新的一天。

　　过去的八年，我一直生活在"维持教学"中。对于我从这本书里学到的这些教学策略，我最后要说一句：在第九年里，第一次，我对这些"第一天"不再感到畏惧。

——贝奇·奇伯丝
田西纳州富兰克林路中学

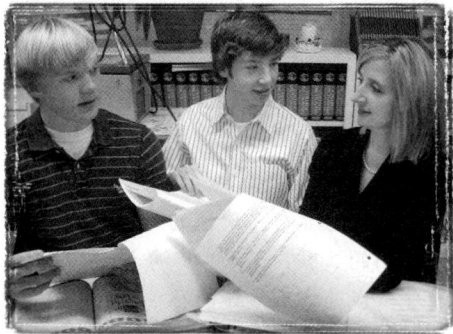

高效能教师一定是有所作为的。

　　第三阶段——融会贯通。那些知道如何让学生学有所成的教师懂得采用有效的方法，这些教师知道如何管理他们的班级，对自己的学生抱有较高的期望。高效能教师通过阅读文献和参加专业活动来钻研和自我提升。让学生学习是他们的使命，学生取得成绩是他们熟能生巧后的目标。

　　第四阶段——潜移默化。高效能教师会使学生的人生变得与众不同。有许多这样的老师，他们的学生在多年以后重返校园，拜谢老师影响了自己的人生。要想影响到你的学生，你需要运用本书中所介绍的卓有成效的教学方法。只有当教师能对学生的人生产生重大影响时，学生才肯学。当你达到这一阶段，就已超越"融会贯通"了，你已经成为一名真正意义上的教师。

　　当你进入到"潜移默化"的阶段时，你就可以回归到"天真幻想"阶段，去实现让学生的生命变得与众不同的理想。同时，你也将成为教师中的佼佼者，带着一份自豪感和成就感快乐地生活，你用成果告诉自己，你为你的职业作出了贡献。

> "潜移默化"阶段，大多数教师都说，自己做教师就是为了让自己有所作为。事实上，你不仅仅能"有所作为"，你是"独一无二"的。

高效能教师能影响学生的人生

　　既精通业务又有效率的教师，与那些既不精通业务又没效率的教师相比，更有能力影响学生的人生。

高效能教师知道如何使自己的课堂在短时间内变得井然有序，为学生解释规则和程序，找出与学生们有关的重要信息，最后，让他们清楚地知道将来应该期待些什么。在下面的章节中我们会为您介绍这些技能。

关系是建立在搭建高效课堂的过程中的。高效能教师与学生之间应当存在一种信任关系。努力了解学生在有效运转的课堂中是十分重要的。

雇佣你们是为了对学生的人生产生影响，雇佣你们并不单纯是让你们来教三年级、历史或是体育，而是为了对学生的人生产生影响。融入孩子们的生命之中，你就会得到一个想要学习历史、体育甚至是科学和数学的学生，为你关窗户、装订所有文件和侧身翻跟头来取悦你的学生。

学年的开始很关键。开学伊始，你的言行举止对学生的学习及人生产生的影响，将会决定你接下来整个学年的工作成效。

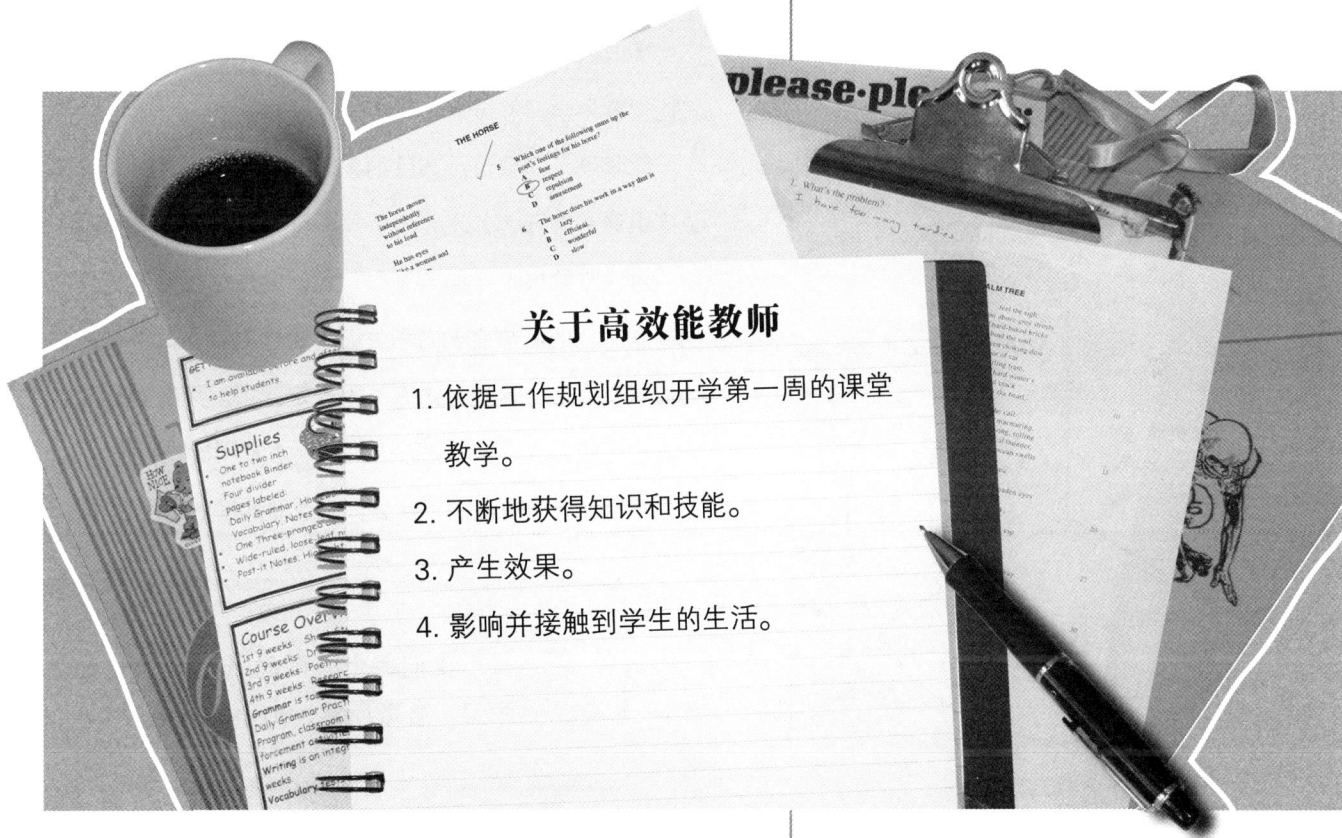

关于高效能教师

1. 依据工作规划组织开学第一周的课堂教学。

2. 不断地获得知识和技能。

3. 产生效果。

4. 影响并接触到学生的生活。

关键理念

教师必须具备这三种特质，才能成长为高效能教师。

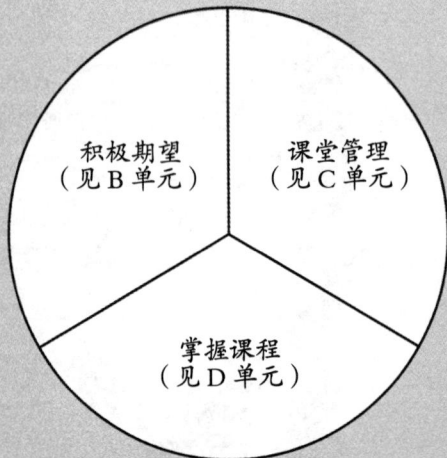

高效能教师的三大特质

关于高效能教师

高效能教师的三大特质

1. 对学生的成功抱有积极的期待。
2. 是一位杰出的课堂管理者。
3. 知道如何为学生掌握知识而设计课程。

高效能教师有三大特质，而这三大特质也适用于所有教师。[①] 当你熟知了这些特质，就能很容易学习怎样做一名卓有成效的教师。

教学是一门很讲技巧性的艺术，人们可以通过学习来掌握这门艺术！把在幼儿园或高中课堂里行之有效的教学方法稍作修改，同样也适用于任何其他课堂。

当课堂效果不尽如人意时，教师会想尽办法不断地利用各种课堂活动来抓住学生的注意力。他们热衷于向学生灌输教材内容，做各种有趣的活动或与学生分享其渊博的知识。但是，这些方法有时不一定管用。只有当你具备了高效能教师的特质，这些方法才可能奏效。教学并不仅仅是照本宣科或进行课堂活动。

不是你向学生灌输了什么，而是你从学生那里获得了什么。

> 我们每个人同时既是学生也是教师。互相学习，各取所需，力争最好。

① 托马斯·L.古德（Thomas L.Good），杰里·布洛非（Jere Brophy）：《课堂观察》，美国马萨诸塞州尼达姆，页码：8,9,12,47,71及301页,2007。

研究一再表明,在学校可以控制的所有因素中,高效能教师对学生成就的影响最大。

几十年来对教育创新改革的短暂追捧和成果都无法有效地改善学生成绩——只有高效能教师才能做到。

积极期望

积极期望,又叫高度期望,不能与高标准混淆。有积极的期望,简单地说就是教师相信学生能学好,相信学生有这个能力学好。

这种对积极期望的深信来自于研究。研究表明,学习者能达到教师对他们的期望值。如果你认为这个学生水平较低,在中等偏下,很迟钝,那么他很可能会如你所想。因为无形中,你已经向他传达了这个消极的暗示。如果你坚信这个学生能力很强,超出常人,那么他往往会十分优秀,因为你向他传递了这个积极的暗示。

所以,教师对所有学生持有积极期望是十分重要的。B单元会讨论如何表达积极期望,以及解释作为一种态度,它对师生的重要性和益处,同时也会探讨它在课堂大环境中的作用。

课堂管理

课堂管理包括教师为实现课堂环境最优化而采取的各种实践和程序,目的是使教学和学习都能顺利进行。为此,教师必须创造一个秩序井然的课堂环境。

管教对课堂管理几乎不起任何作用。你无法管教一个商店,你只能经营它,对一

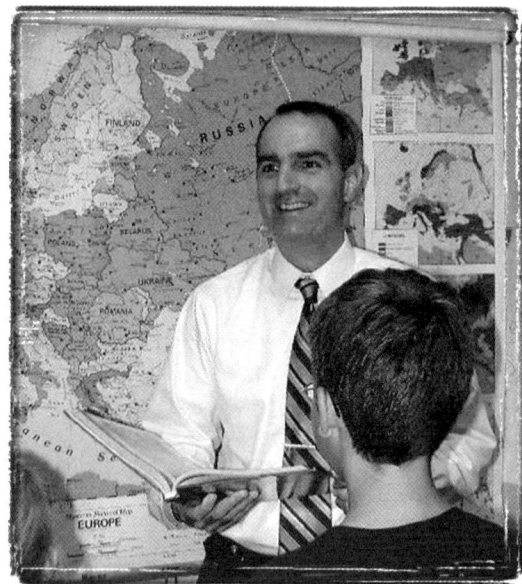

一名高效能教师对学生成就的取得有着至关重要的作用。

GoBe

创造奇迹

史戴茜的课堂失控了,然而,她却经历了一场近乎奇迹的变化。她到底做了什么?请登陆www.cyb.com.cn查阅相关内容。

个教室亦是如此。C 单元会解释怎样管理一个课堂：始终遵循一个原则——秩序井然的环境是卓有成效的课堂必不可缺的。教师学习课堂管理技能的优劣程度直接影响该环境的好坏。

对课程的掌握

掌握课程是指一个学生对某概念的理解程度或对一个技能的熟练程度。这些都依靠教师的判断。D 单元着重讲解如何为掌握知识而教学。

造房子的时候，承包商会从建筑师那里得到一系列的图纸。这些图纸指明了怎样的建造标准是可以接受的。检查员在定期检查施工时，总是会先以图纸做参照，再查

有秩序的外部环境 + 积极的学习期望＝卓有成效的课堂

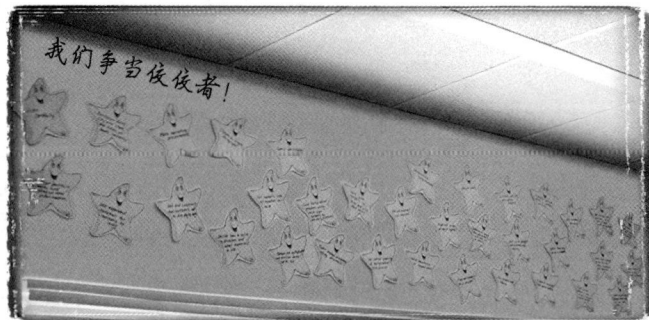

莎拉·江达尔（Sarah Jondahl）的课堂非常成功。

教师不在学生一样自觉学习

亲爱的黄博士：

在我 23 年的教学生涯中，我发现自己最擅长的是课堂管理。

举个例子，有一天我病了，头天晚上我打电话给学校管理人员，告诉他们自己第二天无法去上课。第二天一早上课铃响时，我教室门口的大厅里站满了学生。系里的另一个教师把门打开，让同学们进去。同学们进进出出，秩序井然。下午，有个辅导员过来找我，我的学生说，他们一天没见到我了，然后照常继续做他们在做的事。

我与学校领导之间有一个经典的笑话：如果我能够让学生对我的缺席不说什么，我就可以整个礼拜呆在家里，或者干脆到南海群岛转一圈。

总之，过去 15 年中，我没有什么大的纪律问题要操心，在每天下午的 3 点 15 分，我可以自由自在地打发我的时间。

课堂程序真有效！

理查德·L.克鲁斯（Richard L.Crewse）

协和高中
印第安纳州

看建筑质量，以确定工程是否符合图纸细化的建造标准。

教学无异，为了知识的掌握和能力的提升，一名高效能教师必须做到以下三点：

1. 教师应该懂得课程设计，使学生能够有目标或有标准地学习概念或技能。

2. 教师在教学时应该懂得怎样传授教学内容，才能达到最终的目标或标准。

3. 教师应该明白如何评估学习并提供纠正行动，使学生能够熟悉概念或技能。

学生课业上的成功归功于教师如何设计课程和检验学生的掌握程度。

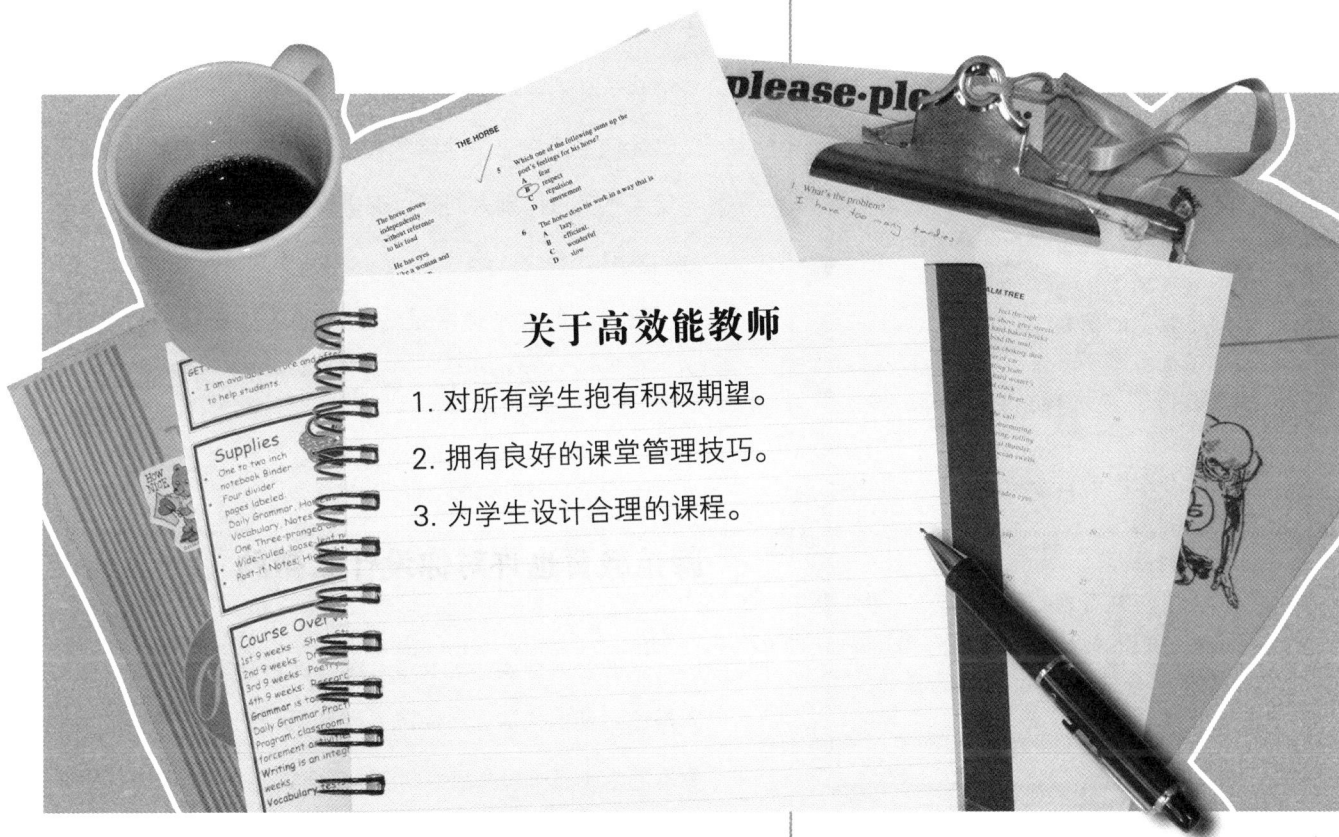

关于高效能教师

1. 对所有学生抱有积极期望。

2. 拥有良好的课堂管理技巧。

3. 为学生设计合理的课程。

关键理念

新教师必须充分地学以致用。

第一年的教学是最关键的

新教师往往感到被孤立、排挤

并且

很在意别人怎样看待自己

但是

又害怕向别人提出帮助的请求

他们被雇佣了

拿到了教室的钥匙

知道了该去哪个教室

除此之外，没有得到任何帮助和支持

他们被分配到的任务很糟糕

他们感到恐慌

他们感到羞辱

他们没有得到帮助

他们期待别人能给他们希望

期待有人告知何时才能与这样的艰难说再见

教学第一年是可以成功的

> **教学成功的最大秘密：**
> **乞，借，窃！**

这并非真的偷，而是研究和学习。当你走进一名高效能教师的课堂，环顾四周，发现一些你认为值得借鉴的东西，你会说："给我，给我，给我。"许多很有经验的教师将会十分乐意帮助你。

我们生活在一个平等的社会，而不是专家的社会。我们是这个普通社会的一员，不用害怕通过问别人问题以促进你的学习。正是在分享和互相帮助中，我们推进了职业的发展。

第一天的教学将会是令人激动的，是你期待已久的，但同时也会是令人畏惧的。当然，如果你学会了如何在开学伊始将教学变得卓有成效，那么你就在向成功迈进了。

师范教育也许对你没什么帮助

我们不该抱怨学校教育。没有人说过教育到了大学阶段就该停止了。诚然，某些人是通过其他的认证途径进入教育领域的。不管怎样，都不能排除最好的教师往往是最好的学生这一事实。好的教师往往会回到大学校园，继续不懈地学习，参加专业组织，参加例会、讨论会和研讨会，参加教职员工发展会议，在工作团体支持网络和学习社区中与其他同事和工作人员一起合作，以期对学生成绩有所帮助。

师范教育无法帮助你太多

我们不应该责怪自己的导师。没有人训练过你的导师该教你什么。很少有师范生在开学第一天能表现出相当有经验的样子。通常，导师开了一个头，就让师范生自己发挥了。因此，大多数师范生第一次上课时都没有受过培训，也没什么经验。

> **教学生涯的第一年可能会令人生畏！**
> 1. 师范教育也许对你没什么帮助。
> 2. 教学实践也许对你没什么帮助。
> 3. 学区辅导也许对你没什么帮助。
> 4. 但是，你需要马上进入教师的角色。

一些学区为新教师提供入职培训

教学是一份容易上手的工作。在商界，新晋员工从第一天起就会接受一系列的培训，让他们在这一领域获取知识、积累经验、承担责任直到退休的那一天。

不知你注意到了没有，那些你认为的问题学生却能在当地商店或是快餐店里表现得很好。像麦当劳、多米诺比萨一类的餐馆都有自己的一套复杂的培训制度，让新晋

小埃尔摩·桑切斯（Elmo Sanchez, Jr.），新教师

贝丝·A. 萨默斯（Beth A.Sommers），新教师

> **知识是没有重量的，它是你可以随身携带的宝贝。**

学无止境

我们的新手教师入职培训对我第一年教学的成功有很大的帮助。感谢我的领导、员工培训员和这本书，那段日子很令人兴奋，也非常值得珍惜。后来，我一直在借鉴从学区的那次培训里和这本书中学到的方法，这些方法使我在每一新学年都体会到了学生成功的喜悦。

杰米·A.迪亚茨（Jaime A.Diaz）
美国亚利桑那州

杰米·迪亚茨
（Jaime Diaz）

GoBe

10个需要询问的问题

在你应聘一份工作时，有10个问题是你需要询问的，这些内容包括在第3章里，你还可以登陆www.cyb.com.cn了解详情。

员工在面向消费者前做好充分的准备。到任何工作场所的幕后看一看，你会发现员工们在观看培训视频、阅读指导手册和学习与工作有关的各种知识。同样的，卓有成效的学区和学校对新教师也有类似的培训或全面的入职培训指导。

遗憾的是，在一些学校里，新教师只会领到一把教室钥匙，然后就被告之进去教书，接着就留下你一个人独自揣摩、独自面对，只依赖自己。

> 人们希望新教师能和老教师一样承担相同的任务和责任。

真正能帮助你在你的学区做好教学准备的是一个有组织的新教师入职指导。新教师入职指导是一个系统的持续多年的项目，目的是将你培养成高效能教师。

卓有成效的学区希望帮助新教师成功。他们提供的新教师入职培训，会在你开始第一天教学之前启动，并持续多年。入职培训不仅仅是职业教育、顾问指导亦或评价评估。它是学区对新教师的培训，希望新教师能胜任工作。请不要天真地认为你可以不需要帮助而成功。

请马上进入角色

在你第一天成为教师的时候，你就与其他教师平等了。你和他们有同样的课程，教同样的学生，接受同样的安排和管理。你的职责也和其他的教师一样。

同时，在你教学生涯的第一天，你就被期望是完美的，并且每一年都应表现得更好。你能行的，如果你参与了学区组织的新教师培训计划，意识到要成为一名优秀教师是一个学无止境的过程，你还可以做得更好。

> **人们希望新教师能和老教师一样承担相同的任务和责任。**

教育不是一个产品，它是一个永无止境的过程。本书的目的是给读者提供一些启发、想法和选择，让大家明白该怎样开始第一天的教学。请注意"选择"这个词，你今天的选择会直接影响到你明天的机遇。

教育里没有完美答案，没有简单回答，没有速成方法，没有既成范式，没有傻瓜窍门。只有教师们，他们的高效能成就了教学这项职业，而不仅仅是一份工作。他们的学习永无止境，他们根据自己的知识和经验，选择适合的教学策略。

你的人生之路还有很长，它可以充满幸福和荣耀。如果你希望自己的职业生涯有大的成就，就必须重视身边的同事这个重要的人脉资源。

要像同学般真挚地对待自己的同事。

向身边的良师益友学习。

加入一个专业组织。

> **入职培训可以帮助新老师尽快适应教学**
>
> 入职培训的三个目的：
> 1.可减小角色转换期对教学的紧张感。
> 2.可帮助你提高教学的有效性。
> 3.可增加优秀教师的留存量。

美国一些专业教育组织

美国健康、体育、娱乐与舞蹈联会

美国家庭和消费科学学会

美国物理教师学会

美国外语教学协会

美国图书馆协会

美国学校咨询师协会

美国语言听力学会

职业技术教育协会

幼年教育国际协会

学习障碍儿童和成人协会

教育传播与技术协会

资优学生协会

督学与教材发展协会

比较和国际教育学会

特殊儿童教育协会

学习障碍协会

室内设计教育协会

国际阅读协会

国际教育科技协会

Kappa Delta Pi国际教育荣誉协会

路德会教育协会

全美黑人学校教育联盟

美国国家艺术教育学会

美国国家双语教育学会

美国国家优资儿童学会

美国国家音乐教育学会

全美幼儿教育协会

美国国家生物教师协会

全美儿童保健专业协会

全美小学校长联合会

全美学校护士协会

全美中学校长协会

全美商业教育协会

全美天主教教育协会

全美社会科学研究委员会

全美英语教师委员会

全美数学教师委员会

全美乡村教育协会

全美科学教师协会

美国优资儿童协会

Phi Delta Kappa国际专业教育者协会

音乐教师教育协会

一些学区有模范班级，班里的同学们早在开学第一天前就做好了学习的准备。负责新教师入职指导的教师们参观了这些班级，想去看看他们究竟是怎样为开学做准备的。

GoBe

网址

请参见www.cyb.com.cn查询以上网址。

> ❝ 在梦想消亡之前请紧紧抓住它，别让生命像断翼之雀无法飞翔。
>
> 在梦想远去之前请牢牢抱紧它，否则，生命就会成为一方满是冰封贫瘠的土壤。[①] ❞
>
> ——兰斯顿·休斯（Langston Hughes）

继续学习，从课堂、研讨会、专业会议、书籍、期刊、CD、DVD、互联网以及学位进修课等渠道实现自我增值。

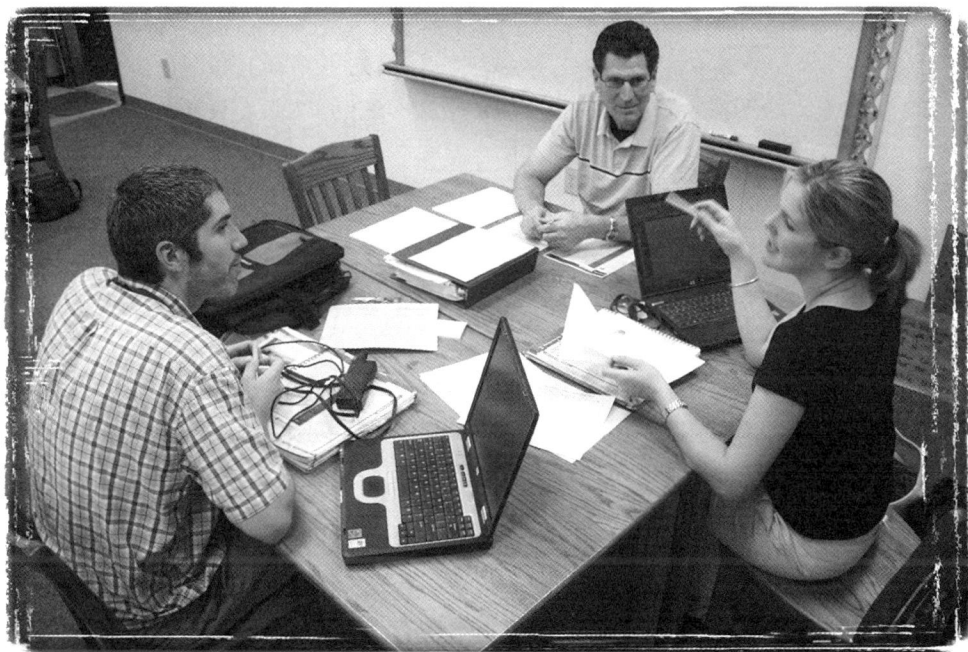

许多地区有专门的学习社区，在那里，新老师可以轻车上路，左右逢源。

生命因追逐挑战而充实。

只要有人开始上课……

我不记得这位教师的名字了，但是如果没有她，我的教学生涯决不会走这么远。上帝保佑她！二十六年前在洛杉矶，那是我第一天给学生上课。课前，发生了一件事……

当时我正站在教师休息室门口，这位经验丰富的老教师向我走来："你是不是不知道怎样开始上课？"

我问："您怎么知道的？如果您能替我开个头，并让学生们进入状态，我就能继续下去。"

在那以前，没有人教过我如何开始上第一堂课。

盖尔·萨顿（Gail Sutton）
俄勒冈州

---

① 兰斯顿·休斯（Langston Hughes）：梦想《兰斯顿·休斯》诗歌集，纽约，教育出版社，2004.

在三至五年内，你可以找到任何与教育相关的工作，并且收入会提高25%或者更多。

因为在未来，教师需求量是很大的，高效能教师将会有很多工作机会。

从事教育工作会给你带来丰厚的回报，但仅限于那些力求成功的教师。学生们也一样，只有那些努力勤奋、态度积极的学生才能取得优异成绩。这里，我们解释一下为什么说你们的前途是光明的。

◎ 为了满足不断增长的学生人数的需求，到2013年，美国全国需要再聘请两百多万教师和行政人员来接替现在教师队伍里那些将要退休的教职工。

◎ 人们将会有许多工作机会——不仅仅局限于课堂上的——许多教师将来会成为行政人员或大学教授，供职于教育机构，编写软件程序或者成为顾问，帮助私企做教育项目，开办幼托中心或从事许多其他与教育相关的事业。

◎ 虽然教师从事的是教学工作，但他们通常却最不愿意学习如何提高自己的工作能力。大多数教师不愿出席讨论会，并对学术会议嗤之以鼻。

◎ 许多教师不思进取，而那些积极进取者，只要三到五年，就能在教育界从事任何工作，而且薪水能比现在提高25%。

目前，我们的学校正处于一个前所未有的紧急时期，迫切需要缩小学生间的成就差距。在这样的紧急时期，你若表现得积极主动、努力进取，自然就会得到应有的回报。

教学是一种职业，像所有职业一样，其从业人员必须不断学习新知识和新技能。而最有效的掌握新知识新技能的方法就是融入一个学习团队中，在这里，志同道合的人可以互相学习，共同进步。

我们今天雇佣的教师会成为影响下一代人的灵魂工程师。他们的成功直接决定着一整代人的成功。

最大的威胁

当人们除了自己之外，没有其他学习榜样时，便会懈怠。要向你的同事学习他们的优点而不是缺点。

对不求进步的教师而言，那些不断进取的教师是他们最大的威胁。而那些停滞不前的教师会无所不用其极地去阻止你前进，因为你的进步是他们最大的威胁。

不要听信那些愤世嫉俗、无所事事的教师。

这些人对行政人员、学校教育、教工培训人员、例会、讨论会和专业会议不屑一顾（即使他们参加，也会坐在后排）。他们抵制一切想要帮助你成为优秀教师和优秀人才的人或事。

避免与那些不停抱怨和找借口的教师打交道。不要让那些不能控制自己行为的人控制了你的行为。

找一个可为自己树立榜样的教练、同事，向他学习。找一个可以启发你、帮助你学习的伙伴。为自己树立一个成功的典范，争取成为像他那样的人。你是地球上唯一一个可以挖掘自己才能的人，这是一份很重要的责任。

现在，你还有剩余的学年要继续，前方是你的职业生涯，你会在其中发现真正的乐趣。你会成为一名快乐、成功、令人崇拜的教师。

每个伟大的教师的内心，都有一个更加伟大的灵魂工程师。

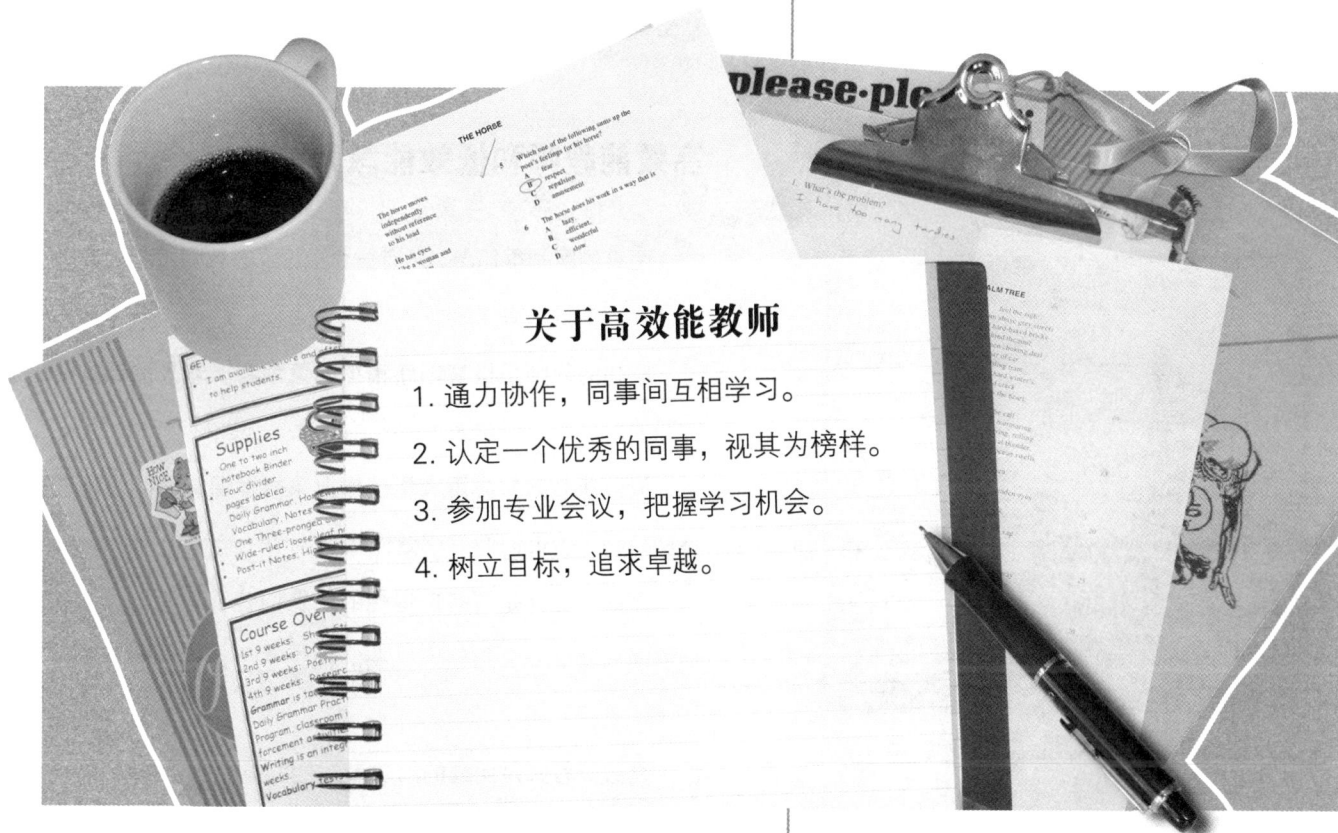

关于高效能教师

1. 通力协作，同事间互相学习。

2. 认定一个优秀的同事，视其为榜样。

3. 参加专业会议，把握学习机会。

4. 树立目标，追求卓越。

关键理念

教师的效能决定了学生的成就。

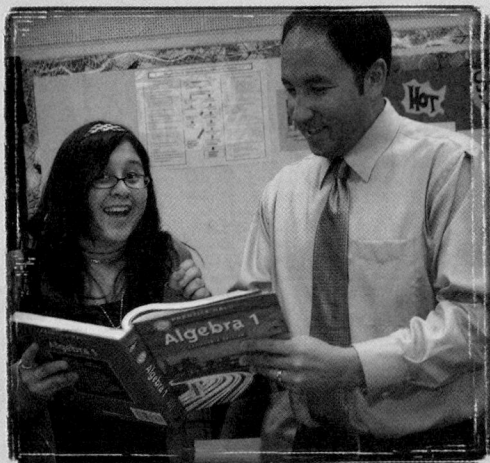

亚历克斯·卡基塔尼（Alex Kajitani）发明了用数学
饶舌的方法来教中学代数。

高效能教师的重要性

> **学校最宝贵的财产是人。**

教师没有走进教室，教学就没有开始。正是教师——知道什么、能做什么——才是学生成才的关键因素。教师越是卓有成效，学生越能成功。

高效能教师和低效能教师的区别

两者的区别很简单，只有一个：低效的教师不会做高效的教师会做的事。如果做了，则会立刻变得卓有成效。

成功的教师是极富创新精神的策划者，非凡的课堂管理者，深思熟虑的思想者和称职的解惑者。成功人士成就的事，是那些碌碌无为的人无法企及的。

低效能教师只会用大量的作业来打发课堂时间。他们得过且过，总是在抱怨，总是期待别人告诉他们应该做什么。

高效能教师是富有创造性的。他们善于思考、灵活变通、勤于实践。高效能教师能够学长者之长，借他人之鉴。他们善于在现有的资源中寻找有价值的，并将其整合应用于目标的实现当中。

高效能教师是问题的解决者。他们能分析、整合和创造资源来为学生的学习服务。

> 一名真正专业的高效能教师是一名学者，
> 是一名能与学生一起学习的学者。

以下是对高效能教师重要性的观察结论：

◎ 相较于低效能教师，高效能教师一年之中有9个月甚至更多的时间花在学习上，差不多是一整年时间。[1]

◎ 与诸多其他因素相比，教师专业水准的高低对学生成绩的影响最大，约占40%。[2]

◎ 拥有多名高效能教师的学生，成绩通常十分优异，即便只有两位是低效能的教师，学生的成绩也会落后很多。[3]

◎ 教师素质的好坏对学生成绩的优劣起着决定性的作用，比重高于90%。[4]

◎ 对学生成绩优劣影响最大的不是种族，不是贫穷，而是教师的有效性。[5]

◎ 当教师的有效性提高了，那些成绩较差的学生是最先受益者。[6]

教师渴望成功

提高学生学习成绩的不是课程项目或学校改革，而是教师以及他们的教学实践。教师需要的不是课程项目，他们最想看到的是学生取得学业成就。

光凭某些课程项目无法使学生进步，教师优秀才是硬道理。与其花钱去购买一个又一个项目，还不如将钱花在培训和发展教师队伍上。

素质教学

研究以压倒性的论证来支持这个观点：教师的知识和技能水平是影响孩子学习的最重要因素。[7]对那些来自于贫困家庭或者单亲家庭的孩子来说，素质教学尤为重要。

[1] 罗万·B（Rowan B.），R.考蓝提（R.Correnti）和R.米勒（R. Miller）：大规模调查研究告诉我们关于教师的有效程度对学生成就会有怎样的影响，《教师大学记录》，页码：1525—1567,2002.

[2] 教学和美国未来国家委员会：做什么最重要：教学质量投资. 华盛顿特区M西北街2100号，660房间，教学和美国未来国家委员会，邮编：20037. 页码：8,1997年11月.

[3] 乔埃特·萨克（Sack, Joetta.）：在国会听证会上，班级大小和教师素质成为中心话题.《教育周刊》，页码：22,1999年5月5日.

[4] 教学和美国未来国家委员会，页码：9.

[5] 琼·C.瑞夫斯（Rivers, June C.），威廉·L.山德士（William L.Sanders）：教师素质和教育机会均等：结论和相关政策，在胡佛PRI教师素质会议上的报告. 斯坦佛大学. 页码：4,2000年5月12日.

[6] 威廉·L.山德士（Sanders, William L.）：教师对学生未来学术成就的积累和剩余影响问题，田纳西大学增值研究和评估中心，页码：7,1996.

[7] 哈努谢克（Hanushek），E·A·J·F.凯恩（J.F.Kain）和S·G.瑞福金（S.G.Rivkin）：为什么公立学校会有教师流失，马萨诸塞州，剑桥：国家经济研究局,2001.

成功的教师来自于各个学科和各个年级

杰佛瑞·W.史密斯（Jeffrey W.Smith）是一位成功的教师。本书里并没有介绍过如何教焊接技术，但杰佛瑞·史密斯（Jeff Smith）将书中所讲的策略成功运用到了实践中，成为了美国最前沿的焊接技术教师。

他是个专业的教育者。他推崇专业精神，遵循焊接业所接受的着装和行为规范。

在焊接教育领域，他是位领军人物。他在课堂中整合认证的标准和要求，培养出了俄克拉荷马州技术最过硬的学员，他们也是全州最出色的"焊接"后起之秀。

杰佛瑞·史密斯（Jeff Smith）：高中职业技术教育教师。杰佛瑞教过的每一位学生都通过专业认证并取得了俄克拉荷马州焊接证书。他所有的学生都成功了。

伊丽莎白·布鲁瑞克斯（Elizabeth Breaux）：中学教师。伊丽莎白在一家极度贫困的学校工作，带着一群特殊的学生。他们接受的并非是传统意义上的教育，因为那里的每个孩子都比同龄人落后一到三年。

莎拉·江达尔（Sarah Jondahl）：小学教师。莎拉拿着一份课堂管理行动计划书开始了开学第一天的教学。如今，这份文件已经变成了两本。她让学生成功了，学生和学生家长都非常爱戴她。

史蒂夫·盖曼（Steve Geiman）：高中体育教师。史蒂夫将普通课堂管理方法运用到了体育课中。他体会到被用在体育课中的管理方法同样适用于各种课堂教学。

雪龙达·色若亚（Chelonnda Seroyer）：高中英语教师。当雪龙达的第一个学生走向她课堂的那一刻，她成功了。她布置给学生们的作业，学生们都能积极完成。

朱莉·约翰逊（Julie Johnson）：小学教师。茱莉教书已经有很多年了。这么多年里，她从来没有为让学生完成作业而烦恼过，她的学生求着她做测验。

罗宾·巴拉克（Robin Barlak）：学前特殊教育教师。罗宾对于她学生们的成功，自有一套方法。她将享受学习的讯息传递到每位教师、课堂助教、理疗师、学生和家长。

诺姆·丹嫩（Norm Dannen）：高中教师。诺姆使用评分指南让学生们及时了解该学什么以及学习情况是如何被评估的。

凯伦·罗杰斯（Karen Rogers）：高中科学教师。凯伦用幻灯片演示来讲解课程。她使用得分指南，使学生们和他们的家长知道该做什么。

苏珊·孟斐特（Susan Monfet）：大学教师。苏珊说："我教学生的课堂管理实践，同样适用于大学课堂管理。"

教育领导者们应该知道，学校最重要的是，是否能为最需要的学生们提供优秀教师，这些教师应该受过专业训练，有良好的教学策略以及过硬的学术知识和技能。

如何提高学生成绩

低效能教师对学生的成长帮助甚微。而高效能教师，即使是在普通学校，仍然能让学生受益，提高成绩。

试想，学生的成绩在前50%徘徊，将他们放在设计好的情境中，两年以后，罗伯特·马尔扎诺（Robert Marzano）研究发现：

◎ 如果学生在一个低绩效的学校遇到了一个低效能的教师，他的成绩会从前50%下降到后3%。

◎ 如果学生在一个卓有成效的学校遇到一位低效能的教师，他的成绩会从原来的前50%滑落到后37%。

◎ 但是，如果学生在一个低绩效的学校遇到一个高效能的教师，那么学生的成绩会上升至前37%的水平。

这一切都是因为教师，在普通学校，我们的教师也是普通的，这也不错。

但是，如果教师们和行政管理人员每年都能在有效性上有一点点小改观，那么他们的学生在这些年的学习中将会取得长足的进步。

当能力相当的几组学生们在学习上表现出成绩相差很多的情况时，这说明成就差距确实存在了。广泛的研究可以指导我们如何有效地缩小

学校和教师的有效性对学生表现的影响 （进入学校时的成绩徘徊于前50%）[1]	
学校类型和教师类型	两年之后的百分点
低绩效的学校和低效能的教师	后3%
高绩效的学校和低效能的教师	后37%
普通学校和普通教师	前50%
低绩效的学校和高效能的教师	前37%
高绩效的学校和普通教师	前22%
高绩效的学校和高效能的教师	前4%

> 66 也许，最有价值的教育是体现在不管你愿不愿意，当你必须去完成一件事情的时候，你有这个能力去做。 99
>
> ——托马斯·赫胥黎（Thomas Huxley）

---

[1] 罗伯特·马尔扎诺（Marzano Robert）：《什么在学校中起作用：将研究成果转化为实践》，美国弗吉尼亚州阿灵顿：美国监督与课程发展学会（ASCD），页码：74,2003.

> 一些人可以给出无数条理由来解释为什么他们没有成功，但是他们真正需要的，只是一条为什么他们能成功的理由。

成就差距，为此，许多学校做出了努力，并呈现出以下几个特点：[1]

◎ 非常注重所有学生的学习情况。

◎ 保持"没有借口"的坚决态度。

◎ 利用研究和数据来指导并增强教师的实践水平。

◎ 让每个人都参与改进过程。

◎ 在困难和挫折中学会坚持。

◎ 庆祝成功。

只要有一批中等和中上水平的教师，学生们的成就差距是可以消除的。只是，学校和教师们必须通力合作，共同将提高学生们的成绩视为己任。

一名学生只要遇到一位优秀的教师，她的成绩至少能在以后的几年中保持名列前茅。一名学生如果遇到了一位不怎么样的教师，想提高成绩就困难得多，至少三年内都不会有大起色，即使他后来能遇到了一位好老师。

在任何学校，教师的效能都是提高学生成绩和缩小成就差距的关键。

GoBe

老师的奇迹

登陆www.cyb.com.cn阅读第4章的内容，看看老师们是如何出色完成全年的学生学业成就评价的。

丽塔·齐默尔曼（Rita Zimmermann）在德克萨斯州福特沃斯的一家幼儿园工作。

[1] 国家教育协会《缩小成就差距：协会指南》，华盛顿特区：国家教育协会（NEA），页码：19,2006.

那神圣的称谓
教师

每当新学年伊始，我们都会想起那个差别细微却又涵义独特的令人骄傲的称谓——教师。

让我们记住你可施展的本领，因为你拥有才能、特质和训练素质……并且因为你选择做一名教师。

教师——你是一位诗人，用你那色彩斑斓、精妙奇幻的语言去编织满怀激情的主题。你创作了那一幅偌大而华美的镶嵌画卷，昭示想象的驰骋、迷雾的散去，牵引学习之轮的转动。

教师——你是一位物理学家。你带来了奇幻、逻辑和理智，带来了对特质、变化的妙想和对宇宙万物的交互。

教师——你是一位音乐家。用你那高超的谱曲技巧，像指挥大师统领整个管弦乐队般指挥着学生的思维，过滤不和谐的乐章，化腐朽为神奇。

教师——你是一位建筑师。为每位学生铸造牢固的根基，勾勒出对将要出现的宏伟楼宇的蓝图。

教师——你是一位体操运动员。让思维恣意翻腾，让想法易曲委实。

教师——你是一位外交家，是机智与感性的代言。任凭游刃在千奇百怪的个性、文化、信仰和理想中，你都能处理得有礼有节。

教师——你是一位哲学家。你的一言一行深刻影响着视你为楷模的年轻一代。第一天或每一天，当你为教学做准备的时候，当你看到学生走进教室，面对他们各种各样的从渴望或热切到不悦或漠然的态度的时候，请记得施展你神奇的力量——从诗人到哲学家——在面对学生时请让他们知道你那崇高的称谓——教师。

我们是教师

　　教师是一个神圣的职业。教师们接受来自各种各样难以想象到的家庭背景的孩子们，关心着他们、培养着他们并教导着他们。你应该为选择了这样一份崇高的职业而心怀感激。

　　本书的各个单元将会从积极期望、课堂管理和掌握课程等方面帮助你向成为一名高效能教师迈进，这将是一段令人兴奋的旅程。

关于高效能教师

1. 会使用卓有成效的方法确保学生成绩的提高。

2. 既是一个敢于创新的策划者，又是一个卓越的课堂管理者。

3. 既是一个老练的理性思考者，又是一个能干的问题解决者。

4. 是学校最宝贵的财产。

理解研究过程

> 知道该做什么的人和知道怎么做的人，往往都会为那些知道为什么要这样做的人工作。

研究是一个被千百人推崇的将理性思维和解决问题相结合的过程。这也正是人类区别于其他生物的特殊能力。简单地说，研究就是人类利用大脑去寻找答案，或者像其他人所说的，去寻找"真相"。

研究并非只是科学家们的专利。商人可以做研究,棒球运动员、厨师、水暖工、律师、牙医、艺术家和演员们都能做研究。当学生们撰写论文的时候，便是做研究的时候。千万次地、永无止境地探究，这便是研究的"实质"。

教学切不可依样画葫芦

许多教师在教书时非常死板,过去老师是怎么教他们的,他们就怎么教自己的学生。很不幸，这样的做法是错误的。很多教师照搬自己大学教授的教学方法，还想当然认为是衣钵传承。从没有哪一个教育学教授、管理者、员工培训者或是教师在哪次研讨会上说过，下页方框中例举的教学模式就是应该使用的教学方法，但许多教师都认为，这就是教学。

遗憾的是，许多教师的教育方法依旧是因循守旧、按部就班的，从不借鉴日益发

关键理念

高效能教师会进行一些经研究论证过的实践练习，这些练习已经被千百位教师证明有效。

研究过程

问题：我想知道什么？
设想：我认为正确的答案是什么？
步骤：我将怎样解决这个问题？
数据：我该找些什么？
结论：结果告诉了我什么？
高效能教师会利用研究使自己锦上添花。

当你试着改变食谱的时候，你就是在做研究。

展的教育研究成果。这就是为什么哈佛大学的理查德·爱尔摩（Richard Elmore）会说：
"教育部门做出的许多决策，都是从成人的利益出发，而并非孩子。这在城市学校中表现得尤为突出。"

不断学习的教师们应该是学校最宝贵的资产。他们所学到的是教育系统的最珍贵的财富，也是最值得被分享的。

教育是一份职业，和所有职业一样，教育从业人员必须不断地学习新知识和新技能。成为一位名副其实、德才兼备的教师是一段漫长的旅程，而并非一个终点。一名专业教师，即使是在她/他退休之日，依然会保持"活到老、学到老、学得更好"的态度。

◎ 普通教师热衷于耍些小伎俩或做些小游戏好让孩子们"保持安静不惹事"。

◎ 高效能教师则是不断地关注教学研究以提高学生们的成绩。

我们必须牢记，学生们的成就和成功是教师的至高追求。我们的研究成果是应该被分享的，是应该以一切满足学生利益为先的。

研究如何提高学生成绩

主题公园知道何时何地增加食品售卖点，航空公司熟知如何对每个航班机位定价，商店深谙消费者的购物需求。他们都懂得充分利用商业智能情报（行业术语或称BI）。甚至有一种软件就是专门用来为商家收集数据、捕捉流行、采集信息以帮助他们做出最佳决策的。

学校亦是如此。学校收集学生的数据以提高他们的成绩。由学校主管乔·基因斯（Joe Kitchens）负责的俄克拉荷马州西部高地学区的学生们，近年来成绩进步神速，

这种教学模式没有经研究论证！

◎ 布置章节阅读任务。

◎ 回答每一章节后或练习册上的问题。

◎ 讲课并让学生们记笔记。

◎ 播放视频或做课堂活动。

◎ 就几个相关知识点设计一份试卷进行测试。

◎ 批改作业并评分。

高效能教师根据研究的结果做最有成效的事。

高效能教师进行经研究论证过的实践练习。

那么，你会怎么做呢？

尤其是数学和阅读，在过去四年中成绩增长高达48%。

利用计算机软件系统，教师们可以在任何时间快速搜索到学生成绩的数据信息。在这个学生背景芜杂的西部高地学区，数据信息很好地促进了教与学，使该地区的教育取得了长足发展。要知道，该学区75%的学生由于贫困而享受政府免费午餐或餐费减免计划。

研究数据使得教师们能够充分了解学生的学习情况，这些数据指导他们备课和对学生们因材施教，明确学生哪里有欠缺，哪里有潜力，告诉教师们"如何做到最好"。

该授课计划软件和基准测试处理系统可供所有教师共享。教师们可以运用这些数据来指导学生提高成绩。

西部高地学区在俄克拉荷马州州立标准的基础上补充了他们独有的基准测试，这个测试系统的难度略高于州立测试，是当地教师和教育行政人员自主研发的。

利用研究数据，他们根据不同的学科和年级细分产生了不同的能力要求组合。教师们分享这些数据资源来提高教学和学习水平。

共享研究数据是西部高地学区为提高学生学业成就而采用的方法。显然，他们非常成功。

高效能教师的四大金律：

1. 教师在课堂上起着至关重要的作用。
2. 到目前为止，教师的能力是教学中最重要的因素。
3. 教师必须掌握广泛的教学研究和知识。
4. 教师必须是个决策者，能将教学的研究情况和相应知识应用于学生们学习能力的提高。

麦德兰·亨特（Madeline Hunter）

乔·基因斯（Joe Kitchens）学校主管

西部高地学区成功的关键

◎ 各年级的团队对范围、次序、目标、基准测试等都做了改进，使他们较俄克拉荷马州各年级的州立标准有了相应的提高。

◎ 在每九个星期的教学活动结束后，会安排一次基准测试。

◎ 教师们每年会根据测试结果对之前的教学做个回顾和总结，这项工作往往是雷打不动的。

◎ 教师们能迅速了解每位学生对每项测试标准的掌握情况。

◎ 教师们之间会交流授课计划和测试结果，互通有无，以提高教学和学习水平。

一个"啊哈"的感叹：如果你以一名新教师的身份来到西部高地学区，你会迅速产生一个印象，每个教师都知道他们在做什么，你能融入到当地教师队伍中并取得成功，难道不是吗？

GoBe

她频繁暂停视频播放

史黛丝通过视频教授如何成为高效能教师，请登陆www.cyb.com.cn在第5章中查找相关内容。

在播放视频过程中，你该什么时候提问?

鲍勃·华莱士（Bob Wallace），一个新泽西州的中学教师用他的教学实践向你证实。以下是他的实验步骤和成果。

他将学生们分成三组进行如下实验：

第一组：让学生看一个视频并给他们一个测试。

第二组：向第二组先简单介绍将要播放的视频，然后让学生观看与第一组同样的视频并进行同样的测试。

第三组：用与第二组同样的方式向第三组先简单介绍将要播放的视频，然后播放同样的视频。然而，在播放视频的过程中，他频繁停顿。在每次停顿时，他都会提出问题让学生们讨论。接着，进行与第一、第二组相同的测试。

猜一下，这三组中哪一组在测试中取得的成绩最高？答案当然是第三组。

适用于每个教师的教育研究

约翰·P.里卡德斯（John P.Rickards）发现了两件事：[1]

1. 在课文章节的结尾处设置问题最没有效率。

2. 给学生布置作业时，一次性留很多问题，然后要求学生全部回答并上交作业，这样做也很没有效率。

里卡德斯发现，如果想要学生达到高水平的理解，应该将问题分散在课文或作业的各个地方，这样，你就可以不断地激起学生学习的成就感。这一点，我们将在第22和第23章里着重分析。

通过阅读理解测试你就可以体会到。阅读理解测试不是让你答写附有很多问题的长篇卷面，而是一个段落或两个段落之后就会跟着几个问题。

打个比方，没有一个医生会在病人死后才询问病情。医生会在对病人治疗的过程中询问病情，不断地评估病人的健康情况。

同样，卓有成效的教师绝不会在讨论、上课、视频、章节、讲座或会议结束时一股脑儿地将所有问题抛出，他们希望学生对知识有充分的理解，所以会把提问贯穿于课堂活动始终。

这就是得出的研究成果。

---

[1] 约翰·P·里卡德斯（Rickards,John P.）;《通过将问题分散在文字段落中来刺激高程度的理解》,教育技术,页码:13,1976年11月.

关于提高学生成绩的研究

"调整花在功课上的时间"：积极专注于教育目标的学生能最好地掌握主题。

研究发现：130多项研究支持这样一个明显的事实：学生学得越多，他们就掌握得越多！但是，单单依靠时间投入，并不能获到成功，课程目标、学习活动及测试也必须与人匹配并得到加强（欲知如何具体实施，请参阅第22和23章）。

学习群体：小规模的研究小组中的成员可以互相支持并增强彼此的学习。

研究发现：当教师与学生之间进行频繁地交流时，会取得更大的学业成就。此外，教师和学生还能在此过程中学习团队合作，这在工作场所是必不可少的（要了解如何实施学习小组计划，请查阅第24章）。

泛读：无论是在校内还是校外都要广泛阅读各类文章，以增加词汇量、增强阅读理解能力以及加大学生信息量。

研究发现：认知能力，如阅读和词汇，会随着学校内外阅读时间的增加而不断得到加强。然而，研究表明，孩子们每天只需要花不超过几分钟的时间就能完成指派或独立的阅读。学校需要配备材料，分配大量时间让学生阅读。

等待时间：在课堂中提出问题后，暂停一下，有助于提高学生学业成就。

研究发现：老师提出问题后，学生们通常只有不到1秒钟的时间去回答问题，若将问题的回答时间从3秒延长到7秒，学生就能给出考虑更周全的回答，同时这将有助于学生成绩的提高。

提高成绩并不太难，也不是一项不能完成的任务。

《提高学生学习成绩的研究手册》总结出了卓有成效的教学方法。这本研究手册是在拥有300万会员的29家重要教育服务组织机构的赞助下研究而成的。所以说，当提高成绩不再是遥不可及的神秘之物时，我们还有什么做不到的呢？你将在接下来的C单元和D单元中了解到怎样运用这些研究成果。

基于戈登·卡卫提（Gordon Cawelti）
《关于提高学生成绩的研究手册》

> **❝** 研究不能，也没有识别出正确的或最好的教学方法，也没有建议某些教育实践应该始终或永远不被采用。
>
> 但是，研究可以阐明哪些教育实践最有可能实现期望的结果——针对哪类学习者，以及在什么条件下。[①] **❞**
>
> ——米里昂·梅特（Myriam Met）

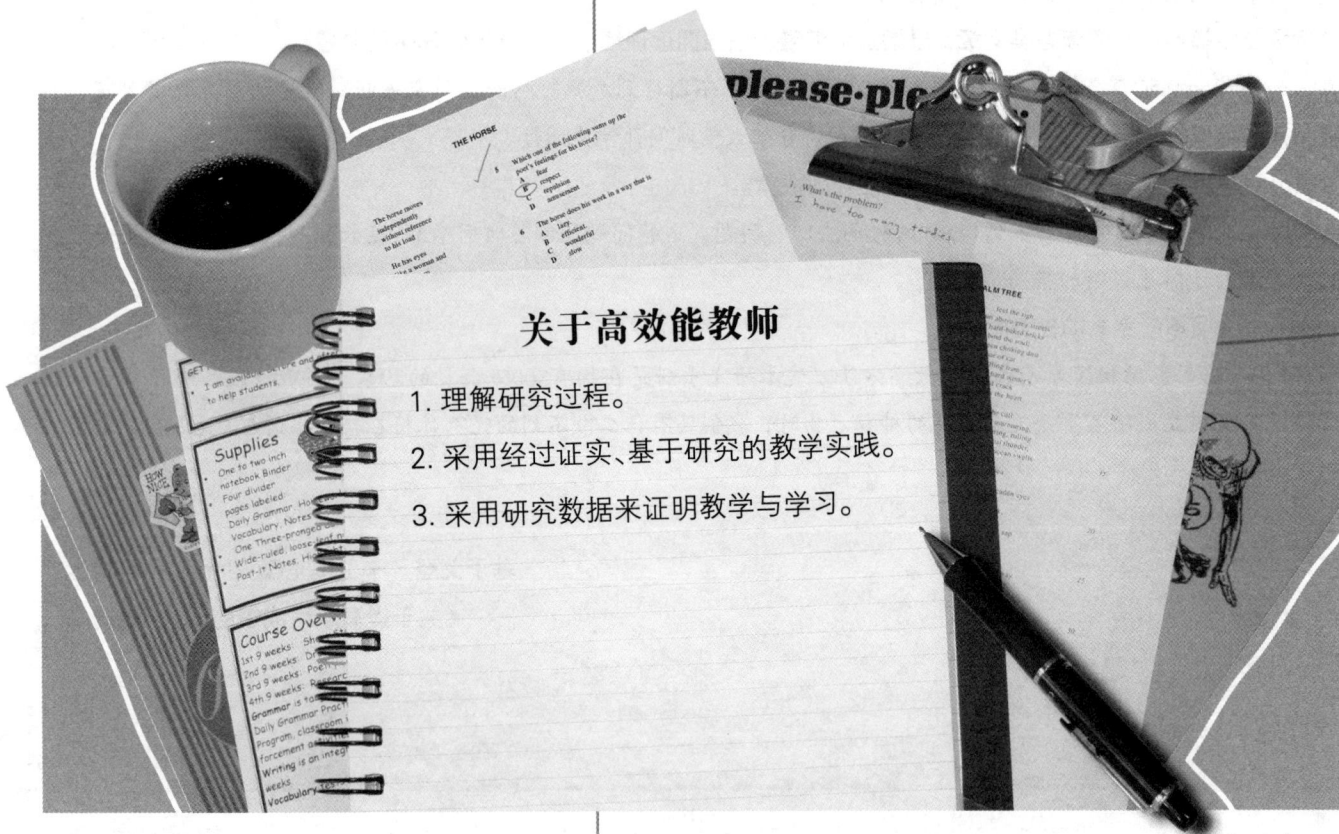

关于高效能教师

1. 理解研究过程。

2. 采用经过证实、基于研究的教学实践。

3. 采用研究数据来证明教学与学习。

[①] 卡卫提（Cawelti）、戈登（Gordon）：《关于提高学生成绩的研究手册》，弗吉尼亚州，阿灵顿（Arlington）：教育研究服务中心，页码：3, 2004.

单元 B

第一特质：积极期望

高效能教师对学生的成功抱有积极的期望。

单元 B

第一特质：积极期望

高效能教师对学生的成功抱有积极的期望。

人类具有成功的本能

> 在成功与家庭背景、种族、民族血统、财务状况甚至是教育成果之间，绝对不存在任何研究意义上的相互关联。
>
> 只有一个因素与成功相关联，那就是：**态度**。

所有生物活着都是为了生存。他们花费一整天本能地寻找食物和住所并逃避捕食者。

人类有一个成功的本能，这是人类区别于其他生物的不同之处。他们希望获得成功，他们为成功而奋斗。如果你对自己的行为和表现设置很高的期望——你自己也遵守，你就可以同学生一起完成任何事情。

两种期望

◎ 积极或高期望

◎ 消极或低期望

积极与消极的期望

知道你可以或无法实现什么被称之为期望。期望就是你相信将会发生或不会发生什么。

关键理念

你对学生的期望，将会极大地影响他们在班上的成绩和他们这一生的成就。

成功人士既有态度又有决心去实现成功。

> 每个儿童正在度过他唯一的人生——他独一无二的人生。我们可以做的是至少不去贬低它。
>
> ——比尔·佩奇（Bill Page）

GoBe

她是我生命中的关键转变

教学是一段心灵的旅程。教师是怎样通过积极期望让学生发生转变的。请登陆www.cyb.com.cn，在第6章中查找相关内容。

积极的期望

一个乐观主义者相信，无论你教谁或者无论你做什么都能走向成功或取得成就。如果你期望获得成功，你会不断地留心并意识到帮助你获得成功的机会。

消极的期望

一个悲观的人会认为，不管你教什么或不论你怎么做，都没有什么效果，或终会失败。何必麻烦去做任何事，或是去教别人呢？如果你期望失败，你总是在不断寻找理由和证据来说明你为什么失败了。

积极期望的例子

◎ "我们的成功取决于我们如何共同努力。"

◎ "我相信每一个孩子都可以学习，并充分发挥他或她的最大潜力。"

◎ "我是一名好老师，我很自豪我是一名专业的教育工作者。"

◎ "我坚持不懈地一直在学习，这就是为什么我喜欢参加讨论会、研讨会以及专业发展会议。"

消极期望的例子

◎ "你不理解我所在学校的文化。"

◎ "这些孩子只是不想学习。"

◎ "他们不懂得阅读，他们不会拼写，他们坐不住，他们不守规矩。"

◎ "专业发展会议很无聊，讨论会没有给我提供任何东西。"

积极期望的结果

如果你花费精力为你想要发生的事情而努力，那么它很可能就发生了。因此，时刻让自己或者周围的人（比如你的学生）意识到：成功在望。

消极期望的结果

如果你花费精力确保你所不期望的事情发生，那么它很有可能就不会发生。因此，不要让自己或者周围的人预先存有失败的念头，特别是——你的学生。

取得积极成果所需付出的精力与取得消极成果所需付出的精力一样多。

因此，当同样的精力可以帮助你和你的学生取得成功时，为什么要将你的精力浪费在失败上？

期望	消极或低期望	积极或高期望
家长	如果我的孩子不会卷入毒品，我将会很开心。	我希望我的孩子毕业时都能在他的班上名列前十名。
学生	这节课很乏味。我们为什么要学习这个垃圾？	我的梦想和期望是成为一名老师。
教师	专业会议太无聊了。我们为什么要听这个垃圾内容？	我在讨论会中学到了很多东西，并且遇到很多有趣的人。

期望不同于标准

期望不可与标准混为一谈。标准是成就的水平。实践积极期望的教师将会帮助学生达到高标准。

例如："这将是一个令人兴奋的班级，你将经历从未有过的最难忘的一年，结果是，你会做得很好。"

流井中学取得成功的关键

无论你认为你可以，还是你认为你不行——你都是正确的。

亨利·福特
（Henry Ford）

我们所有的梦想都可以成真——如果我们有勇气去追求梦想。

华特·迪士尼
（Walt Disney）

没有比诚实更昂贵的遗产。

威廉·莎士比亚
（William Shakespeare）

我尽我所知、尽我所能地做到最好，而且我打算继续这么做，直到生命结束。

亚伯拉罕·林肯
（Abraham Lincoln）

困难中存在着机遇。

阿尔伯特·爱因斯坦
（Albert Einstein）

成功就是最大限度地利用你所具有的能力。

瑞格·瑞克勒
（Zig Ziglar）

最成功的学校对"每个人都将获得成功"抱以期望。

> 我们这一代人最大的发现是可以通过改变一个人的思想态度来改变他的人生。
>
> ——威廉·詹姆斯（William James）

期望

给你的学生比他们所期望的更多的东西，你会换回你意料之外的结果。

学生的成功仅限于成人的期望。

实践消极期望的教师将会妨碍学生达到高标准。

例如："本班没有人会取得A级学分。我布置的作业对你们来说太难了。"

人们的成就更多是由其信念或期望的深度来决定，而不是由他们智慧的高度来决定的。成功意味着将人们转变为你感觉的方式，而不是你所知道的那样。人们可以拒绝言语，但不能拒绝一种态度或期望。

经典的期望研究

经典的期望研究是上世纪60年代由哈佛大学的罗伯特·罗森塔尔（Robert Rosenthal）和南旧金山学校的勒诺·雅各布森（Lenore Jacobson）进行的。[1] 他们向一组南旧金山小学教师灌输错误的信息，并观察这些教师，进而得出结论。

在上一学年的春季，橡树学校的学生进行了预备考试。在那年秋季开学时，研究人员和管理人员告诉一些教师这群孩子是特殊的，并将参加一项特殊的实验。

这些教师被告知："基于预备测试的结果，我们发现你们的学生中有20%是特别的。他们将被当作"种子"或是"尖子"，并被指定为一组期望取得更大智力进步的学生。"

实际上，这些学生的名字都是随意挑选的，但教师被引导并相信，特殊学生群是根据他们的预备测试分数——"哈佛习得变化测验"（一种虚拟测试）挑选出来的。

---

① 罗森塔尔（Rosenthal）、罗伯特（Robert）和勒诺·雅各布森（Lenore Jacobson）:《课堂中的皮格马利翁（Pygmalion）》，纽约：霍尔特（Holt）、莱因哈特（Rinehart）和温斯顿（Winston），1968.

"作为对你出色教学的一份特别回报，"他们被告知，"我们打算给你这个信息，但有两个条件：

"1. 你不得告诉学生，你知道他们很特别。

"2. 你不得告诉家长说他们的孩子很特别。

"因此，我们期望并知道你会尽力处理好这些特殊的学生。"

八个月后，所有的学生再次进行了测试，并将指定为"特殊"的学生与没有指定为"特殊"的学生按测得的智商进行对比。结果表明，那些在小学低年级被指定为"特殊"的学生取得了20%的明显的智力增长，而没有被指定为"特殊"的学生则没有取得明显的进步。

管理人员叫来了教师，展示他们学生的进步结果，并祝贺他们在学生的进步方面取得了惊人的成功。

教师说："当然，我们有特殊的学生一起学习。这样很容易，他们学得很快。"

管理人员与研究人员说："我们想告诉你真相。所谓的特殊学生都是随机选出来的。我们没有根据智商或资质进行选择。"

"那么肯定是我们特别了，"教师们说，"因为你们说我们是被挑选出来参加一项特殊实验的特殊教师。"

"我们还需要告诉你们一些其他的事情，"研究人员说道，"所有教师都参与了这项实验，你们没有谁比其他教师有任何特别之处。"

这是一项设计完美的实验，只有一项实验变量——期望。

1. 管理人员对教师的期望有明确的表述："你是特殊的教师，你们

教师可以获得他们所期望的结果

50多年来，教师期望和学生成绩的研究已为大家所熟知。研究结果强调，教师的期望在决定学生学得多好以及学到多少中发挥着重要的作用。[1]

一些教师可能在不知不觉中扼杀了那些没有成就的学生的学习积极性。我们知道教师对学习成绩"好"、"一般"和"差"的学生寄予了不同的期望。例如，在反应时间或等待时间方面，教师往往会对成绩好的学生给予更多回应或执行的时间。

现在，在这句话："老师常常对成绩好的学生比成绩差的学生给予更多的_____"中填入以下教师的"期望"以使句子完整：

机会	肯定	接近
个人帮助	表扬	问题
评价	感觉	克制

有关"老师期望和学生成绩"（简称TESA）计划的信息，可查阅以下网址http://streamer.lacoe.edu/tesa/。TESA计划挑选出了15个教师与学生互动的情形，并创建了一门课程——如何更好地激发期待成功的那些学生的最大潜力。

TESA项目基于期望理论，该理论指出，教师对学生的推断结论可能会对某些学生造成严重的影响。这种"自我实现的预言"暗示了教师对一个学生的期望如何，学生就会回应教师什么样的表现。

① 杰里·班姆波格（Bamburg, Jerry）:《提高期望来提高学生的学习》，美国北中地区教育实验室（North Central Regional Educational Laboratory），1994.

孩子的发展历程

从受孕到4岁这个阶段，形成了个人50%的成熟智力；从4岁至8岁，形成了成熟智力的另外30%；从8岁至17岁，形成了剩余的20%。

研究表明，头四年是孩子最重要的学业成就的成长期。一个孩子在9岁或至少在三年级结束前所学的东西，影响到并在很大程度上决定了其后在校的所有学业成就。

当学校和家庭环境是相辅相成、互相加强时，孩子的学习很可能会取得最大的进步。学生成长环境的性质，在学习变化最快的时期——上学的最初几年，最为重要。[1]

孩子们就像湿水泥，无论什么落上去都会留下印记。

哈伊姆·基诺特
（Haim Ginott）

的学生当中有20%的学生是具备智力增长潜力的特殊学生。因此，我们期望并知道你们会尽力教育好这些特殊的学生。"

2. 教师对学生的期望表达得很含蓄，不言而喻。这些教师认为他们学校中有一些非常特殊的学生，他们的身体语言、个性以及态度影响着他们的教学和他们对学生的期望。

正如研究人员所述，结果确实表明，一年后，那些被老师寄予期望的学生确实比不被老师寄予期望的学生学到更多。

继最初的研究，研究人员还进行了许多额外的研究。一些研究已经能够重复此实验的结果，而另外一些则不能。无论如何，教育工作者和家长们都非常赞同——期望对学生成绩有巨大的影响力。

> **学生往往因为他们老师的期望学得很少或很多。对所有学生寄予并传递厚望的教师，会比那些对学生寄予低期望的教师，取得更好的成绩。**[2]

在性格形成时期，父母和老师灌输给年轻人的期望将会相应地影响他们取得的成就。

你对学生寄予的期望将大大影响他们在班上的成绩、他们的人生，并最终影响他们在社会上的成就。

---

[1] 本杰明·S.布卢姆（Bloom, Benjamin S.）：《人类性格的稳定性和变化性》，纽约：威利（Wiley）出版社，页码：68,88,110和128,1964.

[2] 美国教育部：《哪些方法有效：有关教学与学习的研究》，华盛顿特区：美国政府印刷局，页码：7,1986.

对年轻人最重要的两个群体

献给我的父母

在我5岁以前，我的父母对我反复说过一些事情，一遍又一遍。他们甚至动员我的亲戚，还有我的邻居以及当地商人对我讲这些东西。

每天，好几次，我会听到："小黄（Little Harry Wong），当你长大后，你想当一个什么样的医生？"伴随着这句话，他们会跟我提起一些积极的榜样，我的叔叔们都是医生，我的表兄弟姊妹正在学习成为医生。

他们告诉我，这是一个意料之中的结局，我将考入医学院，即使那时候竞争相当的激烈。他们想知道的是，我计划专攻哪个专业。

还没有上幼儿园哩，我说："我不知道。"

于是，他们回答说："你要成为一个脑外科医生，对不？"换句话说，他们认为，我具有的智力可以成为所有医生中的最佳者，我如此地出色，以致于我可以对其他人的大脑动手术。

我的父母向我传递了这样一条信息，他们对我寄予了很高的积极的期望。为此，我将永远感谢他们，我将我的爱献给他们。

—— 黄绍裘（Harry K.Wong）

> **" 我的父母和老师从未对我说的话**
>
> 你真笨。
> 你是愚蠢的。
> 你一无是处。
> 你将会一事无成。
> 你不该分到这个班，
> 我不愿意把你安排到这里。
> 这样想想吧，离暑假只有10个月了。**"**

献给我的老师

我在学校及人生中取得成功的另一个原因，得益于我的老师们。我清楚的记得，在小学时，我老师曾说过的一句话，这句话在我的脑海中重复出现，年复一年。这句话成为我生命中的一种推动力或是一种期望。

他们说："只要你想得到，就能做得到。你甚至可以成为美国总统。"

我收到的"期望"的信息是，我可能成为一个世界领袖，或者是我选择的任何领域的领袖。

年轻人极少被鼓励去成为领袖或英雄。或多或少地，他们收到来自媒体和朋友的信息，在学校取得成功不算酷。幸运的是，我在旧金山市的唐人街出生、长大，其中的拥挤条件及贫困跟我的成长并没有多大关系。我有家庭、好的学校以及文化的熏陶。当我长大时，我最喜欢的一句"讥讽"是"饭桶"，这个词用来形容那些懒惰、无用的、整天闲坐着无所事事的人，除了坐着便是吃，直到他仿佛变成了一个装饭的桶。我们被期望比这样做得更好。我们都被期望努力工作，在学校表现出色，这种期望被那些抱有向我们保证成功源自辛勤工作这种理念的好教师所强化。

我的老师向我传递了一个高度积极期望的信息，一个很有力量的信息，此信息告诉我，我是聪明的、有能力的，想要做什么就能做什么，甚至是执掌国家的最高职务。

感谢我的老师对我寄予这种期望。

—— 黄绍裘（Harry K.Wong）

> **"** 我的老师认为我比原来更聪明，我也这么认为。**"**
>
> ——一个6岁的学生

关于高效能教师

1. 为开学日准备一条积极的期望。

2. 营造一个传达出积极期望的课堂气氛。

3. 向所有的学生传达积极的期望。

4. 持有高期望的个人态度。

庆祝开学第一天

> 一个人接受教育的最重要的一天是开学第一天，而不是毕业典礼日。

如果学校不能以适当的，积极的期望作为开端，很可能就没有一个完满的毕业典礼日了。每年大约有50万学生辍学，相当于爱荷华州的学校总人数。[①]

对于一些学生来说，毕业典礼并不是庆祝学业成就的欢乐之日，而更像是一个嘲弄尊重和行为愚蠢、取笑教育体系、不尊重师长、开乱哄哄晚会的日子，这一切都不禁令人怀疑他们是否曾经受过教育。

> 全国所有学校进行庆典活动的理想日便是开学第一天。

庆祝开学第一天必须成为教育系统的一种传统。参加这一天庆祝活动的必须包括与未来世界公民教育有关的，和关心未来世界公民教育的每一个人。

所以，除了学校内的每个人外，还应包括父母、工商业界及附近居民。重要的是，要让学生看到，每个人都在关心和帮助他们获得成功。

为了孩子的教育，学校、家庭和社区合作的越多，孩子取得成功的机会也就越大。

关键理念

在教育孩子的过程中，家庭越积极地与学校合作，孩子成功的希望就越大。

卓有成效的学校会庆祝开学第一天。

[①]《2001年美国辍学率》，全国教育统计中心. http://nces.ed.gov/pubs2005/dropout2001/sec_2.asp.

First Day of School Celebration for ALL

Williston School District 29 Students

Friday, August 8 at 7:40 am

Meet

Teachers and Principals

Williston-Elko Middle School   Williston-Elko High School

Kelly-Edwards Elementary School

Together Everyone Achieves More for W~E

Our Schools Are Something to Smile About

此公告每年都会在南卡罗来纳州威利斯顿当地的报纸上。

欢迎他们来到学校

就像你带着很高的期望去度假一样，学生也是带着很高的期望来上学的。他们来接受教育,结交朋友,参与、娱乐、研究和学习。他们整天围绕着学校及他们的朋友们。开学第一天在他们的一生中是一个激动人心的时刻。

因此，在学生来学校之前及到校之际，学校的工作人员就应该向他们表达问候。每个人都应该参与到迎新生的计划当中。"每个人"是指管理人员、教师、各类职员、地区工作人员、家长及工商业界人士。年轻人的教育是一个相互联系的工程，需要全社会的共同努力。

如何欢迎他们来到学校?

◎ 组织一个"开学第一天"的欢迎仪式。

◎ 在开学的第一天，站在巴士站欢迎他们。挥手和微笑，就像招呼14年来没有见过面的梅布尔姑妈那样，她的飞机刚刚停在登机桥。

◎ 站在学校入口前。在每一个入口处至少应安排一名接待员，以便任何人都能得到热情、友好的欢迎。

◎ 搬出学校乐队，在马路边或入口处附近演奏。

◎ 如果你们没有乐队，集合一队学生和教师，在开学第一天带来一个欢迎的微笑。

◎ 挂上一条欢迎学生的横幅。

◎ 分发校报颂扬学校的好处以及教师和学生良好的学术精神。

◎ 在大会堂张贴导游指示。悬挂指示牌，帮助学生找到教室。

◎ 在教室门上应清楚列有你的名字和房间号码，还有你写的欢迎祝词。

◎ 让广播系统上播放的第一条信息显示本学年的欢迎词与积极的期望。

我们必须向学生"讲解"并"说明"——

1.我们可以为别人负责。

2.学校是一个获取知识的圣地。

3.学校是一个给予和接受爱的地方。

4.学校是一个通向成功的地方。

学校不是一个让学生来这里听演讲、填写练习册并忍受无聊的地方，也不是一个预留给学生，让他们在那里忍受学校单调和丑陋外观的地方。

学校是一个理念，那里欢迎学生学习并提高他们的生活质量，不必担心受到胁迫或伤害，学生会在一个清洁整齐的环境下，接受热情友好及具有爱心的人们的指导。

学校不是一个地方；学校是一个理念。

一个人能给另一个人的最伟大的礼物，莫过于给他提供一个在充满爱的教育环境中学习成长的机会。

每个人都需要在开学第一天受到欢迎。

GoBe

开学第一天的庆祝仪式

为成功举行开学典礼需要准备些什么？请登陆www.cyb.com.cn，在第7章中查找相关内容。

你们都会成功

你将会认为，我已迷上了日本式教育。不是的，这只是一个阐明我个人观点的故事。

当我的女儿带着我的外孙女，进入日本幼儿园的第一天，她穿着随便地走进去，就如我们在美国可能会做的那样，想着将孩子放下就回家。然而，事情并非那么简单。

首先，她发现，所有的家长都为开学庆典活动盛装而来。他们和孩子在教室里，还有人在讲台上发言，讲台上挂着一个大横幅，上面写着：欢迎来到幼儿园。你们都会幸福。

欧内斯特·L·巴约
（Ernest L.Boyer）

霍顿高中欢迎你

学校开学一周前，位于路易斯安那州的霍顿高中举行新生欢迎仪式。

学校为来参加半天开学庆典活动需要搭车的学生提供了巴士。学校将即将上学的新生聚集在礼堂内，教他们校歌和"海盗精神颂歌"（Buccaneer Spirit Cheer）。校方向他们介绍所有的教师、护士、巴士司机和食堂工作人员。处处洋溢着欢迎的气氛和热切的期望。

学校给孩子们分发安排表，向他们指明储物柜、自助餐厅、体育馆、媒体中心以及他们的教室所在的位置。所有人无需担扰或是会在开学第一天被戏弄，因为现在，他们知道学校是怎样的了。

学生轮流参加成功团队，在那里，他们可以学习如何获得一个良好的开端，得到一些远离麻烦的提示。

他们会见到他们的辅导员，并在他们的帮助下规划自己的成功蓝图！他们就是这样受到欢迎，来到一所关心他们能否取得成功的学校的。

> 学校应该建得更好而且始终好过银行，因为学校里拥有更大的财富。

——马丁·哈伯曼（Martin Haberman）

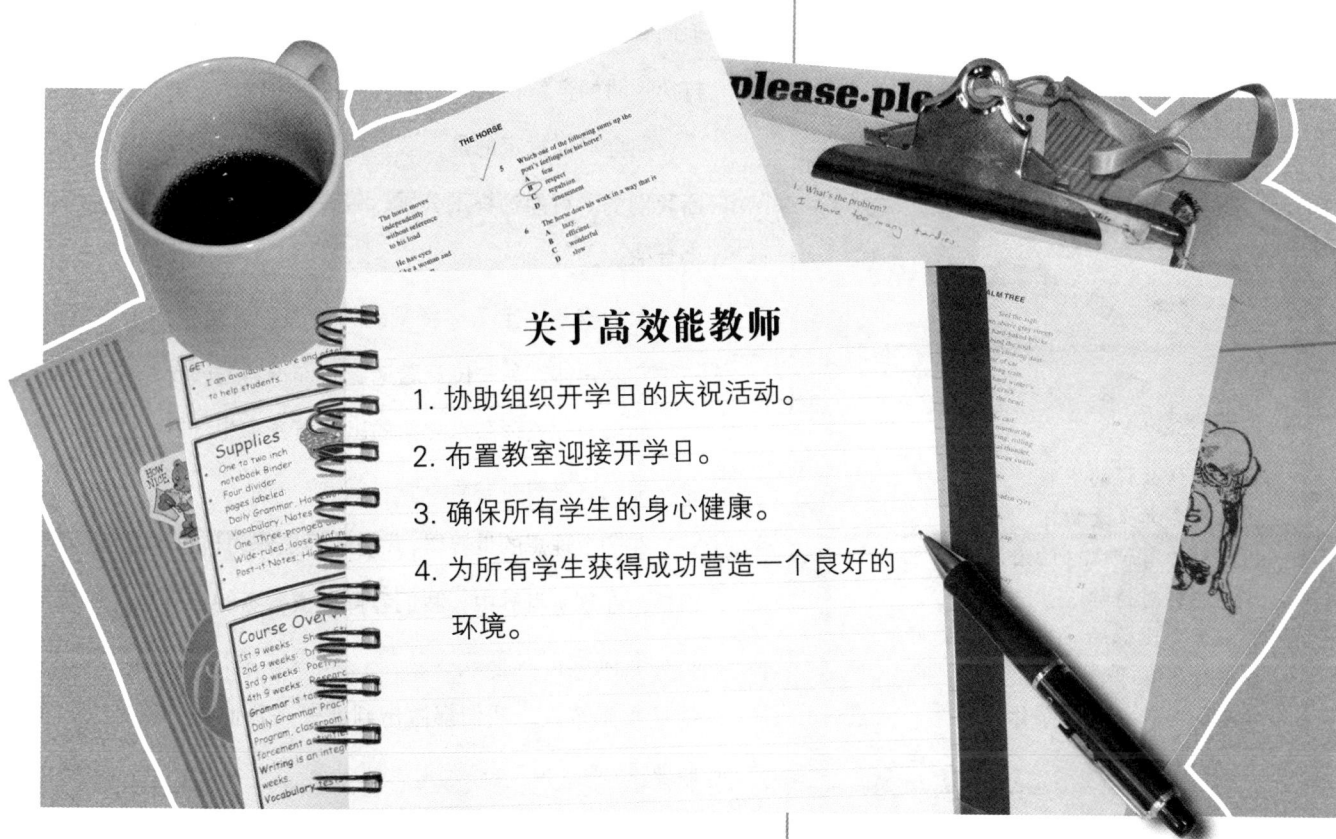

关于高效能教师

1. 协助组织开学日的庆祝活动。

2. 布置教室迎接开学日。

3. 确保所有学生的身心健康。

4. 为所有学生获得成功营造一个良好的环境。

关键理念

高效能教师将自己得体地包装为一个职业教育工作者，来示范成功。

着装理念

你穿着什么样的衣服，
别人就会怎么看你；
别人对你有什么样的看法，
就会怎样对待你。
你永远要比你的学生的着装更好。
如果你不在乎自己，
学生们为什么要在乎你？

你的穿着决定了你将受到的待遇

你没有第二次机会去形成第一印象。

面试主考官告诉我们，他们在20秒内就能对应聘者作出初步判断。销售人员知道他们有7秒钟的时间给别人留下一个深刻的印象。高效能教师知道，他们在门口和学生打招呼时的穿着和脸上的笑容是他们留给学生的第一印象。

完全可以肯定的是，我们通过别人的穿着来判断他人，同样地，他们也是这样判断我们的。可能这样不公平，或许这是不对的。但是，人们往往根据别人的穿着来对待其他人。

你的穿着决定了你将受到的待遇，这是常识。售货员看到迎面而来的两位顾客，一位穿着得体，另一位穿着邋遢。你很容易得出结论，谁将受到及时又周到的服务。

如果为你处理薪水支票的出纳员身穿牛仔裤，加上一条印有"穷光蛋"标语的T恤衫，那么这家银行会有多少可信度？

在一个理想的世界里，我们最好是作为自己本身而被接受，而不是因为我们的外观。但是，在现实世界中，我们看得见摸得着的自身总是在受到不断的审视。

事实是，大多数人认为，封面就是指这本书，盒子正面就是指麦片，皮夹克就是指那个人。我们都做出判断——我们先打量某人，再判断其身份、收入甚至是职业。

> 这并非"是什么"的问题，而是"感觉成什么"的问题。

你就是一个能走能说的广告

这可能是一个肤浅的世界，但这就是这个世界运作的方式，所以，说某些东西是肤浅的并不会让它消失。你最好是让你的穿着为你工作而不是让它阻碍你。

> 与一个小学生共处三天，学生将成为你的写照。
>
> 与一名高中生中相处十天，该学生将成为你的写照。
>
> ——查尔斯·加洛韦（Charles Galloway）

教师更加快乐并更有能力应对当今的挑战

◎ 对自己的职业感到"非常满意"的教师的比例从1984年的40%增加到2008年的62%。

◎ 现在有66%的教师认为自己得到了社会的尊重，而这一比例在1984年仅为47%。

◎ 66%的教师认为自己挣得一份相当不错的工资——几乎比1984年增加了一倍。

◎ 现在有更多的教师（75%）报告说他们会建议年轻人投身于教育行业。

◎ 三分之二（67%）的教师一致认为，目前接受的教师培训为他们准备上课起到了很好的作用，而在1984年只有46%的教师这样认为。

◎ 44%的教师认为，教学材料和教学用品极为实用，相比之下，1984年只有22%的教师这样认为。

◎ 教师感觉能够更好地应对学生学习方面的重要挑战（贫穷、语言表达和英语理解问题、缺乏家长支持、健康状态不佳）。

统计汇编表
美国大都会人寿保险公司《美国教师的调查——过去、现在和未来的教师、校长和学生的调查》
（2008年10月报告）

成功的教师为成功而着装。

没错，系领带需要时间，有时还会让人不舒服。

然而，一条领带能告诉你所遇到的每个人："我尊重你、我尊重我的工作和我自己，而且我愿意花时间来证明这一点。"

问题的关键是看上去专业，而不仅仅是为了好看。看上去专业的优势在于，在你的学生对你做出任何轻率的判断之前，它可以帮助你在头几秒中不会有自毁的行动。

高效能教师像专业教育家一样穿着得体，来示范成功。注意，这里的关键词是"得体"。我们经常能看到这样的标牌。

开办学校的原因之一就是让学生学会什么是得体。年轻人在社会上通过看成人榜样学会什么是得体，因为成年人的穿着、行为和话语在年轻人看来都应该是得体的。

到第一或第二个星期结束前，全班将从你那里获得关于在本学年剩余时间里他们应该如何表现的信号。

我们散步、谈话等一言一行均在昭示着我们是个什么样的人，同时也昭示着我们相信自己是一个专业教育工作者。

当你迟到了，走进课堂，时间已经晚了，手里拿着一罐汽水或一杯咖啡，脸上还带着怒气，你正在用行动表明你是一个怎样的人。

当你提前走进课堂……当你站在门口微笑着，用手打出欢迎的手势，作业写在黑板上，教室和材料已准备好，并且有一个积极的课堂气氛——你正在用行动表明你是一个怎样的人。

当你允许在课堂上说笑，你正在用行动表明你是一个怎样的人；当你拒绝容忍在课堂上说笑，你也正在用行动表明你是一个怎样的人。你的行动影响着学生在班上的行为及取得的成绩。学生在班上的行为及取得的成绩将决定你作为教师成功与否。

> **你的行为，印证着你是一个怎样的人。**

专家们告诉我们，青少年从他们的朋友那里获得他们的价值观。青少年确实要形成新的价值观，从这个意义上讲，专家是对的。但需要注意的是，重要的是父母首先帮助孩子形成价值观，新入职的教师从其他教师那里得到他们的价值观。所以，当务之急是要成立一个学校或地区的入职培训，由专门的专职模范教师做培训以影响新教师。

穿出尊重

服装可能不会成就一个人，但却可以成为阻碍一个人成功的重要因素。无论我们

即使只是代课老师

我和我女儿都认为，教师可以通过外表赢得学生们的爱戴，她刚刚在菲尼克斯州（Phoenix）的一个学校开始了她的辅导员工作。

她说："作为一名代课老师，我穿得很漂亮，学生们主动为我开门，而且一边一个。他们那么容易受到外表的影响，听起来太不可思议，太奇妙了。"

——与黄绍裘（Harry Wong）分享

承认与否，我们的外表在一定程度上影响着别人如何看待和接纳我们。穿着与学生是否喜欢教师没有关系。

但是，服装对学生是否尊重教师肯定有影响，如果要促进学习，尊重是一个教师必须具备的条件。

研究表明，教师的穿着会影响学生的功课、态度和纪律，会产生四种品质：

1.尊重

2.信誉

3.接受

4.权威

卓有成效的教师在与学生、同辈、管理人员、家长和公众打交道的过程中，会将这四个品质当作资产来使用。如果你具有这四项品质，你将比不具备这四项品质的教师有更大的机会去影响青少年的学习。

你可以确信，学生们留意他们的教师的穿着如何，他们会以同样的方式留意他们自身及相互之间的穿着的适宜性。

孩子们看到自己的父母每天穿着职业装或制服去上班。然后，他们来到学校，观察教师的着装——教师是被视为中产阶级知识分子的专业人员，他们具有大学学历和教师资格，是有能力、可以胜任其工作的群体。

你可以明白为什么教师职业很难获得尊重和信任，你也可以看到，为什么一些教师在赢得并影响学生方面如此困难——如果教师不能影响学生，那么就不会发生教与学的过程。不仅是这些教师不能影响到学生，而且，在放学离开学校时，他们还会对自己的不足之处感到沮丧。

简直不敢相信我所看到的

圣诞假期后，我的一个学生将一些班级节日聚会的照片留在我的书桌上。我看一下自己，我简直不敢相信我的样子。我看上去一点也不注意自己的形象。

第二天，我穿得更加得体地来到学校，他们都注意到并评论我看上去如何不错。我十分开心，他们让我感觉很好。

我现在花更多的时间关注我的形象，学生也更加关注我。我为我从事的职业感到骄傲。在我的影响下，他们也表现得规矩多了。

——五年级教师爱荷华（Iowa）

什么样穿着不合时宜

◎ 球鞋适用于体育运动和锻炼身体的场合。

◎ 圆领长袖运动衫和运动服最好用于健身房或体育馆等场合。

◎ T-恤衫和超薄透明衬衫会让人不把你当回事。

◎ 迷你短裙、低腰休闲裤和低领衬衫并不适合在教室内穿。

◎ 人字拖鞋是度假和休闲时穿的。

◎ 时髦的衣服无法塑造权威形象，还是留给学生们穿吧。

◎ 蓝色牛仔裤还是留到放学后或是周末穿吧。

◎ 过多的珠宝首饰或过量的香水味会让人分心。

什么样的穿着端庄得体

◎ 亮丽的颜色会让小学生感到愉悦。

◎ 建议中学教师穿着柔软、温和的色调。

◎ 男老师的有领衬衫配上领带是很合适的。

◎ 职业装适合于职业女性。

◎ 干净的衣服体现出良好的卫生习惯。

◎ 熨烫衣服告诉人们你很细心。

◎ 整洁、干净、合身的衣服容易树立信心。

◎ 职业装为学生在未来竞争激烈、全球化的世界经济环境中做好准备。

GoBe

成功的着装

请参见www.cyb.com.cn第8章部分。

根据不同场合选择不同的穿着

德茹莎·理查森（DeRutha Richardson），俄克拉荷马州马斯科吉高中的商务教育教师，正打算开始一个关于感知与职业形象的课程项目。

在该项目的第一天，她用尽想象穿了一身最足以表达消极情绪的衣服进入课堂。她在一件长长的鱼尾裙上披上一件破旧的不合身的夹克，并穿着球鞋，在长袜上还加了一双法兰绒袜子。她披头散发，不化妆，她的面容甚至有掉了一颗牙的效果。

她对教室里发生的一切着实吃了一惊。她完全不能控制课堂，不能集中学生的注意力，并忍受了长达15分钟的课堂混乱，以致她不得不离开教室，直到换回职业装后重新回到教室，课堂秩序才得已恢复。

她的学生们很快将面临就业，他们直接体验了在任何场合下穿着适当的重要性。着装是无声的语言，将决定学生在其职业生涯中的成败。

每一行业都有相应的服装。

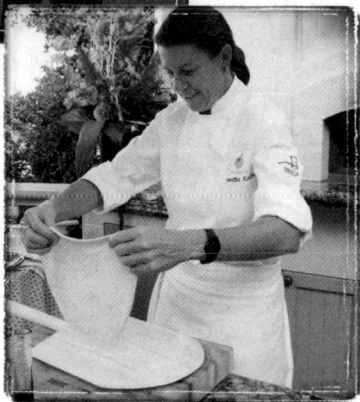

这些不足之处从他们的着装上可以明显地反映出来，因为当你每天选择衣服时，你正在对公众发表一项关于你自己的声明。毋庸置疑，教师有责任鼓励学习，学习应该从获得和维持学生的尊重开始，想得到尊重，就从你的外观举止开始。

如果你的穿着端庄得体，当你看起来很好时，学生们将评论你；如果有什么不合适的地方，他们会告诉你，因为他们知道你是一个在乎自己的人。但如果你在学校一直都衣冠不整，他们很可能不会说一句话，因为他们会推测你如果不关心自己，他们也不需要关注你。

当人们关注你时，他们就会尊重你，向你学习，并从你那里购买东西。作为一名职业教育者，你正在向你的学生传授知识及通向未来成功的方法。

为世界培养好学生

穿着得体意味着什么呢？你期望你的学生使用适当的英文，用适当的格式写论文，并展示出适当的行为和举止，对吧？那么你明白了什么是适当的穿着了吧。

人们普遍认为，学校的一个主要功能是为明天的世界培养年轻人。是的，是为整个人类世界，而不只是为某一特定城市、州或国家。我们生活在一个充满竞争，全球化的世界经济环境中，人们为之工作的公司都是具有国际性的，你的许多学生将来很可能要为那些在世界各地都设有办公室的公司工作。

如果你想在当今社会取得成功，你必须放眼全局。

如果我们要为明天的世界培养合格公民和优秀人才，我们需要了解这个世界。如果你不了解，则需要花些时间做一些研究。比如站在一个客流巨大的机场，观察从美国航空公司、德国汉莎航空公司、新加坡航空公司下飞机的乘客。

然后，前往某个大城市的商业区，观察人们的着装——高级行政管理人员、商店老板、销售人员以及行政人员。说到支持人员，你有没有注意到，学校行政管理人员来到学校时，几乎总是比许多老师的穿着更得体？

在观察了众人的穿着后，当早晨你穿着好后，在你去学校面对你的学生前，对着镜子看看自己。你的学生们将你视作明天繁荣世界的一个成功楷模，因此你可以问问自己这三个问题：

1. 像你这般穿着，房地产机构会不会聘用你？

2. 像你这样穿着，麦当劳会不会让你将食物递给顾客？

3. 你有没有信心，将你的爱子、孙子、侄子、侄女或外甥送到学校，交给像你这样穿着的教师教育呢？

即使罪犯，也能从人们给出的非言语信息中得到正确的判断。在一项很有启发的实验中，让几组抢劫犯观看大街上行人的录像。他们中的绝大多数人都会挑选那些走得很慢，耷拉着肩膀，那些看上去无助、衣冠不整并受到压制的人们作为侵犯目标。而舍弃那些昂首挺胸、有目标、自信的人。因为，后面这些人传达出的信息表明，他们能控制自己的生活。

你的穿着向公众公开表明你是否关注自己——所有人都能从你的穿着看出来。作为一名教师，以下两项声明当中，你选择哪一项呢？

1. 我是贫穷、低收入、邋遢、面无笑容而且不受欢迎的人群当中的一个。

学校秘书通过得体的穿着展示了她的工作能力。

> 如果某一天她会打电话请病假，我们会生活在恐惧之中。
>
> 我们将不得不取消活动，如果秘书不在这里。
>
> ——大卫·阿诺德（Dave Arnold），
> 布朗斯顿小学（Brownstown Elem.）主要管理人

装饰你的心灵！

2. 我是专业、自豪、执着、专注、有责任心而且受到赏识的人群当中的一个。

此信息不仅会传递给你的学生，而且会传递给行政管理人员及你的同事，其中许多人认为，一些教育工作者穿着过于随意是不可接受的。

从事销售、管理和领导能力培训的人都会告诉你同样的事情，你通过行为举止向众人透露了这样一条信息：你是什么样的人，你期望什么样的生活。

关于高效能教师

1. 来学校工作时，穿着得体。

2. 开展教学时，穿出成功。

3. 为人师表，树立榜样。

4. 思考和行为都能放眼全局。

引导式教育

> **高效能教师有动力和能力邀请学生和同事一起学习，在任何一天，任何一个课堂。**

30名学生中有25名学生的家长参加了"返校之夜"，辛迪·黄（Cindy Wong），加利福尼亚州圣何塞（San Jose）市的一名教师，请她的每名学生带一份邀请函回家。她还让她的学生们模仿着写了一封邀请函，放在他们的课桌上，除此之外，还有一张纸鹤以及一封写给他们父母的私人信件。他们很兴奋地告诉他们的父母，有份"特殊"的惊喜等待着他们。有些家长解释说，他们的孩子告诉他们，他们只要来领取他们的礼物就够了！结果，30个学生中有25个学生的家长参加了"返校之夜"。

亲爱的家长们：
　　欢迎来到你孩子的课堂！在这个教室内发生的事情将会影响你孩子的未来。你的孩子在这里将不会虚度光阴。他或她可能会因为白天的思考而在回到家后感到疲惫，但我将利用好每一分钟。我们的班级是由一群出色的孩子组成的。我期待着这一年将是一个硕果累累，极其辉煌的一年。在你们的帮助下，我们可以做到这一点。
黄老师（Mrs.Wong）

亲爱的妈妈：
　　谢谢您的关心，并抽出宝贵时间来了解我的课堂。我们一直在学习一个勇敢地与白血病战斗的名叫贞子（Sadako）的女孩。她相信好运的标记——仙鹤是一个标志，象征着和平与梦想成真。在此，我特别做了一只仙鹤送给您。有了它，我祝愿您拥有爱、平安并且永远幸福。我爱您！
爱你的，
埃米利奥（Emilio）

关键理念

必须由人、场所、制度、步骤及程序相结合，来引导学生充分发掘自己的最大潜力。

辛迪·黄（Cindy Wong）当时要求每位家长写一张字条给他或她的孩子，并放到课桌上。第二天，学生们就迫不及待地到学校来找他们课桌上的惊喜。多么吸引人的邀请！

为什么我没有被邀请?

此事直到今天仍让我不高兴。当我上初中时，我连续获得A并且上的是优等班。有一天，老师从整个课堂中邀请了数名学生，但没有我。他们被要求加入"国家荣誉学会"。直到今天，仍然令我感到困惑和失望的是，为什么我没有被邀请。

——黄露丝玛丽
（Rosemary Tripi Wong）

" 还没有人能够完全认识到隐藏在一个孩子心灵中的同情、仁慈和慷慨的财富价值。

每个真正的教育工作者都应该努力去打开这个宝藏。"

——艾玛·高曼（Emma Goldman）

引导式教育

> **令你魅力四射的基础是确立关系。**

高效能教师会与家长建立良好的关系，邀请父母成为帮助孩子释放潜能的伙伴。查阅第7章，看看学校在开学日之前如何邀请家长和孩子们来学校。

高效能教师的邀请是具有诚意的。我们都喜欢被邀请去购物、参加聚会、加入某个团体。我们大多数人都有着共同的礼节，在门口迎接客人，被介绍给他人，互相分享笑话趣事，给访客提供食物或饮料。这些都是不言自明、预期和约定俗成的。这些相同的理念应该在所有级别的课堂中加以实践。

四处走动，看看你的教室是否吸引人。学生或访客的第一印象是什么？

◎ 大门是否标示清楚？

◎ 是否张贴了欢迎和相关信息的标志？

◎ 标示是否写得清晰明了？

◎ 第一次作业是否布置得清楚且易于理解？

◎ 有没有迹象表明你关心年轻人？

高效能教师致力于将所有的人都看作是有能力的、有价值的、有责任心的，是在人类事业各个有价值的领域都具有尚未开发的潜力的。

被问到或是受到表扬的人是受引导的。没有被问到或是没有受到表扬的人是不被引导的。这一理念是由威廉·W·柏奇（William W.Purkey）提出的，并被称之为引导式教育。[1]

[1] 威廉·W·柏奇（Purkey,William W.），约翰·诺瓦克（John Novak）:《引导学业成功》，加利福尼亚州贝尔蒙（Belmont）:沃兹沃斯（Wadsworth）出版社；威廉·W·柏奇（Purkey,William W.），贝蒂·L·塞琪儿（Betty L.Siegel）:《成为引导性教学的佼佼者》，亚特兰大:人类学贸易集团，1996.

成功其实很简单

美国迈阿密高中的特丽萨·A·博尔赫斯（Theresa A.Borges）说："成功其实很简单。关注学生，像一名侦探一样，听他们怎么说。"

◎ 我注意并赞美一个新发型，一件新衬衫，特别是一个正确的答案。

◎ 我分析原作的笔迹，我提供午餐时间辅导。

◎ 我会在每天给每位家长回电话。

◎ 家长从来没有要求第二次与我联络或通电话。

◎ 我探望住院的学生，去参加葬礼（非常不幸），并对在测试中考出高分的学生给予奖励。

◎ 我在完美的试卷上贴上标签，即使是代数2的课程。

◎ 我从报纸上阅读了解有关学校运动员的报道，然后，我参加所有能够参与的比赛。

◎ 我知道他们喜欢的视频游戏以及在MySpace上可以学到的东西。

当然，掌握你的课程是至关重要的；但了解你的学生能让你事半功倍，通向成功。"

特丽萨·博尔赫斯（Theresa A. Borges）知道如何引导她的学生去学习。

> 在我13岁以前，我一直认为我的名字是'住口'。
>
> ——乔·内玛斯（Joe Namath）

> 我已经得到了一个可怕的结论。
> 我是课堂中的一个决定性因素。
> 是我个人的做法营造了气氛。
> 是我每天的心情影响了气氛。
> 作为一名教师，我具有巨大的力量，能让孩子的生活变得悲惨或者快乐。
> 我可以成为一种折磨的工具或成为一种启发的手段。
> 我可以让学生觉得羞辱或幽默，受到伤害或得到愈合。
> 在所有情况下，我的反应决定了危机是升级还是缓和，是让一名儿童具有人性还是失去人性。
>
> ——哈伊姆·基诺特（Haim Ginott）
> 《教师和孩子》
> （1976）

即使是教室外，也营造出一种欢迎和吸引人的氛围。

你是善于引导还是不善于引导？

引导性的口头评论	非引导性的口头评论
"早上好。"	"这是行不通的。"
"恭喜。"	"我不在乎你怎么做。"
"感谢您的帮忙。"	"你不能这样做。"
"告诉我怎么回事。"	"因为我这么说，这就是为什么。"

引导性的个人行为	非引导性的个人行为
微笑	嘲笑
倾听	看手表
竖起大拇指或举手击掌	猛推
敞开大门	随手关门

引导性的物理环境	非引导性的物理环境
新鲜的油漆	黑暗的走廊
活的植物	没有植物
整洁的墙壁	不良气味
舒适的家具	破旧或不舒服的家具

引导性的思考（自我对话）	非引导性思考（自我对话）
"犯错是情有可原的。"	"为什么我会这么笨呢？"
"我将钥匙放错了地方。"	"我又丢失了我的钥匙。"
"我本来可以学会这样做的。"	"我从来没有能够做到这一点。"
"有时候我需要想一想才知道该说些什么。"	"我从来不知道该说些什么；我太迟钝了，总是听不懂。"

你是一个重要的人

引导式教育强调所有个人在他们的生活中都有对他们具有重要意义的人。这些具有重要意义的人包括教师、领导、导师、同事、上司、父母、亲戚、教练、管理人员、配偶，以及亲密的朋友。每个人都很特别。

对学生的影响，更多取决于你的信念有多坚定，而不是看你智力有多高。我们的目标不是将学生变成你思维的方式，而是变成你感受的方式。

学生可以拒绝言语，但他们无法拒绝引导和邀请的态度。

> **这些广义上的引导信息，根植在那些影响着他人生活的重要人物的头脑之中。**

高效能教师有力量和能力去引导学生和同事在每天的课堂中共同学习。专注、期望、态度、热情和评价都是决定一个教师是否具有引导性的主要因素。

这些特性在极大程度上影响着学生的自我意识，它们可能增强或降低学生学习的可能性。

> **"你对我而言是一位很重要的人"，这就是我们每天应该向学生和同事传达的信息。**

亚利桑那州梅萨的韦恩·希尔（Wayne Hill）有一个方法来告诉他的学生他们是重要的人：

在上课的第一天，在介绍班级之前，我通过这样的方式跟学生打招呼：拿起一张20美元的钞票，并问谁想要这20美元。很显然，许多学生举起了手。我将钞票弄皱，并再次提出同样的问题，还是有人举手。我将钞票扔到地面上，踩踩、猛踩进地板中。我拿起钞票并再次提出同样的问题。所有的手举起来了。

我问学生，为什么在我弄碎、踩踩、捣烂它之后，他们仍然想要这20美元。他们的反应众口一致，无一例外，"因为它仍然值20美元，并没有丧失其价值"。

我跟学生解释说，在生活中，有时我们觉得我们被踩低并觉得脏。但是永远不要忘记，在家里或在学校里，仍然有人关心你。我告诉他们："永远不要忘记，你对我是很特别的。"

当我讨论班级的下课程序时，我解释说，是我宣布下课，而不是铃声。只有所有学生都坐好并保持安静时，我才下课。我只要说"不要忘记"，全班都会响应"我们都很特别"。

当他们离开教室，走出大门时，我常常听到孩子们重复说着"我们很特别"。当他们看到我在校园时，他们向我喊："你好，希尔（Hill）先生。我们都很特别。"

> **如果森林中只有最优秀的鸟类敢于鸣唱，森林将会变得多么安静**
>
> 如果只有最好的读者敢于阅读，
> 我们的国民将会多么愚昧。
> 如果只有最佳的歌手敢于歌唱，
> 我们的国民将是多么可悲。
> 如果只有最佳运动员从事体育，
> 我们的国民将是多么虚弱。
> 如果只有最好的爱人表达爱意，
> 你我将何处存在？
> 我会很苦恼！
>
> ——威廉·W.柏奇
> （William W.Purkey）

每位教师，每位教授，每个教育工作者每年应该花点时间去一所幼儿园或一年级，只是为了看看并感知那里的令人兴奋的事情。孩子们对世界上的一切事物都感到兴奋。整个世界就是他们的舞台，没有什么他们不能做的，即使他们不能读、写，也不会拼写。他们会愿意做你要他们去做的任何事情。

然后，看看他们的老师。这些老师知道他们不能读、写、拼写，甚至讲话都讲不清楚。如果没有帮助，有些学生甚至不知道如何吃饭、使用卫生间，或挂起夹克。然而，这些教师没有抱怨，说他们有一大堆令人头疼的孩子。相反，他们的教室和他们的行为举止都传递出引导学习的态度，将每个人都当成高成就者。

所有孩子都能成功。

每个人都是重要人物

俄克拉荷马市学校的校长莎伦·克里格（Sharon Creager）在她的办公室里保存着一部"重要人物名册"，在书册的封面内页她写下这句座右铭：

祝贺这些非常重要的学生，他们以各种方式使白己成为受人尊敬的人。

这些都是我们未来的杰出的英才。

教师派学生到办公室，将其姓名登记到"重要人物手册"中。这本手册永久性地展示在大厅里，从未遭到过肆意破坏。每天早上，新的重要人物的名字会在早晨公告上宣布。

引导式教育的四个层次

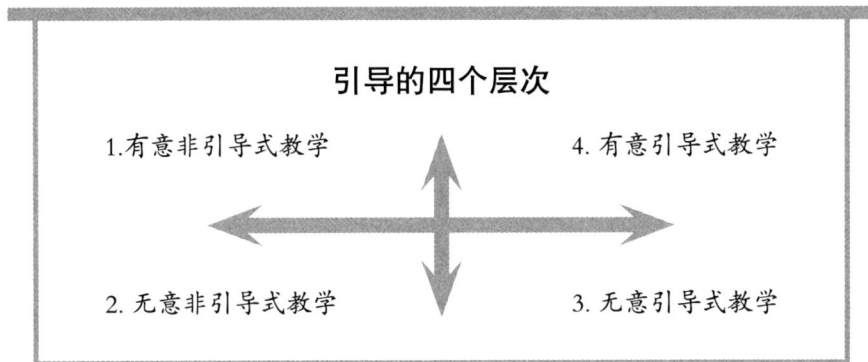

引导的四个层次

引导的四个层次

1.有意非引导式教学　　　4.有意引导式教学

2.无意非引导式教学　　　3.无意引导式教学

这是给予学生的四个层次的引导。这些层次可以判断出你作为一个老师的有效程度。

1. 有意非引导式教学。这是最低层次的引导，只有少数脾气古怪的教师这么做。他们故意贬低、挫伤、击败并劝阻学生。他们会用这样的表述：

"你为什么要费心来上学？"

"在我从事教学的十六年中，我只给了一个A级评分。"

"你永远都不会成才。"

他们从来没有笑容。

2. 无意非引导式教学。有些教师未能察觉出这样一个事实，即他们是消极的人群。他们自认为他们是善意的，但在其他人看来，他们是沙文主义者、种族主义者、性别歧视者，他们刻意表现出和蔼可亲，俨然以恩人态度自居，是思想肤浅、不体贴别人的人。他们喜欢做出这样的评语：

"我只教想要学习的学生。"

GoBe

你是受欢迎的

更多关于引导性教育的信息，可以登录www.cyb.com.cn在第9章中查找到。

"如果你不想学，那是你自己的问题。"

"这些人只是缺乏能力做到更好。"

"我被聘为教授历史的教师，不做其他的事情。"

当与学生互动时，他们保持抱臂的姿势。

3. 无意引导式教学。他们都是"天生的老师。"这些教师一般都很受学生的欢迎，在教学上卓有成效，但不知道自己取得成效的原因何在。他们通常和蔼可亲，这一特点往往掩盖了他们的学生可能尚未被充分发挥出最大潜力来学习这一事实。这些教师是真诚的，他们非常努力，我们通常希望成为他们的朋友。他们会做出这样的评语：

"你真的是太棒了！"

"加油！向前进，伙计们！"

"好极了。"

"只要更加努力。"

他们会兴高采烈，充满喜悦。

4. 有意引导式教学。"有意引导式"教师具备专业的态度，工作勤奋、坚持不懈，具有精益求精的精神，并且力求成为更有成效的教师。他们有一个健全的教育理念，能够准确分析出学生的学习过程。最为重要的是，他们善于带有目的性并明确地进行引导式教学。他们知道引导意味着什么，而且坚持这么做。他们会讲出这样的话语：

"早上好。祝你拥有美好的一天。"

"如果你尝试这个，会多么令人感动。"

"我知道有一天你会是最好的……"

"你愿意帮我吗？"

艾瑞克·阿布朗斯，道德拉斯小学的前任校长，有意邀请他的学生们与他交流。

他们还善于在适当的时候利用适当的情绪。

> **高效能教师知道如何叩启心灵的大门并引导他们的学生去学习。**

当你运用"积极的期望"和"引导式教育"的力量时，你就成为了一位很杰出的高效能教师。

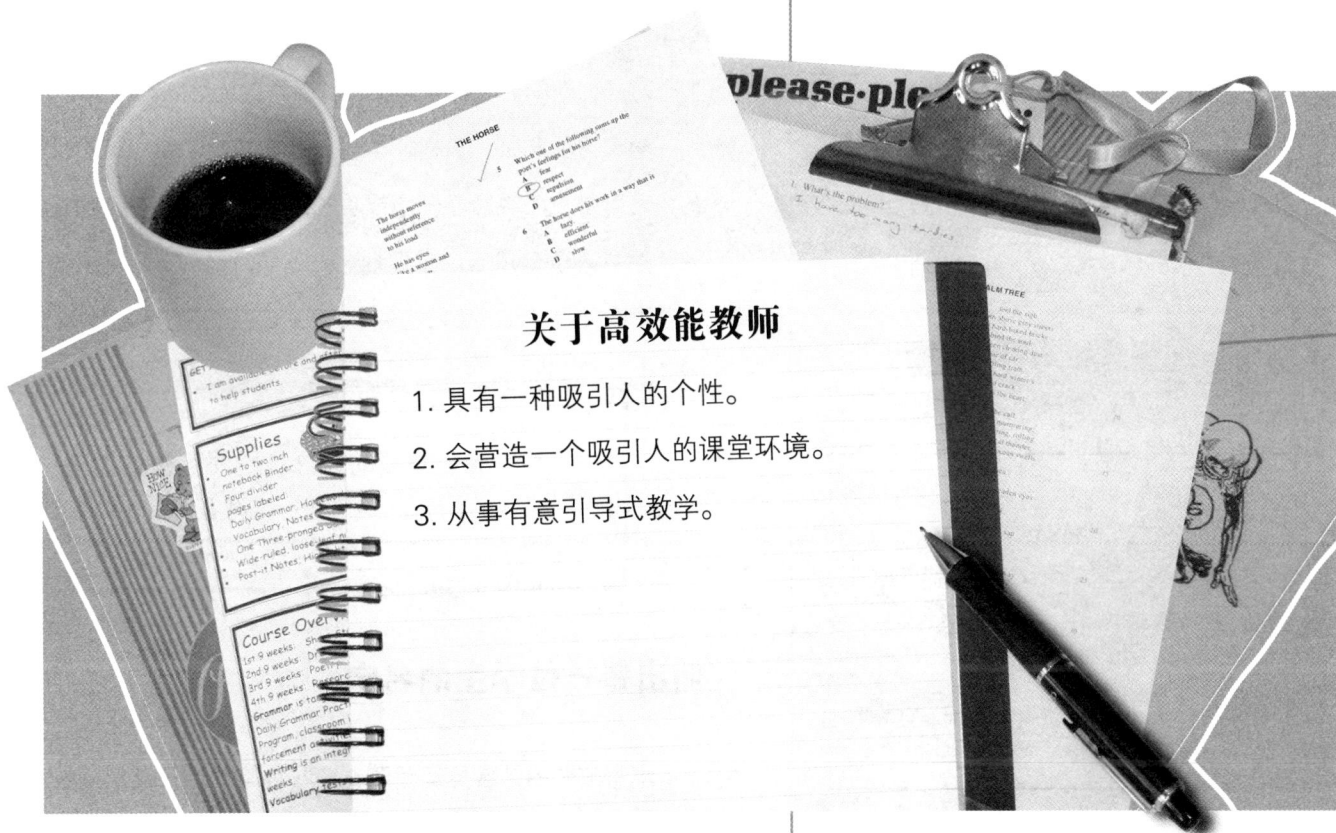

关于高效能教师

1. 具有一种吸引人的个性。

2. 会营造一个吸引人的课堂环境。

3. 从事有意引导式教学。

关键理念

教育的核心是心灵的教育。

> 生命不是一个终点。
>
> 生命是一次旅程。
>
> 只要你继续这个旅程，你总有一天会成功的。
>
> ——阿尔贝·加缪（Albert Camus）

积极期望的五大理念

> 当你看到真正卓有成效的教师时，你就会发现什么是关怀、温暖、可爱的人。

卓有成效的教学需要建立良好的师生关系。与学生建立良好关系最简单的方式是，运用一个管理良好的课堂。在这样的课堂上学生们都有事做，这样就为你提供了与他们一对一的时间。学生、家长、教师，彼此之间都关系融洽，沟通密切。

学生需要典范和榜样，学生需要找到他们敬仰的英雄——相关联的某人——这样的人可以是一名教师。一个成功的人生旅途深受身边的重要人物的影响。这些重要的人了解并善于运用五个重要理念，这些理念可以帮助人们实现想要达到的人生目标。这些理念便是：说出某人的名字，讲"请"和"谢谢你"，面带微笑，显示出关怀和温暖。

五项重要的理念可增强积极的期望

1.名字　　2.请　　3.谢谢你　　4.微笑　　5.爱

叫出每一位学生的名字

卓有成效的销售员运用了一条非常简单但很实用的技巧。他们查出你的名字，向你做自我介绍，然后在与你交谈的过程中，每7到10句话中都正确使用了你的名字。为什么这么做？当你叫某人的名字时，你正在用尊严与尊重对待别人。

你的名字非常重要，它标识着你的身份并彰显你的个人尊严。在这个世界上，肯定有其他人可能跟你有着相同的名字，但对你来说，你才是在世界上唯一的拥有你名字的那个人。在喧嚣的人群中，你可以很容易听到有人在喊你的名字，而且当你听到你的名字时，你会专心留意。销售人员在使用你的名字时明白这个道理——你会专心。你专心，因为你是重要的！

高效能教师会使用名字，尤其是当他们想要学生做什么事或具有某种方式的行为举止时。

当你称呼一个学生时，使用学生的名字。

用友好、尊重的方式使用学生的名字。切勿采用愤怒或居高临下的口气称呼学生的名字，这是对一个人的身份和尊严的贬损。

用正确的发音称呼学生的名字。一个人的名字是宝贵的，也是属于个人的，它是这个人的财产。最为重要的是，学生应听到发音正确的名字。如果不这样做，会传达这样的信息：他们不用尊重彼此的名字，因此可以互相取笑、嘲弄并戏弄对方的名字。

当你使用一个人的名字时，你是在对此人讲："你很重要，你的重要性足以让我用名字来识别你。"

当你使用一个人的名字时，你是在说："我在乎知道你是谁。"

我们周围的人都渴望受到关注。

◎ 平均来讲，儿童每天获得他或她的父母约12分钟的关注。

◎ 18岁以前，大多数美国人花费在电视机前的时间比他们花在朋友或家人身上的

重要的人物都有名片——那么有谁比老师更重要？

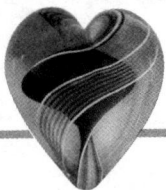

你内心的深度决定了你梦想的高度。

反复说是关键

一个儿童要学习新鲜的事物，你需要平均重复8遍。

一个孩子要抛弃旧的行为，并代之以一个新的举止，你需要不断重复新的行为平均28遍——

重复讲20遍用来消除旧的行为，再重复8遍来强化新的行为。

——麦德兰·亨特
（Madeline Hunter）

时间要多。

◎ 青少年每天平均有3个多小时是独处的。

◎ 孤独是老年人的头号问题，许多老年人都害怕走出自己的家或公寓。

卡内基（Carnegie）基金会调查了22,000名教师：

◎ 90%的教师说，在他们学校，缺乏家长的支持是一个问题。

◎ 89%的教师说，在他们学校，有受过虐待或被忽视的儿童。

◎ 69%的教师指出，学生的健康状况差是一个问题。

◎ 68%的教师报告说，有些儿童营养不良。

◎ 100%的教师描述他们的学生"感情匮乏并渴望关注与爱"。

请说"请"字

有教养、懂礼貌的人可以通过他们的举止被识别出来。礼貌的要点便是尊重别人。礼貌和尊重传达的信息表明："我很关注你"。忽视礼貌导致社会风气的崩溃，这从低效的学校和课堂上可见一斑，在那里，人们个个以我为尊，贬低对方。

那些甚至在对儿童讲话时都忽略说"请"字的人，正在执鞭教育极易受到影响的青少年们，正在告诉他们可以大喊命令和随意践踏他人的尊严。青少年可能没有作出反应，但他们讨厌这种缺乏礼貌的待遇。

当你没有说"请"并以命令的口气表达出你的要求，你正在慢慢削弱人的自由和尊严。我们许多孩子到学校来，日夜听到大喊大叫，他们根本失去了完好无损的自由和尊严。

当你说"请你给我拿一瓶胶水好吗？"它实际上是以下说法的简缩："如果你愿意，如果你高兴，请给我拿一瓶胶水。"这样，别人不仅会帮忙，而且会对你倍感亲切。"请"是对这种善意的表达和承认。当你说"请"时，你实际上是在说："作为一个人，我尊重你和你的善良与价值。"

◎ 善意发自"请"这个词。

◎ 有教养、有礼貌以及风度翩翩的人会自觉地使用"请"这个词。他们已学会了适当的举止。

◎ 如果一个孩子要在生活中学会"请"这个词，重复地使用"请"字很重要。

◎ "请"字通常用在当你要求别人为你做些什么事的情况下。因此，使用"请"字最有效的方式是在它前面加上名字，如"特雷弗，请……"

◎ 考虑将"请"字加到练习册、课后作业及其他你在课堂上分发的资料的说明上。

我真的很感激你的帮忙，"谢谢你"

使用了"请"就得使用"谢谢"，这两个词总是一起使用，就如秤离不开砣。如果不将两者结合起来一起使用，就好比一把刀没有叉，腰带没有搭扣，信件无信封。当你说"谢谢你"时，你便承认了有人为你做了好事，而不是因为你命令他们这么做的。

对他人说声"谢谢你"，表示你对他们付出的努力和好意怀有感激与赞赏。如果你期望学生努力学习并学会友善，那么就说"谢谢你"，这是你承认他们很友善和刻苦用功的一种表达方式，并意味着对他们为你所做的一切表示感激。

◎ "谢谢你"是完美的过渡，它为下一个请求、课程、活动或在课堂上布置的作

课程时间表

8:40	早自习
9:15	日常用语
9:20	数学会议
9:30	单词学习
10:15	课间休息
10:35	读者研讨会
11:20	词汇表
11:45	午餐
12:30	数学
13:15	写作研讨会

早自习

请解决这个问题。

你有1个两角五分的硬币，2个一角的硬币，和3个一美分硬币。你共有多少钱？

解释你的答案。

谢谢你!

目标:

算出美分硬币的总价值。

科学调查

1. 请检查昨天的实验数据。

2. 将结果绘制成一个饼状图。

3. 写一个含有3个句子的概要。

4. 指定某人将结果介绍给整个班级。

5. 请排练!

谢谢!

第237页

问题 1、2、8……

课时2

第237页

问题 1、2、8……

课时4

项目完成

课时5

第237页

问题 1、2、8……

"请"及"谢谢你"必须用于教师的课堂中。

请别说"没有问题"，谢谢！

对"谢谢你"最差劲的反应就是"没问题"。这暗示着任务原来是一个问题。

对"谢谢你"更为恰当的回答就是"乐意为你效劳"，这表明任务是在愉悦的心情下完成的，而不是因为它是一个问题。

我们的职责

我们的工作不是培养医生、律师、教师、护士、科学家、警察、销售人员、工厂工人，也不是追求更高的考试分数。

我们的职责是在年轻的面孔上引起微笑，在年轻的心灵中留下幸福，并在年轻的脑海里产生梦想。

其余的也就水到渠成了。

——丹·苏佛特（Dan Seufert）

业铺平了道路。它让你接下来想要做的事情变得更加容易。

◎ 运用"谢谢你"的最有效方式就是同名字一同使用："我真诚地感谢你为我所做的。谢谢你,乔治"，或者说，"乔治，我真诚地感谢你为我所做的，谢谢你"。

◎ 考虑将"谢谢你"加到练习册、课后作业及其他你在课堂上分发的资料的说明上。

微笑，恰似锦上添花

当叫某人名字，并说"请"和"谢谢你"时，如果你真的想取得最大的效果，那就微笑吧。这不需要任何的努力，甚至比皱着眉头更容易。微笑使用的肌肉要比皱着眉头少得多，因此做起来相当的轻松。同时，就像使用"请"和"谢谢你"一样，微笑是一门可以习得的行为特质。

微笑就象晚餐盘上的欧芹小枝，出色完成工作后，在背上给一个额外的轻拍，或是在说着"我真的爱你"时加个额外的拥抱。它是蛋糕上的糖霜，是给你特别优惠的小赠品。它表达了三层涵义：

1. 你是一个好客并懂得最基本礼节的人。

2. 你身上具有的一点波兰血统或傲慢气息让你显得是一个有教养的人。

3. 你自我感觉不错并希望别人一样。

笑是理解、和平、和谐的通用语言。事实上,如果我们希望下一代有一个和谐的世界，我们需要教给他们标志性的象征——微笑。

微笑是营造一个积极氛围的最有效方法，平息别人的愤怒，并表达这样的信息：

不要害怕我，我来这里是为了帮助你。

◎ 没有必要满脸堆笑，你只需露出一个收敛的、轻微的、善意的微笑就足够了。

◎ 面带微笑叫别人的名字。

◎ 当你微笑着说话时，利用短暂的停顿。这就是所谓的把握时机。每个演员都知道，发表演讲，讲一个笑话或做个表演的关键就是把握时机、恰到好处。这是在讲出一句重要的或是满怀激情的台词、妙语之前酝酿成熟的一个停顿。

> 66 笑是一盏明灯，告诉人们你的心与他们的心是相联的。 99
>
> ——琳·勃尔德松（Lynn Birdsong）
>
> 马里兰州霍华德县公立学校

微笑、说话和停顿的技巧：

第1步，微笑。当你走近学生时，要面带微笑，即使你的第一反应本来是要对他们表现出严厉。

第2步，反馈。观察学生对你的微笑的反应。学生是否也对你报以微笑，或者至少是给你一个对你的到来表示轻松并接纳的信号呢？

第3步，停顿（把握住时机）。

第4步，说出学生的名字。面带微笑叫"内森"。

第5步，停顿。

第6步，说"请"字。在提出要求后，说声"请"。用平静、有力的声音这样说，

午饭盒中的小字条

每天，金伯利在一张小纸条上匆忙记下几句充满爱意的鼓励语句，加一个霜糖杯形饼放到她儿子肯尼的便当袋内。每天下午，肯尼带回他的便当袋，纸条留在里面。

金伯利常常想知道儿子是否真的看了字条。有一天，肯尼带回他的便当袋，里面却没有了字条。出于好奇，她就问："亲爱的，你的字条呢？"

肯尼看着她，不知道他是否做错了事。"我把它给蒂姆了，"他说，"他的母亲没有给他字条，于是我就……我还以为他可以使用我的。"

"你真的这么想？"金伯利质疑。

"是的。他的妈妈病得很厉害，他现在非常伤心。"肯尼解释说，"或许你明天可以给他写个字条，或者也许我可以将你上个星期四给我写的字条送给他，这是一个好办法。"

人们将永远不会缺少爱

爱是教学的理由。

尽管毋需花费什么，然而，它是人们可以拥有的最值得珍惜的东西。

我们给予得越多，得到的回报也就越丰厚。

它具有愈合、保护、舒缓和增强心灵的功效。

爱还有其他名称，如：

谅解……

宽容……

鼓励……

援助……

同情……

激情……

友善……

以及激励……

不管我们给别人多少爱，还会有更多的爱不断地取代它。

这的确是"不断给予的礼物"。

请给予更多的爱——每天。

同时伴随着轻微、善意的微笑。

第7步，停顿。

第8步，说"谢谢你"。讲话结束时，说声"谢谢，内森"，并面带微笑。

实例

"内森，请停止跟乔伊交谈，开始做作业。谢谢，内森（面带微笑）。"

对着镜子一遍又一遍地练习。

所有这些举动加起来，意味着关爱

只有两件事是幸福和成功的生活所必须的：令人喜爱并具有能力。高效能教师永远不会停止精益求精，他们不断地寻找获得更多技能的方法。

当你看到真正卓有成效的教师时，你也将找到关怀、温暖、可爱的人。几年后，当学生回忆起他们最重要的教师时，他们将记住的是那些真正关心过他们的教师。高效能教师知道，只有让学生知道老师关心他们后，才能让学生爱学习。

低效能教师认为，他们所要做的是提供一项产品，如"我是被聘为教历史的"或"我是被聘为教三年级的"。

高效能教师不仅仅能提供一项产品，他们还提供服务。高效能教师不但能帮助学生学习，还能提高他们的生活质量。他们始终如一地提供这种服务，因为当他们在生活中提高自己的成效时，他们在自己身上也实践和保持着同样的信念。

最真诚的服务不企求金钱，不用培训，无需特别的服装，也不用大学学位。最真诚的服务来自于倾听、关怀和热爱。

> **爱是教学的理由。尽管它不花费什么，然而，它是人们可以拥有的最宝贵的东西。**

你不必告诉班上所有学生你爱他们，但你肯定能从行动上体现这一点。如果你选择在学生的人生中扮演一个有影响力的高效能人士，你必须通过你的身体语言含蓄地表现出你的关心和爱护，并通过你的话语明确地表达出来。

当有影响力的人使用有影响力的言辞和行动时，就增加了引发他人积极行为的可能性。感谢你在你的学生面前树立了一个积极的榜样。

GoBe

我们一直在你身后

关于作业汇报，她感到很恐慌，班级怎样帮助一位容易紧张的学生。请登陆www.cyb.com.cn在第10章中寻找答案。

教师能做到这一切

在把爱作为一个单元来教学时，没有商业计划，没有网站，没有任何书本。我们是自己最好的资源。我们的态度和行为，我们的为人，都会影响他们，并教会他们理解爱。最好的教师是用他们的智慧和心灵来进行教育的。

卓有成效的教学跟教学大纲和结构变化关系不大。教学大纲并不能教育孩子，改变课堂人数并不能改善孩子——是教师在教育孩子。

◎ 教学大纲并不会使刻薄的教师变得友好。

◎ 教学大纲不会让没有成效的教师变得卓有成效。

◎ 教学大纲不会明白班上有一半的学生不会讲英语。

◎ 教学大纲不会给学生一个充满爱心的微笑或者一次亲切的抚摸。

◎ 教学大纲不会说"请"或"谢谢你"。

◎ 教学大纲不会信任孩子。

教师能做到这一切，而且不只这一切。

❝ 爱是生命……如果你错过了爱，你就错过了人生。**❞**

——利奥·巴斯卡格利亚（Leo Buscaglia）

关于高效能教师

1. 能叫出学生的名字。

2. 多讲"请"和"谢谢你"。

3. 面带微笑，大方得体，轻松亲切。

4. 显示出呵护与关怀，有亲和力，有能力。

单元 C

第二特质：

课堂管理

高效能教师是一个优秀的课堂管理者。

单元 C

第二特质：课堂管理

高效能教师是一个优秀的课堂管理者。

C 第二特质——课堂管理

高效能教师是一个优秀的课堂管理者。

关键理念

高效能教师善于组织一个管理良好的课堂，使学生们可以在一个以学习任务为导向的氛围里学习。

28个因素

以下依次罗列的是决定学生学习效果的28个因素中的一些：

1. 课堂管理
2. 教学指导/学习过程
3. 父母及家庭的支持

28. 区域人口统计数据

课堂管理是决定学生学习的最重要因素。

① 马格丽特·王（Wang, Margaret），日内瓦·海若太尔（Geneva Haertel），赫伯特·沃伯格（Herbert Walberg）：《什么帮助学生学习》，《教育先锋》，页码：74—79，1993年12月/1994年1月.

你该知道的最重要的事

课堂管理凌驾于有效教学的所有因素之上。

这很可能是本书中最重要的单元

我们已经明确了决定学生学习的最重要的一个因素。三位研究员研究了时间跨度50年的11,000篇文献得出，影响学生学习的因素有28种之多，并将它们依次排序（见左侧图表），发现决定学生学习效果的最重要因素是课堂管理。① 所以，C单元对你来说也许就是最重要的单元了。

决定学生学习最不重要的因素是学生群体的人口统计数据。也就是说人种、肤色、性别、国籍、宗教背景以及家庭经济状况对学生学习成绩方面的影响是最弱的。

因此，最后重申，请不要再拿人口统计或文化等因素作为学生成绩不好的借口了。

你如何管理课堂是决定你的学生学习好坏的首要因素。本书基于以下研究成果：

◎ 高效能教师有三大特质：②

1. 他们有高超的课堂管理技巧。

2. 他们对课程掌控到位。

3. 他们有积极的期望。

② 托马斯·古德（Good Thomas），杰里·布洛非（Jere Brophy）：《课堂观察》，美国马萨诸塞州尼达姆，页码：8,9,12,47,71,301,2007.

◎ 课堂管理技巧是决定教师成败的首要因素。[①]

◎ 决定学生学习成效的首要因素是课堂管理。[②]

◎ 开学第一天是整个学年中最重要的一天。有效的课堂管理实践必须始于开学第一天。[③]

基于这些研究成果，下面是对教师这个职业的崇高性的概括：

这就是教师——知道的和能做的事——在课堂上起着至关重要的作用。

校长在学校里起着至关重要的作用。

高效能教师的课堂管理

即使你知道如何煎牛排，也无法成为一个成功的餐馆老板。而成为一个成功的餐馆老板，你必须懂会计流程，联邦、州和当地法律条例，卫生法，工会合约以及员工与顾客的关系。

如何煎牛排是你需要知道的最后一件事，而你需要知道的最重要的事是如何经营和管理一个餐馆。

事实上，你有一个大学英语文凭并不能使你成为一名英语教师。你需要知道的第一件事是如何拥有一个管理良好的课堂，然后是D单元中讨论的，如何传达教学指令以及如何评估学生的学习。

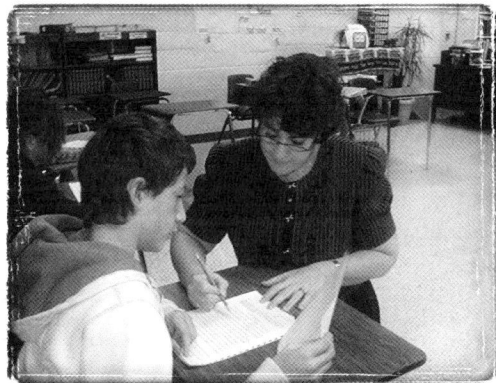

教师在课堂上起着至关重要的作用。

① 埃德蒙德·T.埃默（Emmer，T.Edmund），卡罗琳·M.艾弗尔森（Carolyn M.Evertson），默里·E.沃瑟姆（Murray E.Worsham）：《中学教师的课堂管理》，波士顿，2003；卡罗琳·M.艾弗尔森，埃德蒙德·T.埃默和默里·E.沃瑟姆（Murray E.Worsham）：《小学教师的课堂管理》，波士顿，2006.

② 海若太尔·王（Wang, Haertel）和沃伯格（Walberg）.

③ 道格拉斯·布鲁克斯（Brooks，Douglas）：《开学第一天》，《教育先锋》，页码：76—79,1986年5月.

> **高效能教师管理他们的课堂。低效能教师用纪律约束他们的课堂。**

学生比教师更希望拥有一个管理良好的课堂，因为这样的课堂带给学生们始终如一的可靠的安全感。当教师和学生都知道将发生什么的时候，教室里就不会有任何惊讶和叫喊了。一致性来自对程序和惯例的实施。

当孩子们怀疑教师没有章法的时候，他们很快就会开始不遵守课堂纪律。没有组织、没有章法的教师只会考虑教授课程、举办讲座、做练习、观看视频和进行课堂活动——从来不进行课堂管理。当课堂管理不善时，课堂便会混乱无序以及效率低下。

因此，教师在开学的第一周里，最重要的事就是建立教学的一致性和连贯性。课堂实践和步骤必须是可预期的、一致的。学生们必须了解每天的课堂是怎样组织架构起来的。如果铅笔头断了，他们知道该做什么；如果他们拖拖拉拉或需要教师帮助，或必须走过走廊，或从一个活动转到另一个活动，他们知道该怎么做。教师不用大声叫嚷发出指令。

回想第一章，那个来自治安混乱社区中的一个极其贫困学校的学生说过的话：

"我喜欢来这所学校读书，因为这里的每个人都知道该做什么。所以，没人向我们大声叫嚷、发号施令，我们可以自主学习不受打扰。"

这位学生的关键词是"做"。在一个卓有成效的课堂里，学生有责任完成为促进他们学习而制定的程序和步骤。而在一个低效的课堂里，教师一直关注的是学生的行为表现。

爱丽丝·华特斯（Alice Waters），一个将加利福尼亚美食带向全世界的女子，她以精湛的厨艺而出名，更因出色的餐馆经营水平而名声远扬。她的餐馆在加利福尼亚州伯克利市，名叫Chez Panisse。

什么是课堂管理?

课堂管理涉及到教师在组织学生、安排场地、分配时间和选择教材过程中所做的所有事情，目的在于使学生学习能顺利进行。

布罗菲（Brophy）和埃弗尔森（Evertson）说："几乎所有有关教师有效程度的调查都显示，不管是从学生学习角度还是等级角度衡量，课堂管理技能在决定教学成败上起着至关重要的作用。

"因此，课堂管理技能是非常关键和基本的。假如一个教师在课堂管理技巧方面有所欠缺的话，是绝不会取得多大成就的。"①

教师的课堂管理技能包括以下两个方面：

1. 在所有课堂活动中带动学生积极参与、相互合作。

2. 建立富有成效的工作环境。

一个管理良好的课堂是由一整套程序和惯例来构建的（见第19和第20章）。程序和惯例构建起了课堂，使得种种课堂活动能轻松有序地进行。这些活动包括：阅读、记笔记、参与团队合作、班级讨论和游戏以及生成课堂资源。一个高效能教师能使每位学生在所有的课堂活动中都积极参与、相互合作。

C单元会帮助你实现双重目标：培养学生课堂参与和创造多产的学习环境，最终使你成为一位高效能教师。在卓有成效的教室里，是井井有条的秩序为学生提供了良好的学习环境。学生们在学习；注意力集中；彼此合作与尊重；表现出了很好的自律能力；努力完成课堂任务。所有材料都齐备；教室内的课桌椅都为多产的学习成果而摆放；到处充满了安静却积极的气氛。

> 教育的目的是培养孩子的目标意识、可能性意识，思考的技能和习惯，以帮助他们在世界上立足。
>
> ——爱丽丝·华特斯（Alice Waters）

GoBe

秀色可餐的校园

在www.cyb.com.cn第11章的内容里可以找到，爱丽丝·华特斯（Alice Waters）是如何将"教育的目标"这句话付诸实践的。

① 杰里·布洛菲（Brophy, Jere），卡罗琳·M.埃弗尔森（Carolyn M.Evertson）：《寓学于教：一个发展的前景》，李约瑟高地，马萨诸塞州，1976.

管理良好的课堂有哪些特征

你希望一家百货商店是管理良好的。当你被问到这句话的含义时，你通常会举出以下几个特征：

◎ 商店：陈列、组织和洁净度。

◎ 商品：摆放、易接近性和实用性。

◎ 员工：他们的管理、效率、文化水平和友善态度。

你可能在餐馆、航空公司或诊所做过同样的事。

事实上，你或许已经不止一次地说过，"如果换我来管理这个地方，我将会以截然不同的方式来做事。"

既然这样，如果你在运行一个教室，你会做些什么呢？这就叫课堂管理，一个管理良好的课堂所具备的特点是众所周知的。

C单元会让你快速了解和掌握你必须知道的关于如何组织管理课堂的细节，目的是最终使学生成功。

管理良好的课堂的特征[1]

1.学生们专心致志地学习，尤其是在教师的指导下。

2.学生知道对自己的期望是什么，且一般来说很成功。

3.相对来说，时间浪费得少了，混乱和教学中断也少了。

4.课堂环境以学习为导向，并充满了轻松宜人的氛围。

---

[1] 埃默（Emmer），艾弗尔森（Evertson）和沃瑟姆（Worsham）提出。

一个以任务为导向的可控的环境氛围

一个管理良好的课堂有一个以任务为导向的学习氛围，学生们知道对自己的期望是什么，也知道如何实现成功。研究表明，大多数学生在一个管理良好的课堂中往往能取得更好的成绩。

（1）

（1）该房间是为多产学习成果而设立的。
（2）该房间的氛围非常积极。
（3）学生们正在完成任务。
（4）学生们相互合作、彼此尊重。

老师的目标很简单：

帮助你们
实现你们的目标。

（2）

（3）

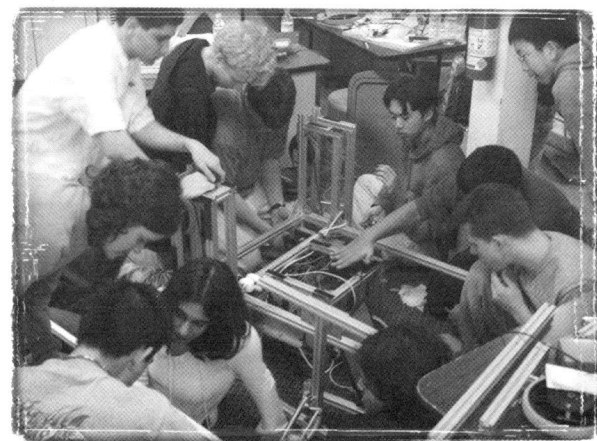

（4）

我们给出了管理良好的课堂的四个特征。这个表格提供了有效地实现这些特征的技巧。

特征	高效能教师	低效能教师
1. 学生们高度配合	学生在学习（见第127页）	教师在教学
2.明确的学生期望	学生们知道任务是基于目标的（见第242页） 学生知道测试是基于目标的（见第250页）	教师说："阅读第三章，了解其内容。" "我会给你们一个涵盖第三章所有内容的测试。"
3. 被浪费的时间相对较少，很少混乱或者中断	教师有教学程序和惯例（见第169页） 教师立即开始上课（见第127页） 教师将学习任务公布出来（见第128页）	教师制定所有规章制度，随意惩罚学生 教师点名，马虎教学 学生一再要求布置作业
4. 以学习为导向，课堂氛围是轻松宜人的	教师花很多时间练习如何执行课堂程序，直到它们成为学生的习惯（见第180页） 教师懂得如何吸引学生的注意力（见第186页） 教师知道如何强化积极行为、鼓励学生（见第188页）	教师说了算，但不演示课堂程序 教师大声叫嚷，拨弄电灯开关 教师对学生粗略表扬一下，或者根本不表扬

一切都进展得很顺利，真令人吃惊。

我以"宪法一分钟"开始每堂课。"宪法一分钟"所用的文稿均取自全国广播公司广播电台（NBC·Radio）为庆祝美国宪法诞生二百周年纪念而创作的广播节目。

几个星期前——
◎ 发给学生们每人一份原稿。
◎ 为每个学生安排课前演讲时间。
◎ 将稿子背熟。
◎ 讨论成功演讲的必备因素。
◎ 讨论对演讲人的期望的程序。

演讲日——
◎ 学生演讲人准备上台演讲自己心中的"宪法一分钟"。
◎ 其他学生就座，做好仔细聆听并做简短笔记的准备。
◎ 上课铃响后，一分钟演讲开始。
◎ 大约一分钟后，宪法演讲结束，演讲人坐回原位。
◎ 全班同学在前方的公告板上查看当天的课程计划、程序或当天的作业。

在这期间，我安静地坐在教室后面聆听，为宪法演讲打分，检查学生的出勤情况等，课堂就这样自己开始了。
◎ 学生们很安静。
◎ 他们组织有序。
◎ 同学们做好了学习的准备。
◎ 他们知道对他们的期望是什么。

一切都进行得很顺利，真令人吃惊。

两分钟之内，我都还没有开口说话，全班同学就都准备好了，而且我们已经完成了一项学习任务——一切按程序来。

——亚瑟·H.卡万菲（Arthur·H·Kavanaugh）
宾夕法尼亚州安布勒

阿瑟·卡文瑞（Arthur Kavanaugh），
威莎歇肯高中

一个管理良好的课堂有一个可预测的氛围。在那样的氛围里，教师和学生都知道该做什么，会发生什么，因为你选择了去"管理"课堂环境。

教师的职责就是管理课堂，确保建立一个以任务为导向的可预测的学习环境。

关于高效能教师

1. 致力于营造一个管理有序的课堂。

2. 在课堂上建立一致性。

3. 让学生认真参与学习任务。

4. 课堂有条不紊，教学时间得到充分利用。

为什么高效能教师麻烦最少

高效能教师需要处理的学生不遵守纪律的问题最少。而低效能教师则永远在与学生的不当行为作斗争。其实，这种情形是很容易补救的。

请不要做低效能教师——否则你和你的学生会因此遭受损失。低效能教师缺乏良好的课堂准备。混乱引发问题，问题导致不当行为，不当行为使得教师和学生产生无休止的斗争。低效能教师每天都倍感压力，他们疲倦不堪、精疲力竭、消极怠工、愤世嫉俗、怒火中烧，还常常迁怒于其他人和事。

高效能教师已准备就绪

高效能教师已将教室布置就绪。

C单元：课堂管理

高效能教师已将教学计划准备就绪。

D单元：课程掌握

高效能教师自己已准备就绪。

A单元：什么是真正的高效能教师

B单元：积极期望

关键理念

"已经准备好"的教师可让学生的学习优势最大化，不当行为最小化。

在你离家之前，你有效程度的一半就已经决定了

◎ 你所能完成的工作量在你去工作之前已经被确定了。

◎ 你每天将完成的工作量的一半在你离家之前已经被确定了。

◎ 你每天将完成的工作量的四分之三在你迈进学校大门之前已经被确定了。

在你离家前和来学校的路上，不管是专业技巧上还是态度上都应该充分准备好。在学生到来之前，如果教学材料、课堂氛围以及教师自己都准备好了，你将增加学生成功的概率，降低学生学习中断的几率。

埃佛尔森和安德尔森是率先提出学年伊始高效的课堂管理的重要性的学者。[1]他们认为，教师培训对提高老师的课堂管理实践水平是至关重要的。通过训练，教师们能变得卓有成效，从而使课堂"准备就绪"。[2]

高效能教师通过在学年伊始实施某个计划而避免问题的产生。该计划有以下要素：

◎ 尽可能有效地利用时间。

◎ 实施高度配合的团队策略，避免不当行为。

◎ 精选课程形式和学业任务，使其有利于提高学生的参与性。

◎ 对程序和步骤能清晰地传达。

高效能教师将课堂教学准备好了，因而能够阻止许多行为问题的发生。高效能教师是非常有效率的，因为他们的学生问题远远少于低效能教师，这些教师可以指导学生们加速学习和迈向成功。

所以，高效能教师在处理行为问题上几乎没有什么压力。他们可以让每天都过得开心并富有成就感和自豪感。

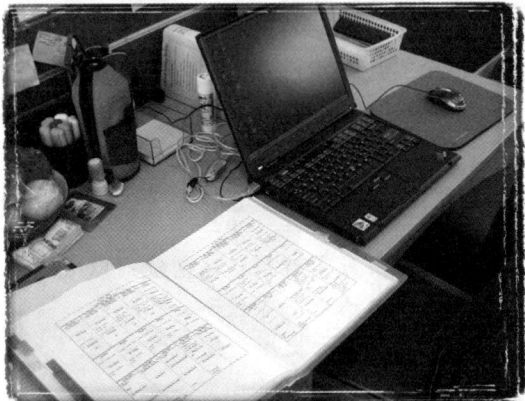

高效能教师未雨绸缪，提早应对，而不是坐等危机的到来。

[1] 卡罗琳·M.埃佛尔森（Evertson, Carolyn M.），L.安德尔森（L·Anderson）:《开始教学》，《教育地平线》，57（4），页码：164~168,1979；埃德蒙德·T.艾玛（Emmer, Edmund T.），卡罗琳·M.埃佛尔森（Carolyn M.Evertson），L.安德尔森（L.Anderson）:《学年伊始的有效课堂管理》，《小学期刊》，80（5），页码：219~231,1980.

[2] 卡罗琳·M.埃佛尔森（Evertson, Carolyn M.）:《课堂管理中的教师训练：中等课堂的实验》，《教育研究期刊》，79，页码：51~58,1985；卡罗琳·M.埃佛尔森（Evertson, Carolyn M.）:《改进小学课堂管理：为学年开始而设立的以学校为基础的训练项目》，《教育研究期刊》，83（2），页码：82~90,1989.

一家顶级餐馆已一切就绪

餐桌已就绪。当你在预定的时间到达时，餐桌已经为你准备好了。

餐厅已就绪。就餐氛围无可挑剔。

服务生已就位。你可以在这里享受高品质的服务，因为所有的侍者事先都经过演练和培训，他们对你是否喜欢这里的服务抱有很高的期望。

一名成功的教师已准备好

教具已就绪。书桌、书本、纸张、作业和材料在铃响时都已准备完毕。

教室已就绪。教室的积极氛围是以教学为导向的。

教师已经准备好。教师态度热情积极，对所有学生的成功抱有积极的期望。

每一天都将你的教室准备好，尤其是开学伊始。原因显而易见。当你走进一家餐馆、一间办公室或是一家商店，你希望里面所有的东西都已为你准备好。如果不是，你会变得沮丧。

当人们去你家享用晚宴，你若已将**餐桌**准备就绪，那会增加晚宴成功的几率。当你的团队出外参赛或表演，如果你的团队已经做了充分的准备，那么你们的胜算会更大。当学生参加一个俱乐部会议，如果议程都已经过深思熟虑，那么这个会议很可能会成功。

你很清楚，如果客户打来电话的时候，你还没有准备好，你将失去这笔生意。如果你没有做好面试的准备，你也许就得不到下次机会了。如果教师要你回答问题时，你没有准备好，你将会得到一个低分。

在现实世界中，如果你没有准备好，很可能会被炒鱿鱼。因此，为了能在现实世

最重要的词语

对画家、飞行员或厨师来说，最重要的词语就是准备、准备、再准备。

对教师来说，最重要的三个词也是准备、准备、再准备。

一个杂乱无章或是空空荡荡的教室会给孩子们留下这样的印象：你对他们不关心。一个布置精美且极富吸引力的教室则告诉他们你有多在乎他们，为他们营造了这么温馨的氛围，学生们自然也会尊敬你。一个舒适的房间会让人觉得舒服和平静。把你的学生邀请进你精心布置的教室吧。

&&& *知胜知负，未战先知。* &&&

——孙子

界中生存，我们的学生必须时刻准备好。在我们的工作中、课堂环境里和我们自己身上，我们模拟和示范"准备就绪"来教授准备就绪。没有组织性的人是在向大家传递一个响亮的信息——他们没有准备好教学。

> **准备就绪是提高教师有效性的首要决定性因素。**

在你做其他事之前

组织能力是通往高效能的关键。拂去灰尘，清扫，擦亮，安排，装饰，设想皇室即将到来。谁能比你的学生更重要？

收集清洁用品——液体清洁剂、海绵、拖把和抹布。喷洒清洁剂，拂去灰尘。喷洒清洁剂，清扫。喷洒清洁剂，擦除。喷洒清洁剂，擦亮。

拿一捆文件夹和塑料容器来储存物品。在文件夹和容器中调整你的学习单元并贴上标签。丢弃、归类及合并，每样东西都各归各位。你会对整年的学习有一个系统的组织，不会每天惶恐不安，担心接下来该做些什么。

研究证明，一个学校和一个教室的清洁度、整洁度和特点会影响学生的行为以及教师的教学能力。[1]

准备好课堂的学习环境。

---

[1] J·A.兰科尼（Lackney, J.A.）：《教师是环境制造者：研究教师在教学设计中对物理环境的利用》，麦迪逊：威斯康辛州立大学工程学学院，学校设计研究工作室,http://www.engr.wisc.edu/,1996.

在你移动一张课桌前……

在你移动教室里任何桌椅橱柜或在墙上粘贴任何东西的时候，有些注意事项是众所周知的：

1. 开学的第一周，教学氛围是你必须建立的。

2. 开学的第一周，需要强调大班化组织和学生的学习程序。

3. 应该花些时间在课堂秩序的管理上，而不是将教室打扮成一个展厅。一些空白但是干净的公告栏、书架和植物盆栽不会妨碍任何人。

4. 切不可在开学之时过分装饰教室。

5. 教室应该整洁干净，但也没有必要布置得跟返校夜一样。

6. 别一开始就动员学生们去学习中心、班级图书馆或资源中心。（开学第一天，你根本不需要一个学习中心。过了一个礼拜左右，等同学们都熟悉了班级规章制度、程序和惯例，再让他们去那里学习）。

接下来的例子，像本书中的大部分例子一样，都是比较笼统概括的，需根据自己的班级和具体情况来参考。

布置教室

◎ 统计所需课桌椅的数量，用新的课桌椅代替已经破损的，事先将所需物品备齐。如果东西的准备没能如你所愿，切忌不要发火，尤其是当你的要求是在最后一分钟才提出的时候。

有效布置教室，学生就不会因为和家具在空间上有冲突而影响学习了。

组织的四条基本原则

1. 将个人私事与学校事务分开。学生是你的首要考虑对象，勿让个人事务影响工作。

2. 清理桌面。将文件贴好标签，垂直放置，以方便看清文件目录类别，而不是将众多文件和材料叠放在课桌上。

3. 清理出一个地方专门放置收进来和要分发出去的文件。明确收进来的文件和将要分发给学生的文件的摆放位置。

4. 整理，整理，整理。可使用小盒子、透明的塑料容器、文件夹以及整理桌面文档的工具。花一点点时间整理物件，会节省你很多找寻东西的时间。

善用左脑的人有许多文件。

善用右脑的人有许多文件堆。

丢三落四的人有堆积如山的文件。

GoBe

面对黑板的学生能学到更多

桌椅摆放位置的安排影响到学生的学习，甚至是学生的健康。请登陆www.cyb.com.cn，在第12章中查找更多相关内容。

◎ 行政人员和管理人员都是非常得力的人，他们和你一样都希望学生们能得到最好的教育。学会理解他们，你会发现他们是多么优秀、合作、热情和得力。他们并不像消极教师们所描述的食人怪那般，他们会随时为你提供帮助。

◎ 如果你在学年中打算改变教室布局，最好是一开学就把课桌排成行面对教师。这样可以避免学生分心，方便你掌控学生行为，帮助你认识和熟悉班上的学生。

◎ 课桌不必按传统样式排成行，但是椅子应该面对前方。这样，学生们的目光可以集中在你身上。

◎ 上课时，或小团体指导时，将学生们的课桌摆放在方便看见你的位置。

◎ 保持通道畅通。不要将课桌、椅子或桌子摆放在门、水龙头、水池、削笔刀或教师办公桌前。

◎ 留出一个机动的区域以备个别需要特别关注的学生进入。

布置工作区

◎ 安排好工作区和课桌的摆放，不管你在教室的哪个角落，都可以较容易地观察和监控所有的学生。

◎ 学生们应该能够清楚地看见你，也能很方便地看见黑板、公告栏、大屏幕、演示区和陈列展览。

◎ 保持过道畅通，以便有足够的空间来回走动，且确保一排中最后一个座位周围有足够的空间。

◎ 保持通往存储柜、书架、橱柜和门的路径畅通。

◎ 熟识应对火灾、地震、龙卷风、飓风以及其他自然灾害的策略，要有时刻具备应对以上紧急情况的安全意识。

◎ 保证在工作区有足够的椅子。

◎ 保证在工作区有足够的材料，如书本、实验室用品、媒体器材、活动卡片、工具和器材。

◎ 对所有电器或机械器材做测试，以确保必要时能使用。

◎ 准备好托盘、盒子、咖啡罐、塑料容器或一切可以装载供学生使用的材料。布置好你的教室，以便学生能随时存取这些东西（此程序的详细介绍，见第212页）。

安排学生区

◎ 为了不至于使自己头疼，现在该准备学生区来存放学生的个人物品。腾出地方给学生放置文件夹、背包、书本、午餐袋、雨伞、鞋子、展示物、失物招领箱、滑板和作业。

◎ 腾出地方给学生悬挂外套。

布置墙壁空间

最有成效的课堂里的学生们往往都是自律、自我激励和自我负责的学习者。让学生们自己去看公告栏里布置的作业和有关该做什么和怎么做的信息（详见第15、19和20章）。

何时准备

你不会在比赛当日才组建你的足球队。

你不会等到口渴时才去挖水井。

当紧急事件发生的时候，往往不允许你有时间讨论应对步骤——那根本不是你讨论该怎么做的时间。

充足的准备是教师成功的关键。

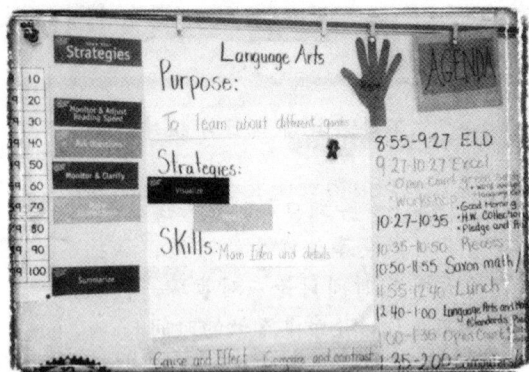

装饰的公告板。

◎ 将一块或几块公告板用彩纸和一些装饰物覆盖，这是专门为张贴学生作品而预留的，但教师应注意别把这里布置得像商店橱窗一样。

◎ 将课堂规则贴在教室里较显眼的位置。第一周后，你可以重新选择张贴地点（详见第18章）。

◎ 将课堂程序、职责、日历、钟表、紧急信息、地图、课表、菜单、图表、装饰物、生日表和学生习作张贴起来。

◎ 将每日作业或每周作业写在教室里的固定位置。

◎ 将学生作业应使用的正确标题或文章样式的范例放大，贴在墙上供学生们参照。

◎ 将学生们要参加的测验样卷、要上交的作业范本和要完成的文章范例贴在墙上以供参考。

◎ 将当天或本单元的特色话题、主题、章节或技巧在墙上展示出来。

准备好书架

◎ 别把书架或展示墙放在遮挡视线的地方。

◎ 更换书架上放置的读物，将允许学生将处理的读物取下。

◎ 请不要将书本或读物放在靠近出口的位置，以防丢失或遮蔽紧急信息。

教师区的布置

尽量缩小与学生及常用材料和设备的距离。如果教师和学生之间的互相接触、教师和学生收集资料和使用教室设备需要太多的走动，那么时间就会浪费掉。

你与学生的距离越近，学生在教室里行为不当的可能性就越小。

当教师与学生的距离很近并且能够很快地走到他们身边时，学生在从事课堂活动和做课堂作业时的表现会更好。

当教师与学生的距离很远而无法很快地走到学生身边时，学生很有可能不学习，还会打扰别人学习。因此，亲近学生，减少问题。

> **教师的课堂纪律问题与他和学生之间的距离直接相关。**

◎ 整理好教师办公桌、文件及其他教学设备，不要阻碍学生走动。不要在自己和学生之间建立任何屏障。整理好你的办公桌，以便可以快速地走到学生面前去帮助、督促或指导学生。

◎ 整理好你的办公桌，以便你在办公桌旁或与个别学生交流时可以监督整个教室。

◎ 不要把教师办公桌放在靠近门的位置，以防有人从办公桌上拿走东西，迅速逃跑。

◎ 如果你不想与他人分享办公桌上或办公桌里的任何东西，请在介绍课堂程序和惯例时予以说明。

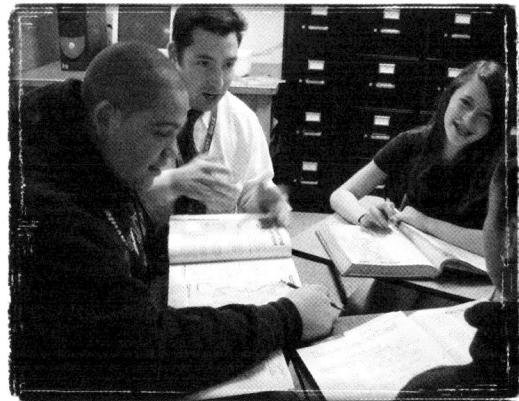

在教室里，教师与学生们离得越近，不当行为产生的几率就越小。

准备好教学材料

◎ 将需要学生们从家里带来的东西罗列在一封信上。当学生们将东西带到教室后，腾出一个地方来存放东西，并明确存放程序和步骤。

◎ 明确将学生和课桌对应起来的方法。将写有学生姓名的卡片放在他们的课桌上。或者使用投影仪或PowerPoint幻灯片将课桌安排与学生名字对应起来。

◎ 准备好第一周教学所需的基本材料。包括书本、纸张、铅笔、尺子、胶水、粉笔、水彩笔、订书机、胶带、写字夹板、蜡笔、毡尖标签笔、图画纸、乐器、计算器、日用必需品、教具、操场器械和电脑软件。如果你需要提示信号，则要购买铃铛或计时器。

◎ 找一个储存这些物品的容器。可使用复印纸箱、板条箱、咖啡罐、牛奶盒及鞋盒等容器来装这些材料。将容器贴好标签，并附上内置物品清单。

◎ 将使用频率不高的东西分开放置。但要保证它们有个目录清单并随时可供使用。

◎ 将电源插头等物品靠近电源插座放置，以防学生被电线绊倒。准备好接线板和电源适配插头。

◎ 准备好原版文件、课程计划和电脑磁盘。对多余的练习册也这样做，以确保它们随时可供缺席学生或需要额外帮助的学生使用。

使用带标签和目录清单的容器来存放每个活动或学习单元所需的素材。

最后，准备好自己

◎ 将身上的公文包、手提包、钥匙及其他贵重物品放在安全的地方。

◎ 准备好必要的紧急物品，如纸巾、除菌布或除菌液、抹布、肥皂、急救箱和午餐费。

这些是为自己准备的，而不是为学生们。

◎ 准备好每本教科书配套的教师手册，以便在教学中用到。

◎ 准备好所有每日所需的表格文件，如点名册、迟到单、准入证和推荐函。这些表格你每天都会用到，所以要妥善保管、方便存取。

时刻准备好做一名高效能教师。准备就绪的教师让学生的学习优势最大化，不当行为最小化。

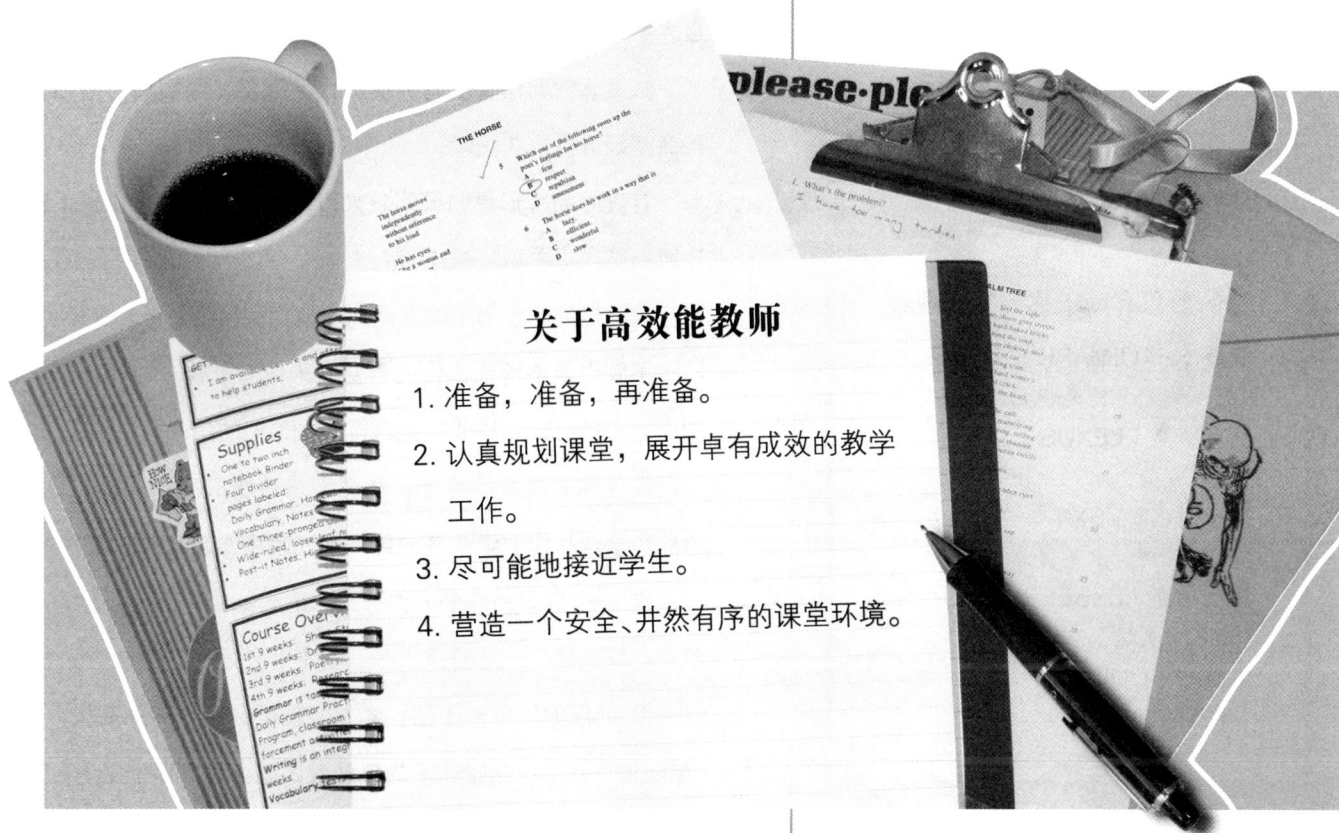

关于高效能教师

1. 准备，准备，再准备。

2. 认真规划课堂，展开卓有成效的教学工作。

3. 尽可能地接近学生。

4. 营造一个安全、井然有序的课堂环境。

关键理念

不管正确与否，准确与否，你的声誉将先于你而远播。

你的形象有助于你的销售业绩

贺曼（HALLMARK）
"倾注关爱、传递祝福"

雷克萨斯（LEXUS）
"追求完美，永无止境"

天美时（TIMEX）
"轻轻触动，永不停息"

戴比尔斯（DeBEERS）
"钻石恒久远"

欧莱雅（L'ORAL）
"你值得拥有"

你的声誉先于你而远播

第一天你做自我介绍的方式决定你在接下来的学年中能得到多少尊敬，取得多大成就。

人是有声誉的。你知道有的人甜美、友善、诚实、勤奋和可靠，而有的人庸俗、凶横、自大、懒惰和不可靠。

做生意需要信誉。有的商家服务极差，贩卖伪劣商品，对商品质量无法保证；一些商家则值得永久信赖。

有良好品牌形象的公司，如IBM、可口可乐、力士、贺曼（世界知名贺卡品牌）、诺德斯特龙（美国高档连锁百货店）、惠普可助推他们的销量。他们深谙消费者只会从自己信得过的商家那里购买商品，他们的品牌形象比实际销售更重要。

不管你承不承认，你的声誉先于你而远播。即使在你第一次见到学生们之前，你的良好声誉已经为你成功地赢得了学生们的信赖和关注。

如果你有良好的声誉，学生们将带着极高的期望走进你的课堂，这会使你受益。你的声誉是从你教学生涯的第一天开始建立起来的，并将永远继续下去。

◎ 一个良好的声誉为你打开大门。如果你有良好的声誉，人们（学生们）就会拥护你。正直诚实，平易近人——学生们会颂扬你的这些优秀品质。

◎ 如果你的声誉不佳，学生们就不会有太高的期望，这对你十分不利。学生们的"嗡嗡议论会"像嗡嗡作响的电锯般让你在你的课堂里消亡。

不论你喜不喜欢，学生们、家长们、行政部门、同事们都会对你议论纷纷。

每个人都喜欢和支持胜利者。家长们希望自己的孩子从师于有名望的教师。声誉不佳的教师能得到的往往是所有学生和教师筛选重组后剩下来的。

如果学生们都喜欢呆在你的班里，你就能吸引到更多优秀的学生，在开学第一天几乎不会遇到多少麻烦，并能逐渐体会到教师这份工作的乐趣。当没有人愿意拜你为师的时候，那么当一名教师也就没有什么意义了。

保持一个积极的形象以维护教师的声誉，这是有百利而无一害的。

开学前的邀请和拜访

以下是一些高效能教师惯用的迎新生技巧。你可以根据需要选择适合你的策略。

1. 在新学年开始前寄问候信给学生家长。

◎ 告诉家长们你热切盼望他们的孩子来到自己班里读书。

◎ 请家长们将校园开放日的日期标注在家中的日历上，并强调那天来校的重要性——你将会在那天向家长们解释家庭作业、评分、纪律及课堂程序等问题。

◎ 告诉学生你需要他们在开学前准备好的各种材料。

2. 在开学前给每位学生家里寄一封信。

◎ 在开学前就与学生联系，邮寄欢迎明信片和发送电子邮件。

◎ 告诉学生你是谁。

◎ 鼓励学生，如果他们有任何问题就致电给你或者发送电子邮件。

◎ 帮助他们罗列必要物品的清单。当你准备好了，他们自然也准备好了。请不要

声誉源于"爱"

琼·M.卡曾斯（Jone M.Couzins）是来自俄亥俄州的教师。在她教的七年级班的最后一次课上，她让学生们写一封信，给下一年即将入学的七年级新生提建议。接下来的开学第一天，琼的原七年级班学生可以说是整幢教学楼中最忧心忡忡的，她将在和新学生第一次见面时将那些信分发给他们。

发完信后，她告诉学生，这些信的目的是为了帮助他们更好地适应新学年的学习生活。待学生读完信后，琼布置了一份作业：写一封回信，并将他们自己在新学年第一周的经历和感受，同给他们写信的那些现已是八年级的学生的感受和建议进行比较。

新学生们得出的感受中，谈及最多就是："我知道我会喜爱待在卡曾斯老师的班里，因为她说她喜欢孩子。"

邀请函

亲爱的布鲁克：

很高兴这一学年你来到我的班上！我们会在星期二的25号教室见面。

请随身带着这张卡片，这是你到本班来的邀请函。

你的第一个任务要求将放在你的课桌上。

你的座位在E排2号。

期待见到你
爱你的阿尔伯特小姐

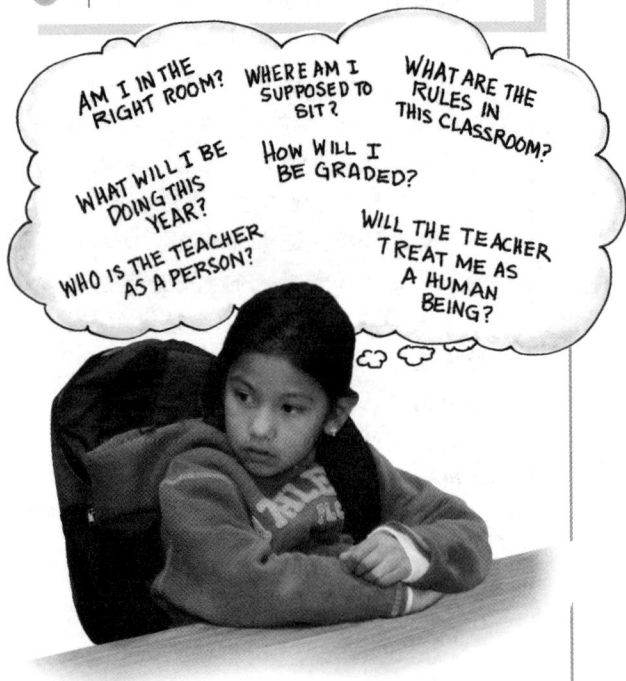

让你的学生感到惊讶。

◎ 告诉他们你的期望是什么（而不是他们的）。

3. 在开学前对每个学生进行家访（事前先确认此举是否合适）。

◎ 自我介绍。

◎ 随身携带刚刚介绍过的那封信。

◎ 告诉家长们该如何帮助孩子。

我进对教室了吗

道格拉斯·布鲁克斯（Douglas Brooks）发现，在开学第一天，学生们想知道的第一件事就是："我进了正确的教室吗？"[1] 在开学第一天找到正确的教室对一个学生来说可能是最可怕的经历之一，没有什么比上课15分钟后才意识到自己进错教室更窘的事情了。

亲爱的黄博士：

当我听完您的在职培训讲座回到家，我问了13岁的儿子这个问题："开学第一天最令你恐惧的事情是什么？"

想了一会儿，儿子说："有两件事——老师念错了我的名字，以及我走错了教室。"

教师加兰

德克萨斯州

---

[1] 道格拉斯·布鲁克斯（Brooks, Douglas）:《开学第一天》,《教育先锋》,页码:76~78,1985年5月.

如何迅速与学生家长交流

与学生及家长交流不是一件容易的事。

可以充分利用互联网，在学生进入你的课堂之前向其发送邮件，表示欢迎。应该让每个学生和家长都知道你是联网的，可以通过网络随时和他们进行交流。

通过互联网将你的课堂呈现给家长，让他们亲身感知课堂中的一切。这并不难，并不需要你成为技术专家。当你准备这么做时，尽量让学生也参与计划的制订和消息的发布。家长们都会喜欢你安排的这种与课堂的直接接触，而你也会因为通过互联网与家长交往而节省时间，受益匪浅。

下面就是一些帮助你与家长沟通的方法：

1. 开学前，向学生家长发送邮件，做自我介绍。邮件中应包括以下内容：

◎ 一张你自己的照片

◎ 一段音频或视频欢迎辞

◎ 一张教室的照片

◎ 上学和放学的时间

◎ 第一个月的课表

◎ 你的最佳联系方式

◎ 你与他们交流的方式

◎ 对学生的期望

◎ 家庭作业规则

◎ 学生所需的特殊用品

◎ 需要在日历上标注日期

◎ 你对新学年的展望

◎ 附上对学生的欢迎信

—此信应包括学生为开学第一天而准备的第一份家庭作业及要求。这份作业应该既有趣又简单。

2. 很多学区设有教师自己的网站。充分利用该网站分享学生作业、课堂项目以及学习内容吧。假如你们学校没有这样的网站，而你自己又不知道如何制作，也没有太大的关系。大部分青少年学生都知道如何设计这样的网站。向你的学生寻求帮助便是了。从小做起——刚开始可以只将家庭作业放到网站上，等你技术熟练一些后，便可以将更多的学习内容和要求挂到网上。

3. 举办网络课堂。为家长提供网络链接，使他们登录后可以"现场"观摩课堂教学、课堂项目的汇报展示以及特殊的课堂庆祝活动等。拍摄这些"现场"演示时，并不需要全程拍摄，你可以只选择那些你希望展示的部分进行拍摄。

4. 使用网络互动教学板保存当天的学习任务和通知。放学时，下载、保存这些内容并发到家长的邮箱。遇到没有电子邮箱的家长，那就打印出来，让学生带回家给他们看。

5. 写博客。简单地说，博客也是网络交流和联系的一种方式，不同的是，里面记录的是你个人的感想。写博客的一般格式是最新的博文出现在最顶端，为的是访问者可以看到最新的情况。你既可以选择接受对你的博文的评论，也可以选择拒绝，而只是将它当作你对外的一种单向联系。

据估计，在2003年约有93%的公立学校联网。有了这一有利的条件，你不仅可以在课堂上将其作为教学工具使用，还可以借助它使你和学生家长或监护人（无论他们在世界上什么地方）保持交流渠道的畅通。

如何在第一天迎接学生

每天，满面笑容地站在教室门口，随时准备与学生们握手。当客人到来的时候或与别人会面的时候，你该怎么做。在航空公司、餐饮和汽车零售业的工作人员都是这样做的。高效能教师会做一些显而易见的事情——而不是随波逐流，别人做什么他们也做什么。如果你是唯一一个微笑着站在教室门口等待学生到来的教师，难道就说明你是错的，别人是对的？当然不是！这会使你更有成效地将事情完成。

以下是开学第一天，许多高效能教师惯用的迎接学生的成功技巧。

第1步，将以下信息贴在教室门口：

◎ 教师姓名

◎ 教室门牌号码

◎ 所属的部分或课时

◎ 年级或课程名称

◎ 得体的欢迎辞或问候语

学生们可以将自己手中注册单上的正确信息与墙上的信息进行核对，以确定是否一致。这就像在机场大屏幕前检索机票信息，在诊所门口查询医生姓名或在电影院售票窗口察看展示的电影内容、时间和票价一样。

第2步，开学第一天，教师站在教室门口等待学生的到来。面带笑容，准备好与学生握手，显示出一种迫不及待地想与学生见面的神情。

第3步，当学生们站在那里，猜测你是不是自己的教师，这是不是正确的教室时，要欢迎他们进入新学年的学习，告诉他们以下信息：

高效能教师会在可能的条件下，将学生们的姓名贴在他们的课桌上，这样会让那些在家里没有"家"的孩子们感到无比温暖。

◎ 教师姓名

◎ 教室门牌号码

◎ 所属的部分或课时

◎ 其他相关信息，如座位安排

第4步，检查每位学生的注册卡，如果发现学生进错了教室或迷路了，帮助这位学生或帮他找到领路人。

第5步，当你向学生表达问候之后，该生进入教室。会看见相同的信息展示在教室内：

◎ 教师姓名

◎ 教室门牌号码

◎ 所属的部分或课时

◎ 年级或者课程名称

◎ 得体的欢迎词或问候语

因为学生已经看过这些内容达三次之多了，在开学第一天走错教室的情况几乎不可能再出现。学生们的焦虑心理、对抗情绪逐渐减少，他们感到受欢迎，从而轻松安心。

刚刚提到的如何有效且振奋地开始一个新学年的教学，应该是再清楚不过的了。你是否有曾经在出门办事或赴约时找不到准确的地址、楼房或办公室的经历？你应该可以体会到那种感觉有多糟糕！

所以，我们应该竭尽所能迎接学生们的到来，让他们知道该去哪里及如何准时抵达。

佛罗里达州的史蒂夫·C.兹克福斯（Steven C.Zickafoose）准备好了一式三份的分发材料。

开学第一天，我喜欢站在门口，带着满脸的笑容，伸出手做出邀请的姿势，迎接每一个沿走廊走来的"快乐宝贝"。

永远不能这样开始第一天的教学

低效能教师会在铃响的最后一秒冲进教室。找不到教师的姓名和教室的号码。教师对学生冷眼相待。开学第一天会变成这样：

1. 教师矗立在讲台后，瞪眼，冷冷地扫视着走进来的每个人，仿佛在说："你侵犯了我的领地。"

2. 教师从未告诉学生们他/她的姓名、教室门牌号码、班级、年级或课时。

3. 教师宣布他/她会点名。

4. 教师还说，当他在点名的时候，班级座位将会有变动，大家要按字母表顺序就座。此时抱怨声四起（详见第118页"如何让你的第一个要求成功"）。

5. 教师点了第一个学生的名字，指着坐在第一张椅子上的学生，并且要求他"起立"。该生转动着他的眼睛，拖着脚慢吞吞地往前挪，靠在墙上。

6. 然后，教师指着第一个学生说："你，就坐在那里。"

7. 每个学生都被迫离开了原来的座位，沿着墙闲逛。

8. 学生们面面相觑，无奈地摇头："谁这么没条理啊？我们的老师？这真让我们感觉度日如年啊！"

座位表和第一份作业

如果你要指定学生们的座位，请在他们进教室时就告诉他们。千万不要当他们都坐下来以后，再开始重新调位。学生们会抱怨为什么要移动，为什么不能和好朋友坐在一起。

如何帮助学生找到他们的座位

◎ 在课桌上摆好贴有学生姓名的卡片。

◎ 用投影仪或PowerPoint幻灯片在大屏幕上投放一张座位表，每个位子上标注上学生的姓名。

◎ 当你在教室门口欢迎学生到来的时候，发给每人一张索引卡，上面写着一个字母和一个数字，比如：B5、A8、C3，让他们按照卡片上的座位表找到自己的座位。如果你认为让学生按这种两两对应的方式找座位太困难了，就不要使用这种方式。你是希望他能在铃响之时坐到自己的位子上，而不是摸不着头脑满教室乱跑。

当同学们按指定位子就座以后，请告之，他们的第一份作业放在座位上或者公布在墙上。告诉他们要立即开始完成作业！

第一份作业应该是简短、有趣，容易完成的，应该让所有学生体会到成就感。它可以是一份不计分数的信息问卷，就这么简单！

当你做到以下四点时，说明你已经具备让你的教学和你的学生成功的最大可能性了。

1. 布置好你的教室。

2. 站在教室门口等候。

3. 事先安排好座位。

4. 准备好你要布置的第一次作业。

你需要向你的学生表明你是一个优秀且称职的课堂管理者和教师，这是非常重要的。开学伊始，教学活动这个头开得好不好，将会影响到你接下来整个学年受尊敬的程度和教学的成败。

让学生们知道你是谁。

分享真我

将与自己有关的信息展示出来。贴出自己的文凭，用绘画的形式展示自己的个性和愿望，使用有趣的世界地图或你去过的地方的照片和你最爱的电影海报等等。尽量不要展示个人物品，比如家庭合影或者你孩子的美术作品。学生们了解你越多，就对你越尊敬。不过，他们对你的个人生活经历了解得越多，也越可能不把你当成他们的老师了。

尽快地将每位同学的一些相关信息连同其姓名贴在公告栏里。把大家的点滴展示出来，让同学们对这个新集体有一种归属感。彼此了解得越多，越能增强同学之间的认同感和平等信赖。

学生们该怎样进入教室

你可以组织学生列队站在教室外。这是欢迎学生到来，指导他们如何进教室的最理想的策略。

开学第一天，从教室门口见到学生们的第一刻开始，就应该灌输给他们教学程序和日常惯例（详见第19章）。

让没有按要求进入教室的学生重新去门口再走一次。你不用请学生走出门外，只需领他们到门口就行。一开始，你不应该让任何一个学生"走出教室"，因为"走出教室"有负面的、羞辱性的含义。避免以下模棱两可的指令：

"用正确的方式重新走进来一次。"

内华达州的珍妮·蓓蕾斯（Jeanne Bayless）说："我看到了漂亮笔直的线条，看到了安静的小手，看到了张张可爱的笑脸。你们都已经准备好了，准备好融入这个新集体了。"

如何对全班讲话

当你站在全班面前讲话时，应该尽量使用简短、表意清晰的句子或词组。学生们尤其反感冗长而复杂的句子。你讲话的目的是建立彼此的信任和理解，而不是炫耀自己的才学。最重要的是，学生会从你如何表达自己中寻找他们对你的信心。

你不需要大声说话。高效能教师往往用一种坚定而温和的声音说话。"说话响亮"，是要求你的音调清晰且富有穿透力，而不是一味地扯着嗓子喊话。当你用柔和的声音说话时，全班都会很仔细地聆听。你用自己音量的高低来调节教室的噪音水平。在一些极少数的情况下，当你需要提高音量讲话时，它的影响力将会是平时的两倍。

学习使用肢体语言。一个点头、一个微笑、一个凝视、一个皱眉、一个挑眉或任何一个姿势都是常常需要用到的沟通动作，且不会影响学生上课的节奏。肢体语言无声胜有声，它的使用可以有效地管理课堂并且将干扰降至最低。

"像淑女和绅士那样走进来。"

"你要好好地走进来，明白吗？"

请平静却坚定地去做：

1. 请学生走回门边。

2. 告诉学生原因。

3. 指引学生正确进入教室。

4. 检查学生是否理解。

5. 确认学生理解。

实例

"托德，请走回到门边。对不起，你不应该以那样的方式进教室。你很不安静，没有坐在自己的位置上，你还推了一下安……"

"当你走进教室时，应该步履轻盈，直达座位，并且马上开始做布置给你的任务。有问题吗？"

"谢谢你，托德。现在，请证明给我看你可以正确地走回自己的座位。"

请不要忽视使用学生姓名的重要性，并且加上"请"、"谢谢"等词语（见第10章）。

你的举止和声音应该温和而镇定；你的笑容会心且坚定；你的声音应该让学生感觉到没有丝毫的慌乱或者气愤。你能掌控全局，知道该从学生那里期望什么，并且告诉学生这种期望。

不要对一些不当的行为，比如以不恰当的方式进教室，采取不及时纠正而是日后处理的态度，这种做法是错误的。高效能教师都知道，事后纠正错误的难度更大。

低效能教师会对学生大声叫嚷，对学生不予指导也不寄予期望，还认为学生会自己改正不当行为。要求学生按一定秩序进入教室是在向学生表明，在教室里他们的行为是受到一定约束的，有些事情可以做，有些事情不可以做。

有一点很重要，在一天教学中的任何时候，你都要向学生说明他们进教室的正确步骤。反复演练这个步骤，直到它成为一种习惯。当你的学生做得很得体的时候，要表扬他们，并鼓励他们养成这样的日常习惯。这一段介绍的内容，最好在你做完自我介绍之后再进行。下文提出了如何做"自我介绍"的建议。

重要的开场白

在开学当天，你有两件很重要的事情需要说明：你的姓名和你对学生的期望。你不仅要告诉他们你的姓名，最好还要把它读出来，这样学生就知道怎么称呼你了。

学生们希望了解你的为人以及你是否也会平等地对待他们。你要努力消除他们在你的课堂上可能产生的恐惧，这一点很重要。最好的做法就是对他们微笑、流露出你的关爱并跟他们交流一些积极的期望。

一位教师的欢迎词

欢迎，欢迎进入这个新学年。

我是黄老师，我的名字已经写在黑板上了。拼写是W-O-N-G，发音是"Wong"。我喜欢大家叫我黄老师，谢谢，谢谢你。我非常高兴和盼望在接下来的这个学年，我能成为在座各位的老师，请放松。

我是一位有30年教龄的老教师了。教学之余，我会参加一些研讨会、学术会、大学课堂和讲座。我也阅读专业期刊，与我的同事们在专业团队里一起工作。我一直保

你们应该……

开学伊始，你要学会经常使用这样的句型："你们应该……"，或"我们的课堂程序是……"，最初的日子是至关重要的，须慎之又慎。

你的任务是让学生们养成习惯，也就是本书中所说的程序或惯例。相反，如果教师不教授课堂程序，也不对此提出期望，学生们则会自己养成一套定式习惯。一旦这种习惯在全班蔓延，整个班级就会衍生出自己的日程、课程和课堂程序。这样你可能在第三天就会感觉自己已经失去了对班级的控制力。

高效能教师在一开始就制定了课堂管理计划，以防教室成为困惑和不满的温床。

持着最新型的教学方法。最重要的是，我热爱教学！我享受教学，我为能成为一名教师而感到无比骄傲。所以，你们可以不用担心。在这个学年接下来的日子里，我会很好地帮助大家共同进步。

在这里，你将体会到一生中最精彩的学习经历。这个课堂是精心布置的，你会有一种被呵护的感觉。在这里，我们要做的不仅仅是学习（课程），我还会与你们一起分享，指引你们学习日后走向成功的生活技能和诀窍。我保证，如果25年后你们在商场遇到我，一定会说，"黄老师，您是正确的。那是我上过的最令人难忘、激动和着迷的课堂"。

所以，欢迎大家！

开学第一天的规划

你很可能跟你的学生一样对第一天的学习充满焦虑。高效能教师往往会对开学第一天的教学有个很好的规划。当你为了那么重要的一天，布置你的教室和做备课准备的时候，要时刻想到你也是在为与你渡过第一天的学生们而做准备的。其实学生们也有与你同样的期待和焦虑，你可以用精心布置的迎新教室来表达对学生们的期望（也可以缓和自己的焦虑），你可以用一节精心准备的课来缓解学生们的焦虑。通过第一天的教学规划，学生们会对你充满信心，明白你知道自己在做什么。

梅利莎·布恩–汉德
（Melissa Boone-Hand）

德克萨斯州的梅利莎·布恩–汉德（Melissa Boone-Hand）在一所小学开始第一年的教学工作时准备了一个规划。这个规划非常详细，细到她每天穿什么衣服，站在什么位置，该说什么话，教室应该怎么安排，以及学生们该做什么。她准备好了，她的学生们也准备好了，如今，梅利莎·布恩-汉德成为了一位出色的教师领袖。

萨夏·迈克（Sacha Mike）是华盛顿州的一名中学教师。一个校长助理曾经断言她在这个学校不可能坚持得了一个星期——多么可怕的预言。而今天，萨夏的同事们都认为她非常出色。

约翰·T.施密特（John T.Schmidt）来自伊利诺斯州霍姆伍德-弗劳斯摩尔高中，他在教学上非常成功，以至于整个学区推举他为模范教师，在学区的新教师入职培训上为学员做演示。要知道，他也仅仅是一个教书才两年的教师。

如果学生们知道教师对他们的期望是什么，就会以此为目标，做得更好。做好充分的准备是防止问题出现的最好策略，因为

如果你不主导你的课堂，学生就会替你来主导。

萨夏·迈克
（Sacha Mike）

约翰·施密特
（John Schmidt）

GoBe

开学第一天的规划

高效能教师梅利萨、萨沙和约翰的教学规划可以在www.cyb.com.cn的第13章中找到。

你的教室可以展示你的个性

◎ 教室里应该有课程表、班级规定、教学程序、日历以及一幅大大的欢迎标语。

◎ 在学生进入教室前，教室墙上应该事先贴好学习任务。为了保持一致性，每天的作业任务都应该公布在同一个地方。

◎ 为第一天教学准备一个详细的规划。

这样，学生们就知道了期望他们该做的事情是什么。他们立刻就会意识到，作为教师的你已经对最重要的事情——学生的成功——做好了充分的组织和准备！

关于高效能教师

1. 建立良好的声誉。

2. 开学前与家长和学生联系。

3. 第一次与学生见面时表明对每位学生都抱有积极的期望。

4. 开学前便准备好座位安排和第一堂课的作业。

你对学生们发出的第一套指令

学生们对你的第一个指令是如何反馈的，将预示着接下来整个学年他们对你的指令的反应。

当你对学生们提出的第一个要求成功实现时，你会立即发现，接下来你给出的指令也会收到良好的效果。

你最开始的指令往往是告诉每个人座位在哪里。

学生们会有两种反应：

1. 他们会迅速且礼貌地按你的指令行事。

2. 他们会在接下来的学年里抱怨或抵制你要他们做的所有事。

欢迎学生到来，向学生们问好，为一天的学习生活设定了一个积极的基调。

在学生们进教室前与他们见面问好。

最成功、最有效的方法之一就是在学生们进教室前，在门口与他们见面、问好或者将他们有序地排成队，集合在教室前的空地上，统一迎接他们并给予指令。

关键理念

为学生安排座位，以实现你希望他们完成的任务。

"早上好，这是你的座位安排。"

如何使你的第一个要求成功

高效能教师

◎ 当学生们到达教室时，已经在教室里或站在教室门口了。

◎ 当学生们一进教室的时候就为他们指定好座位。

◎ 已将作业放在每位同学的桌子上。

当学生进入校园、图书馆、办公室或教室时，你的所作所为可立即说明刚进来的学生是否受欢迎。

教师正微笑着站在门边，向学生们伸出欢迎的臂膀。教师向每个进来的人问好，学生们看到的是和善的、充满安全感的微笑，是摆在门口的欢迎垫或红地毯。这向学生们传达了积极的讯息。

大家彼此欢迎。教科书、黑板、讲座、练习册及考试不会表示对学生们的欢迎。但是教师、校车司机、食物配送人员、行政人员、秘书、助手、管理人员和辅导员都热烈邀请学生们，希望他们在这里能有一个成功的学习经历。

一走进教室，学生们就感到一种温馨的气氛。你的姓名、教室号码、课时和班级名称都已经写在了黑板上。座位指示（不管是否是指定的）都已经注明。第一份作业的内容已经贴在了课桌上或公示在大家都能看到的地方。内容非常明确，告诉学生们在铃响前就应该开始做作业。你正在向学生们传递的信息是，教室是一个安全、积极、适合学习的地方，在这里的每一秒钟都应该用来学习，以实现成功。

如果学生被邀请到一个能提供成功体验的课堂，他们就能体会到受欢迎、被珍惜、被关心和被重视。如果学生们有了被重视的感觉，他们便会乐意遵从你的指令，完成你的要求。

如何有效地提出你的第一个要求

第1步，在门口检查每一张注册卡。

第2步，脸上展露出友好的微笑。

第3步，看着每一位学生的眼睛，确认每个人并打招呼。"你好，请进"或者"非常高兴见到你"都是表达欢迎的语言。

第4步，降低你的声音，坚定但柔软。语速放慢，告诉学生座位是否是指定的（见第120页）。

第5步，告之学生："当你坐下的时候，会发现课桌上（或公告栏）有一张活动说明。我想你会喜欢的。请立即按照上面说的做，谢谢"（见第131页）。

是什么导致你的第一次要求失败

低效能教师

◎ 当学生们进教室时，不能直接看到座位安排。

◎ 往往在学生就座之后才开始重组或调整班级。

◎ 对在上课前必须完成的管理任务的细节抱怨连连。

试想，当学生们走进教室的时候，教师还未出现。一些学生找了椅子坐下，另外一些还在瞎逛。但他们都在问"谁是老师？是这间教室吗？是历史课吗？"然后都回答"不知道"。

上课铃响了，一位老师不知从哪间办公室或哪个角落突然冒了出来，像怪兽刚离开地牢一般。这是一位年复一年毫无章法的老师。他的身影总是会出现在教师休息室里，狂吞咖啡、猛吸香烟。就在开学第一天前，他已经开始抱怨他一直抱怨了好几年的事了。

一溜小跑地赶到学校，总算是踩着铃声跨进教室。同学们立即从他可怕的面容上读出了一丝恐惧，吓得大家大气都不敢喘。他从来不做自我介绍，也不确认这是什么课，或者很少说。他像个教官般笔直地站在讲台上说："当我叫到你们名字的时候，把你们的注册卡交上来给我签字。"

似乎大家都注册好了，他抬起头问是否每个人都被点到了。一个学生举起手，当发现这个学生进错教室了，他告诉他该去哪里，目送着这个学生离开教室。教室里交织着两种想法："笨蛋，竟然蠢到走错教室！"另一种是："他接下来都不需要忍受这个怪物老师了，实在是太幸运了！"

这个离开的学生因为老师不欢迎他的举止而感到屈辱。对这个老师的第一印象会根植于其他学生们心中，并对他们的学习产生影响。

你的第一次要求将会毫无成效：

1. 如果当学生进入教室的时候你还没有到。

2. 如果在学生进入教室之前，你还没有检查他们的注册卡。

3. 如果你没有告诉学生你的名字、教室号码、年级以及班级信息。

4. 如果你没有向学生们问好并欢迎他们。

5. 如果在每个人已经就座了以后才开始班级重组或调整。

6. 如果你总抱怨要做班级管理工作。

7. 如果当你在给学生们注册时，没有给余下的同学布置任务而令他们无所事事。

小组活动

故事时间

测验、视频或讲座

事先安排座位还是随意分配座位

我应该指定座位还是允许学生们任意就座？只有当你决定了让学生们做什么之后，才是考虑这个问题的时候。座位指定不是关键所在，当座位安排好了以后，才是分配座位的时间。座位安排往往是需要优先考虑的。

> **座位安排的目的是顺利完成课堂教学任务。**

在安排座位前，教师必须先知道学生们今天要完成的任务是什么。课桌的排放要以任务完成最大化和矛盾冲突最小化为宗旨。一旦座位安排好，就可以按任何顺序将座位指定给学生。

为交流而排座

座位安排也许并不是最令人激动的话题，但如何将一把把椅子安放好，却是一门大学问，它直接关系到课堂效果。

座位安排的主要目的就是为了便于交流。

◎ 教学期间，高效能教师会采用多种手段帮助学生进入学习状态。

◎ 各种安排座位的方法都会被用到。

◎ 最便于交流的安排就是最好的座位安排。

> ## 人们交流得如何，直接影响事情的成败。

教师与学生交流吗？学生之间相互交流吗？学生与观众互相交流吗？学生与电脑交流吗？学生与远程教育教师交流吗？

克里斯·贝内特（Chris Bennett）是戏剧艺术教师，他的教室设在礼堂里，那里的座位都被固定成一排一排的。他与学生们互相交流；他的学生们互相交流；学生们也以这样的方式与舞台上其他学生交流。没有比坐在那一排排的位置上来体会观众感受更好的办法了。

拉莫英·莫兹（LaMoine Motz）是一名高中科学教师。他的课堂以开展基于探求科学的活动而著称。他的学生们组成了不同的"实验室小组"，意味着开展活动的各个小组人员都很少。类似的安排，不论年级或学科，在课堂活动中司空见惯。

表演艺术

讨论或演示

戴安娜·格林浩斯（Diana Greenhouse）安排学生们围坐成两个圈（内圈和外圈），来展开他们的"内外圈讨论"。内圈的椅子面向里放置，外圈椅子面向外。椅子是背靠背排列的，形成了内外两个圈（详见第276页）。

学生们背靠背坐好，形成两个圈。

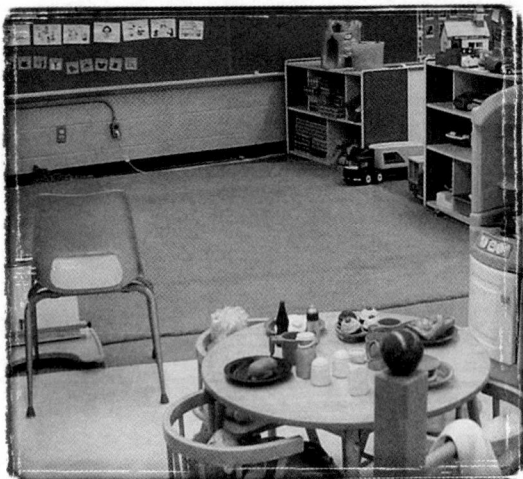

罗宾·巴拉克（Robin Barlak）的课堂。

托尼·崔英盖尔（Tony Tringale）教的是五年级学生。通过社会调研，他发现U形座位安排最适合他的讲座——讨论型教学。课堂上，他讲话，并且开展大量讨论。这样的座位安排使他与学生们都可以清楚地看到对方。

安捷丽卡·嘎西亚（Angelica Garcia）教授表演艺术。伴着音乐，她让她年纪小一点儿的学生面朝着她坐在地板上。地上有一个"X"的符号，她告之学生们各自的位置。她让年纪大一点儿的学生面朝着她，站成一排。

罗宾·巴拉克（Robin Barlak）教授学前特殊教育。她的学生中有几个是严重残疾的孩子。学生们在上课时间，每天都坐在地毯上的相同位置，围成半圆面朝罗宾。

史蒂夫·盖曼（Steve Geiman）是体育教师。体育课上没有座位，只有露天看台上的那些固定排座。有时候同学们按横纵队队型站好；有时候他们随意地围绕在教练周围；有时候他们在操练时面向各个方向呈列队排开。

座位安排

座位安排应与你设计的课堂具体任务相一致。

实例

◎ 第一天注册和程序

◎ 合作学习

◎ 听讲座

◎ 坐下听故事

◎ 课堂讨论和互动

◎ 小组活动

◎ 测验

◎ 独立研究或课堂作业

座位指定

座位指定是为了让学习和课堂管理优势最大化，让个人行为问题最小化。

实例

◎ 按年龄

◎ 按身高

◎ 按字母顺序

◎ 按同组辅导

◎ 按配对解决问题

◎ 将课堂积极性不高的，困难较大的学生安排在教室前排就座。

座位安排

为完成课堂教学任务而进行座位安排，你必须先问问自己以下三个问题：

1. 我要干什么？

读一则故事；做一个小组游戏活动；教授纪律规则、程序步骤和日常惯例；讲课；播放视频；指挥合唱队；引导练习；独立学习……

2. 哪种座位安排是可行的？

你可能会因教室的大小、形状或桌椅数量而在安排上受到限制。

3. 我将会采取哪种座位安排方式？

根据不同的任务要求应选择不同的座位安排方式，以确保有效完成各项任务。学生们的座位安排必须有助于他们的学习。

没有一种座位安排适用于整个学年而无需调整。教师应该根据不同的目的，在认为必要的时候，适时调整学生座位。

让学生们了解，你组织课堂的方法之一就是合理地安排座位，因为这样，学生们的目光都会集中在你身上。如果你要向学生们灌输课堂规则、程序步骤以及日常惯例等内容，请不要将他们安排为坐成一个个圆圈的形式，因为那样将有一半学生背对着你。纪律规则、程序步骤和日常惯例等内容

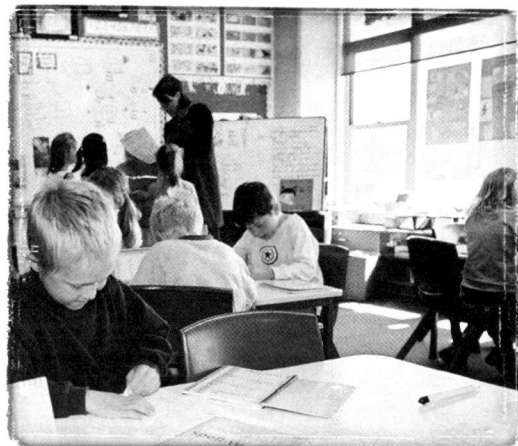

无论教室位置怎样安排，在开学第一天时，切不可让学生背对着你坐或背对着教室前方。如果你是学生们的焦点，在开学伊始你就应该是这样，他们才会承认你的重要地位，并听从你的指挥。

如果椅子无法移动怎么办？

如果教室内的椅子是固定的，无法移动。那么你必须根据原有的座位排列来设计你的课堂活动。

也许你会与不同年级或不同课程的师生共用一间教室。或者，更重要的是，你也许会与一位教师合用原本属于他的教室。

明智的做法就是调整你的课堂教学。事实上，因为具体情况和预算的原因，你很可能会碰到这样的情形，打个比方，你只能邀请75名宾客来参加你在家中举行的婚礼，而不是在皇宫酒店的宴会厅。

并非所有事情都能如你所愿，这点请你接受且不要为此困扰。

试着愉悦身心，并且继续提高生活质量。

将会在第18至20章着重解释。要教这些内容时，效果最好的安排是将桌椅排成横纵列。

当学生背对着你的时候，问题便出现了

1. 当你向学生们解释纪律规则时，他们围坐成一个小组互相看着对方，或者望着天空转眼珠。这样的行为已经违反了课堂规则。

2. 当你向学生们解释课堂程序和步骤时，一半的学生不得不转头，记录，再转头……则说明这样的座位安排是不科学的，有碍课堂教学。

3. 当你向学生们解释另外一则课堂程序时，你无法判断那一半背对着你的学生们是否理解了你的意思，因为你看不到他们的演练过程。这样你就违反了"务必确保学生学习"这个原则。

GoBe

桌椅摆放分类法

不同的活动需要有不同的桌椅安排。各种具体的摆放方法可以在www.cyb.com.cn中第14章中找到。

座位分配

高效能教师在学生第一天上学时就安排好了他们的座位。别让在开学第一天找座位成为一种令人沮丧的"寻宝经历"。这应该是在几秒内就可以解决的问题，而不应该成为班级讨论的话题。它应该马上被解决，因为你是掌控教学全局的教师。当你希望重新布置教室橱柜、器具或重新安排座位时，请采用同样有效的方法。

如果你指定学生到自己的座位上坐好，大多数情况下，你的课堂会更加高效。小组讨论时，你应该让学生们按小组坐好，并将这个小组分配到他们的工作站。如果你举行一个晚宴，比方说邀请了三桌客人，你不会让客人们从抽屉里拿出自己的餐具，然后爱坐哪儿坐哪儿。如果你是一个周到的主人，你会告诉宾客们你希望他们坐哪里。

好的航空公司、戏院和餐馆会为你指定座位，或者与你协商决定你的位置。在教室里也如此，你是教师，是指挥者，是协调者。

制定座位图的原因

1.方便点名

2.帮助记忆姓名

3.隔离问题学生

座位分配有时候是出于社交和行为融洽的目的。当你不希望某些学生扎堆儿坐一起时，请把他们分开。班级集合之前，请说："在大家就座前，请听从老师的安排。"

座位分配有助于加快点名速度，可以在不打扰学生们早自习的前提下完成点名工作（见第139页）。

座位分配不是固定不变的。可使用一些写有学生姓名的小贴片，这可以方便你移动学生。

座位分配和座位安排不应该成为课堂重点。你的教学重点是关注学生学业的成功和教学的进程。

关于高效能教师

1. 合理安排座位，加快教学任务的完成。

2. 开学第一天就分配好座位。

3. 对于最重要的开学第一天的活动的座位安排，应让每位学生保持面向老师。

开始上课后你最先要做的事

> **开始上课后你最先要做的事，是让学生们尽快进入学习状态。**

许多大型百货商店门口都有迎宾人员。他们用迷人的微笑欢迎你的光临，并说："你想要个篮子吗？"说着，便往你手中塞了一个。你收下了篮子，因为他们要你收下，并且这是一个大篮子。他们给你这个大大的篮子是希望你在里面装满商品，消费得越多越好。你自我感觉良好是因为你作为一个潜在的客户已经被承认了。

高效能教师亦是如此。他们站在门口微笑着向每个学生问好，并说"这是你的作业"。

学生拿到它以后，立即开始做作业。这就是这些教师和他们的学生都如此成功的原因。

这不是幻想，它的的确确每天发生在成千上万的课堂里。学生们走进教室，坐下，开始学习。甚至没有人告诉过他们该这样做。在一些国家里，教师穿梭于各个教室之间，学生们在教室里没有教师监督，也一样知道该做什么。

每一天在同样的地方

你该做的第一件事不是点名，而是让学生们马上进入学习状态。这跟在私人企

💡 **关键理念**

当学生进入教室时，你已将作业准备好并写在黑板上。

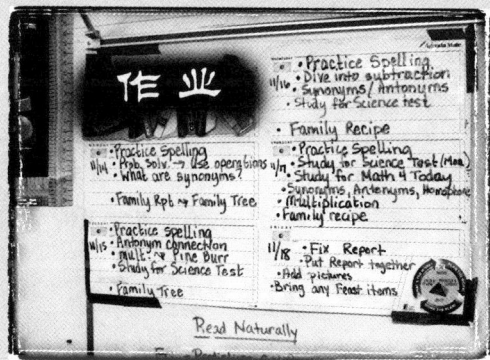

作业应该每天布置，公布在教室的同一个地方。

业里是一回事，甚至对兼职学生来说也一样。工人们不会围着你等候差遣或提问"你想让我干什么"，他们被期望在规定的时间开始工作。

如果满足了以下三个条件，你就可以在上课时轻松地让学生们进入学习状态：

1. 给他们布置作业。

2. 他们知道去哪里找到这个作业。

3. 他们知道为什么要做这个作业。

常识和研究均表明，卓有成效的课堂尤其应该

坚持每天布置作业！

每天，将作业公布在相同的地方。即使是相同的作业，照样要这么做。一旦同学们知道了布置的作业都会写在相同的地方，就不会每天浪费时间问"今天的作业是什么"或者"我该做什么"。

作业应该坚持每天都布置

1.在学生们进教室前就将作业布置好。

2.每天将作业公布在教室里相同的地方。

今天我们该做些什么

低效能教师往往不会一开始就布置作业，而要守口如瓶到最后一刻。他布置作业的方式有很多，且每天会把任务写在不同的地方。

作业范例

为了让学生们尽快进入学习状态，布置作业非常有必要。

[**小学作业范例**]

拼写

1. 将纸张按1至15编号。

2. 完成一次练习拼写测验。

3. 测验完毕，与自己的拼写伙伴对调卷子。

4. 批改测验。

5. 把每个错字抄写五遍。

[**中学作业范例**]

1. 复习句子的书写标准。参照黑板上的图表或书本第76页。

2. 写一首描写冬天的诗。

3. 拟一个由一个词构成的标题。

有时候干脆就没有作业，即使学生有要求，也没有作业可布置。这也许是因为教师根本不知道该布置些什么，学生应该学习些什么，或者他甚至还不知道该怎样去教。

你能够轻松地辨别出哪些课堂是没有事先布置好任务的。低效能教师通常会说：

"我们昨天讲到哪里了？"

（言下之意：我不是很清楚。）

"打开书本，我们依次朗读。"

（为什么要这样？）

"安静地坐下，完成练习册。"

（这样可以掌握什么？）

"我们看这部电影。"

（可以学到什么？）

"这节课大家自由安排。"

（我没什么作业可布置的，因为我没有准备好。）

教科书不是教学，让学生们做练习册来使他们忙碌和安静也不是教学。没有课程计划的教师只会每一页、每一本地遵循教科书，并且一味地给学生们布置作业。当这种现象出现时，你的学生会在进教室后头这样说道：

"你准备给我们看视频吗？"

"你准备读给我们听吗？"

"你准备给我们上课吗？"

"你准备让我们自习吗？"

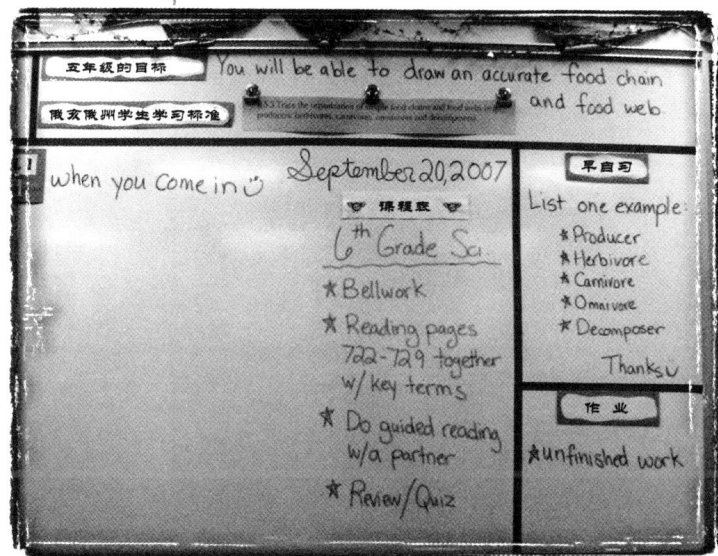

将你的课程安排写在黑板上，以便学生们做好学习的准备。

一个月的教学时间消失了

　　来自西南教育发展实验室的雪莉·霍德（Shirley Hord）发现，每学年每堂课的前3到17分钟都是被浪费掉的，也就是从第一个学生走进教室，到课堂指导开始的这段时间。这段浪费掉的时间占整个课时的9%到32%。

　　假设每课时浪费10分钟，按一天上6节课计算，每天总共浪费的时间长达1小时，乘以每学年270天，一学年将浪费270小时。假设每天的学习时间为6小时，这相当于每学年浪费了45天的时间。

　　但是高效能教师知道如何充分利用课前指导这段最宝贵的时间资源，并尽可能地在有限的课堂时间里多传授知识。

或者更糟的，

"今天我们该做些什么？"

"今天我们该做些什么重要的事吗？"

"我不在的时候错过了些什么重要的事吗？"

在课堂上，当学生们说出这样的话时，他们无需对自己的学业负责，而需负责的应该是教师，他是唯一对课堂负责的人。

这也就是为什么学生们会问教师接下来该干什么的原因。他们希望从教师那里得到方向与指点，为娱乐也好，为学习也罢。

全凭你如何掌控开始

打网球时，每一分钟，你都有两次发球机会。第一拍打得如何，将会影响你最好的得分。

织毛衣时，如何开始第一排的编织，将决定你接下来整个编织过程的质量。事实上，当你后来发现一开始有错误时，只得全部拆掉重新编织。

约会时，你说出口的第一句话直接决定了是否有人愿意听你继续说第二句！

为了让学生对一整天的教学有所准备，教师必须告诉他们，在进教室以后就应该开始早自习或课堂例行作业。

高效能教师

◎ 在学生们进教室前就公布早自习作业。

◎ 每天将作业公布在相同的地方。

每日早晨惯例

◎ 轻声走进教室。

◎ 脱下外套或夹克，并挂好。

◎ 从背包或书包中拿出书本。

◎ 准备好两支削好的铅笔、书本和相关材料。

◎ 上交完成好的家庭作业。

◎ 阅读当天的课程安排。

◎ 自行开始早自习。

热身作业可以布置在黑板、公告栏、幻灯片上，或者在学生走进教室的时候发给他们。如果你是一个没有固定教室的老师，常常穿梭于各个教室之间，那么你一定要把自己准备布置的作业写在幻灯片上、活页夹上或者手提电脑上，以便一进教室就可以演示给学生看。

弗吉尼亚州威尔逊纪念中学的体育教师们。

热身作业

一位来自亚利桑那州的教师有一套为整个学年设计的早自习作业。它们被做成一张张透明幻灯片，一天一张，放在投影仪下方手推车里的文件夹内。每晚离校前，她都将第二天早自习用的幻灯片在投影仪上准备好。她还安排一位学生专门替她开投影仪，以防某天早上她来晚了。

如果你开发了自己的整套作业（或者从别处购买），请将它们保存好，这样下一学年还可以接着用。最好的早自习作业是与当天教学内容有关的作业，它可以起到将知识自然过度或者抛砖引玉的作用。小学，尤其是从幼儿园到四年级，通常的早自习作业是默读，直到开始上课。

教师应该让这段自习时间对学生起到更积极的作用，让他们真正有所收获。如果你将这宝贵的时间用在无聊的点名或传递作业本上，将会危及整个课堂教学的成效。

如果你教的是体育课，或是幼儿园和一年级，则没有必要事先将热身作业公布出来。因为即使没有事先公布也没有关系，学生们每天都在演练和重复，所以当他们进教室以后，自然而然知道该做些什么。

高效能教师们对这个热身作业有不同的定义。通常的定义是：

■作业　　■课堂激发器　■鸣钟器　　■热身活动　■早自习

■黄金时段　■现在就做　　■海绵活动　■每日口语　■每日之词

早自习作业不会被计分，请不要在课堂一开始就吓坏学生。早自习作业是一种教学程序而不是规则。所以，它完成得好坏不影响成绩，没有后果，也没有惩罚。

高效能的学校拥有全校固有的教学程序

旺达·布拉德福德（Wanda Bradford）是加利福尼亚州贝克斯菲尔德市哈里斯小学的校长。她将"高效能教师"这个系列片的多个片段播放给她的教职员工看。她并没有要求他们做什么，但她的教师们都主动参照片子里的做法，用早自习作业的形式，开始一整天的教学。因此，这逐渐成为了该学校固有的教学程序。

她说，"我们每天的教学都由固定的热身作业开始。每位教师都会布置每日热身作业，让学生们在任务明确的练习中开始一天的学习"。她将自己学校的成功经验总结如下：

每天始自学习，当学生走入教室。

每日课前地理练习

黛布拉·S.林赛（Debra S.Lindsey）是阿拉巴马州的一位科学和社会学教师，她教授五年级每次90分钟的课程。她的早自习活动是"每日课前地理练习"。这是一个持续性的、每日必做的练习。所以学生们没什么疑问，自然而然知道每天该做什么。

每个星期，学生们都会学习一张地图，并且每天要回答两个问题。学生们都清楚在回答问题时应用完整句型且语法正确。

黛布拉说，坚持每天这样的训练和测验，到了学年结束，学生们不仅能够很好地掌握地图识别技巧，还可以在该学科领域写出地道的好句子。

姓名_____

每日地理练习

说明：用完整的句子回答下列问题。在本周末将完整答案与作业一起上交。回答问题时可参考社会学课本后附的地图。

星期一
1. 美国本土最大的州是哪个？
2. 美国本土最小的州是哪个？

星期二
1. 说出与太平洋相邻的三个州。
2. 说出与墨西哥海峡相邻的三个州。

星期三
1. 说出一个既与墨西哥海峡相邻又与大西洋相邻的州。
2. 哪个州北接阿拉巴马州？

星期四
1. 哪个州是一个半岛？
2. 哪些州的州名里含有明显的方向指示？

星期五
1. 地图上有几个州？
2. 哪些州没有出现在地图上？

没有过多的闲谈，他们以相应的学习任务开始这一天。

这些学习任务布置得非常明确，同学们了如指掌，所以没有必要再告诉学生，在教师点名时，要安静下来去完成学习任务。

如果每天都这样规律地学习，例行公事，那就会很少出现浪费时间的现象了。

课堂管理卓有成效，使得课堂秩序井然，运转顺利。

研究证明，如果教师能有效地利用时间开始一天的学习，学生们的成绩就会普遍有所提高。

旺达·布拉德福（Wanda Bradford）写这段话的目的是告诉教师如何让学生在课堂上得到最大的收获。教师们通过常规来管理课堂，让学生获得最大的进步。

想一想贝克斯菲尔德的哈里斯学校，再想一想你自己的学校，效果或许会更好。

想象一下……

◎ 学生走进教室，坐下来，立即开始学习，没有人告诉他们要这样做，他们知道到哪里找老师布置的作业。

◎ 他们去上下一节课，进了教室，坐下来，开始上课。

◎ 然后，他们去上下一节课。

◎ 下一节。

◎ 再下一节……

这种行为方式在这个学校变得极为普遍。第二年，学生从三年级升到四年级，从六年级到七年级，从十一年级到十二年级，这种行为方式将在整个学区普遍流行。

只要想想……

◎ 只要想想，如果教师们能互相合作使不同课堂的日常规则统一化，工作将会变

准时来上班

丹尼尔·福尔曼（Daniel Furman），[1]来自科罗拉多未来基金会。他说雇主们总是抱怨高校毕业生"竟然不知道面试时该如何穿着得体。而且也没有事先做好准备，对他们将要面试的这份工作知之甚少"。

"即使他们十分幸运地得到了那份工作，也意识不到周一至周五应该准时来上班。"

来自哈里斯小学的万达·布拉德福德（Wanda Bradford）和她的学生。

---

① L.奥尔森（Olson, L.）:《准备好意味着什么》,《教育周刊》,2007年6月12日.

得更加轻松。

◎ 只要想想，如果这能成为一个学校的主流文化，学生们将会有多么大的收获。

◎ 只要想想，如果这能成为整个学区的主流文化，这些学校将会取得多么卓有成效的教学成果。

无需花一分钱，也不用制定任何成本不菲的新奇方案，就可以实现这些目标。不论什么年级，什么科目，也不论学区倡导什么样的教学理念，这个概念都能行得通，不会引发任何争议。

这一计划的关键是所有教职员工要像一家人一样合作共事。因为只有这样，才能建立一种一致性，并使教师的教学和学生的学习都变得更加容易。最重要的是，学生的收获会更大，因为将有更多的时间用于老师的教和学生的学。

GoBe

学生们自己上课了！

一堂5年级课，一堂高中经济课，学生们自己上起了课，而不是教师。他们是怎么做到的？请参见www.cyb.com.cn第15章内容。

关于高效能教师

1. 每天都公布作业。
2. 在固定的位置公布作业。
3. 告知学生作业公布的位置。
4. 带头制定适用于全校的教学程序。

有效点名的结果

> **高效能教师会给学生布置作业，尽快进入课堂教学状态，而不是点名。**

贝基·休斯（Becky Hughes）是堪萨斯州一名乐队的音乐教师，她从来不点名。她把每一个学生的姓名都写在对应的一个五线谱音符上，用尼龙搭扣将每个音符贴在一张大表格上。当学生进教室时，自然非常清楚其中的规矩。他们从表格中取下自己的名字音符并放进旁边的信封里。

一个指定的学生在钢琴上按下"哆"键，全班同学就都坐在位子上跟着调音。当铃响时，贝基拿起指挥棒，响铃结束时，她放下指挥棒。大家自主演奏。不需要向学生们喊叫就能让他们就座。只要贝基一个微笑，学生们就开始充满活力地演奏学校进行曲。

演奏的同时，班长会统计留在表格上的音符数，最后将出勤名单交给贝基。

海迪·奥利弗（Heidi Olive）是一名来自内华达州的教师，她认为一堂课的前五分钟是至关重要的时段。利用这五分钟，她可以做一些预演性的活动或是进行一些回顾性的练习，形式可以多种多样。她会布置学生们写一则引言或新闻读后感，抄写时间表，讨论一首乐曲的听后感，或回答与前一天晚上的阅读作业有关的题目等等。不管是

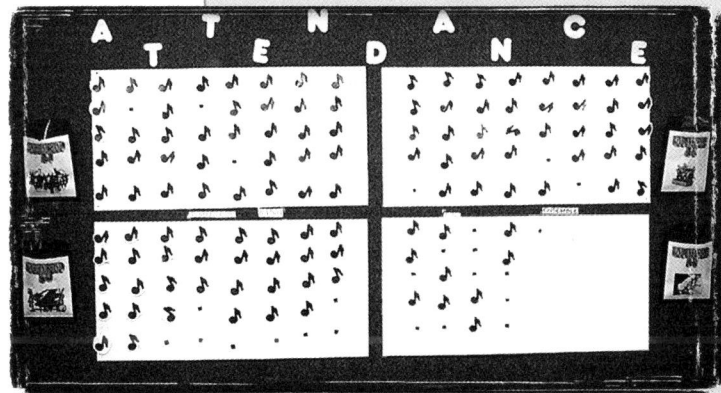

贝基·休斯（Becky Hughes）做好了开学第一天的教学准备。

什么样的热身作业，它的最终目的都是让刚刚走进教室的同学们做好开始学习的准备，同时也让教师有时间去统计出勤情况和完成其他必要的内务管理工作。热身活动也预示着全天教学的开始。

对课堂热身活动的安排和指导显然是非常重要的，它直接影响到学生们接下来一整天的学习参与程度。它就好比电影的开头——需要吸引人注意，并让你坐在座位上。如果没有这样的热身活动，学生们就会坐不住，就会离席等候上课的开始。

准时开始，在成人世界是理所应当的事情。商店准时开门，婚礼、会议、球类比赛以及电视节目都需要准时开始。教学，当然也应该准时开始。

对缺席的一种奇怪的理解

在当今这个分秒必争的时代，仍然有一些教师会在每天或每节课的一开始就点名，浪费宝贵的五分钟学习时间去与学生争辩谁没到。

争辩？是的。学生们对缺席的理解往往与教师不同。他们认为，只要身处校园中，或是在学校方圆一英里之内都不该算作缺席。然而，大多数教师认为，只要人不在位子上，就一概认定为缺席。

当教师点名时，有一个名字没有回应或者看见一个座位空缺，教师会说，"啊，厄尼缺席了"，并准备做上标记。然后就会有一个声音，也许还不止一个，未经教师许可就喊了出来，"厄尼没有缺席，他正沿走廊走过来，他马上就来了"。或者"我才看见他在图书馆，那儿排了很长的队伍，他会回来的"。

现在，这位教师该怎么做呢？教师的态度明显与学生对立了。同学们说厄尼已经在学校里了，但教师并没有在厄尼的座位上见到他。尽管如此，教师还是在点名册上给厄尼画了一个缺席标记。

这一类型的缺席在班里有四例，每点到一例，同样的场景就出现一次。每一次都惹得嘘声四起，以至于浪费了很多课堂学习时间。

又比如，教师在点名时学生以"到"或"在"应答，忽然有人应了句"嘿"，全班不禁咯咯地笑起来。

而当有人回应"呦"时，全班顿时哄堂大笑。但教师只是停下来看了看，然后就继续点名了，好像根本没有被这玩笑影响到。

学生们迅速意识到，任何不适当的行为在课堂上发生时，教师往往采取无为策略。学生们根本不是那么在乎点名这个过程，所以不满声、吵闹声一浪高过一浪。然后，教师沮丧地要求全班安静下来。课都还没有开始上，纪律就这么糟糕了！

相比较而言，高效能教师就会让学生们清楚该如何开始上课。

请不要在上课一开始就点名。

> **点名不是学生的责任，所以不要因为这道程序占用学习时间。**

在高效能课堂上有效点名

高效能教师通过分配作业迅速开始课程，而不是点名。高效能教师知道怎样设计

GoBe

出勤记录

保证学生出席不应该成为一件耗费时间的事，请登陆www.cyb.com.cn，查阅第16章的内容，看看萨拉是如何组织点名环节的。

缺席的学生

　　我有一套点名程序和针对缺席学生的程序。有三个学生被训练来轮留点名。当其他学生们在完成热身作业时，他们点名。

　　如果有学生缺席，负责点名的学生会填写一个表格，表上写明"所需要补的侯肯博瑞（Hockenberry）先生的课"，并将它夹在为今天准备好的课程内容里，并放入墙上标明相应课时的信封内。

　　重回课堂的学生无须来见我。程序是，当缺席的学生重回课堂时，他们从信封中获得所缺课程的要求，如果有不理解的，可在找我寻求帮助之前询问负责点名的三位同学。他们很少来找我寻求帮助，课程按照当天的内容迅速进行。

埃德·侯肯博瑞（Ed Hockenberry）
弗吉尼亚州的中洛锡安中学

课堂，使学生能在这里认真、负责、独立地开始学习。他们能有效地教导学生认识如下程序：

◎ 怎样快速而有礼貌地进入教室。

◎ 怎样走到他们的座位并拿出自己的学习材料。

◎ 在哪儿寻找他们的作业。

◎ 立刻开始学习。

点名的方法有许多种，但你的首要任务是让学生去学习。

迟缓的铃声一响起，你的第一个任务就是扫视教室。这不是要点名，而是要寻找那些还没有开始学习的学生。你悄悄地示意这些学生赶快开始学习，用一个坚定的笑容或一个手势表示你希望他们在学习。

他们知道作业公布在哪里，而且他们知道要做什么，因为你正在最大化学生的学习时间。

一旦全班都在学习，你就可以着手做任何必要的管理工作了，点名只是其中之一。

低效点名的结果

◎ 班级每吼叫出一个反应，噪音水平就会更高。

◎ 一个学生是否缺席的问题，可能导致全班与教师之间对抗的加剧。

◎ 宝贵的时间被浪费。

◎ 许多学生无聊地静坐，宝贵的学习时间白白浪费在一件无关学生进步的琐事上。

三种高效的点名方法

有很多其他的点名方法。无论你使用哪种点名方法，你都应该快速地、悄悄地点名，避免干扰课堂。

1. 对照座位图检查你的班级。标记好缺席者。不要影响全班，他们正在学习。

2. 将文件夹或个人物品放在门上的盒子里。当学生进来时，他们应当取自己的文件夹，坐在座位上，开始做布置好的作业。当学生们开始学习后，你再检查盒子。你看见留下了三个文件夹，记录好名字，标明这些学生缺席就可以。

3. 类似第135页上的贝基·休斯（Becky Hughes）的程序，一些教师将每个学生的名字写在一个衣夹上。将这些夹子别在一个剪纸、图表或像南瓜灯和心型物的季节性物体上。当学生们进入教室，他们移动自己的衣夹表明他们正常出勤。当学生们开始学习后，你记录下那些没有被移动过的夹子，标明这些学生缺席，最后，指派一名学生在适当的时候将这些衣夹移到原来的位置。

研究成果是有目共睹的。学生花费在学习任务上的时间越多，他们的学习成绩就越好。

其他管理任务能同时完成，比如标明午餐是否要买。

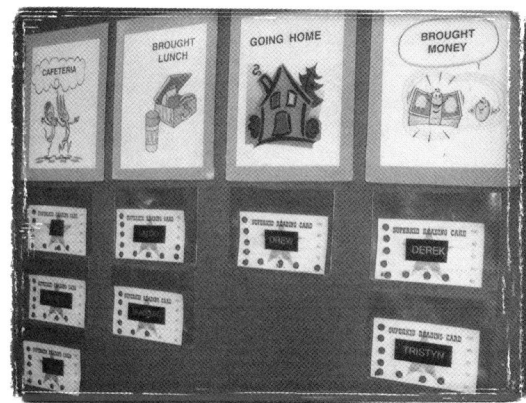

每天早上，学生从苹果里拿出卡片贴到磁力墙上相应的位置，通过这种方式告诉老师自己是否需要午饭。在学生进行早读时，教师只要看一眼学生贴的这些卡片，就可以数清楚有多少学生报名吃午饭。

高效能教师知道如何让学生快速投入到学习任务中去，在这之后，为管理部门准备的点名应该是私下进行的。

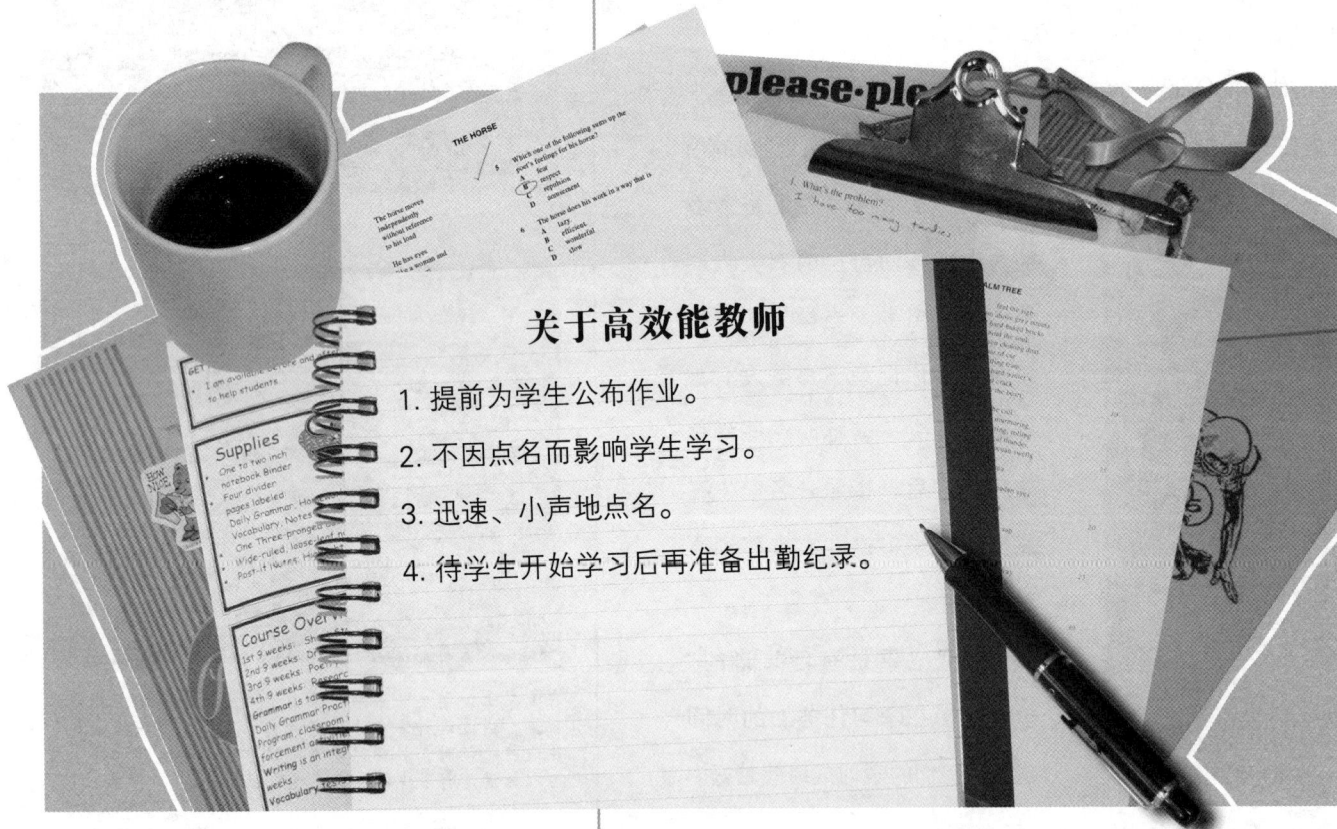

关于高效能教师

1. 提前为学生公布作业。

2. 不因点名而影响学生学习。

3. 迅速、小声地点名。

4. 待学生开始学习后再准备出勤纪录。

这才是一本真正的成绩记录本

> 一本井然有序的成绩记录本，能使你在任何时候评估每个学生的学习情况。

过去有这样的时候——学生来到教室，一排排顺从地坐着，听教师讲课。唯一的活动可能就是安静且独自完成的一些读写活动。

学生从来没有被告知课程的意图，他们也不知道自己为什么这样做。他们从来不敢质疑教师的权威或者询问"为什么我们要做这个"。

进行测验的时间间隔是由测评周期决定的，而不是为了评估学习效果。试题是相当随心所欲的，因为教师从来不向学生解释他们在学习什么。

然后，教师评定一个成绩。是的，教师是"至高决定者"，他决定给每个学生什么成绩。一些教师甚至骄傲地说："我只给出了一个A和三个B。"尽管为成绩而争论是无用的，但来自学生和家长的争论之声仍不绝于耳。教师实际上不知道教过什么。然而，"我能够在学期结束前教完所有的课程吗"——这是许多教师关心的主要问题。

"覆盖课程内容"曾是教师的使命，而"学生学习"远远在它之后。

在这样的教学系统中，成绩记录本只是用来记录出勤情况和教师给出的测验分数。为了报告卡的要求，成绩被平均了。对于那些只照本宣科，仅关注教科书的低效能教师来说，一切还是照常如故。

关键理念

成绩记录本必须能时刻反映每位同学的成绩及其学业进展情况。

GoBe

教材谬论

掌握教材并不意味着有效教学，想知道为什么，请参考www.cyb.com.cn中第17章的内容。

我们需要什么样的成绩记录系统

对高效能教师来说，记录学生在做什么和做得怎么样，在评估和帮助每位学生挖掘最大学习潜力时是必不可少的。

问题是，"我记录成绩是用传统的登记簿还是软件呢"？

答案可能是二者皆可。如果你担心成绩记录本会丢失的话，那么最好是使用电子版。但网络系统有时不能使用，电脑也会崩溃。令人欣慰的是，你至少在副本里还保留着一部分记录。许多教师使用软件，但以防万一，他们仍保存一份传统的成绩记录本。

传统的成绩记录本

从第一天开始，你就需要一本纪录学生信息的册子。在你见到这个班的学生之前，该册子就必须准备好。这本册子通常被称为"成绩册"，而且大小、形状、外形各异。成绩册应更准确地被称为学生记录本或成绩记录本。

成绩记录本包含的内容远远不只是成绩，它是用来保存关于每个学生的各种信息的。

> 成绩记录本用于记录有关学生学习表现的重要信息，方便随时查阅。

许多成绩册的问题是，它们只有一两行来记录每个学生的信息。

因此，你需要考虑这些问题：

◎ 你只有有限的空间显示一项记录，比如出勤。

◎ 为了记录额外的信息，你只能转到另一页，而且可能要再写下所有的名字以至于你总是在翻页。

◎ 如果你班上的学生人数要占用超过一页以上的行数，你必须在每一页的顶部重写信息。

◎ 当你需要一份评分时段的进展报告或概要时，可能会出现更多问题。因为每个学生只有一行的空间来记录所有的信息，你必须精选并囊括考勤、家庭作业、课题、测验和关于学生的其他信息，以完整记录学生的进展，而结果又使得这些记录难以一目了然。

如果你正计划购买自己的成绩记录本，你必须首先明确自己将如何评分以及要保留哪些记录，这样你就会知道要设计什么样的成绩记录本了。

在学年开始之前，你必须明确自己想要记录什么，这一点很重要。其他职业的人也会做同样的事情：

◎ 会计在输入数字前，先在总账上建立类别。

◎ 商人在输入数据前，先在电子表格上给纵列加标题。

设计适当的成绩记录本，这个记录本能让你立即清楚地看见每个学生的"成绩"和"进展情况"。

那些只用一二行来记录每位学生成绩的记录本，没有足够的空间来记录你希望记下的重要信息。

◎ 统计员在棒球比赛成绩表中为各纵列命名，这样在比赛进行时，分数可以很方便地输入正确的地方。

◎ 准新娘设计了一份图表，记录参加婚礼的宾客的信息。

你必须明确自己对每个学生的要求，例如：

■ 考勤　　　　■ 课题成绩　　　■ 家庭作业　　　　■ 额外学分作业　　　■ 课堂作业

■ 课堂参与　　■ 测验成绩　　　■ 课堂行为表现　　■ 技能掌握情况　　　■ 进展

保存三项基本记录

要保存好学生的记录，在每个学生名字的后面你很可能需要留出三行甚至四行的位置。因为市场上出售的大多数成绩记录本在名字后面只留有一两行空白，如果你使用一本行数不足的成绩记录本，可能会遇到一些记录保存上的问题。

> **在成绩记录本里的三项基本记录中的每一项都需要单列一行**
>
> 1.考勤
>
> 2.分数
>
> 3.累加值

第一行：出勤情况

出勤记录很可能是由管理部门或学校董事会要求的。我们每天努力奋进，出勤是其中不可少的一部分。学校的经费是由他人负担的，人们是要领薪水的，学生根据其在学校的表现而获得相应分数。所以，教师须懂得要高效地记录出勤情况，并且尽可能做到不引人注目（见第16章）。

最常见的四种出勤情况记录方式是："出勤"、"缺席"、"旷课"和"迟到"。

1. 出勤。这种情况通常不需要在空白处进行备注。没有记录说明该名学生这天来上课了。

2. 缺席。通常在空白处标记一个"A"用以提醒你该生当天缺课。如果学生提供了可以合理解释缺席原因的便条，你可以在"A"上面划一条对角线。这是告诉你，已经看到了能合理解释缺席原因的便条或得到了办公室的权威解释。如果你没有看见一条对角线，这意味着你仍在等待缺席的理由。

3. 旷课。如果没提交解释缺席原因的便签，在A的上方标注一个勾号（√）。

无故缺席就是因为学生没有来自父母、医生或另一位教师的解释便条。在一些学校，你能决定缺席是否被允许。而在其他的学校，考勤办公室会代你执行。

你怎样处理无故缺席可能是由学校政策决定的，这就需要你询问管理部门。学校可能只允许一定数量的无故缺席，然后就要采取管理行动。一旦无故缺席或旷课被裁定成立，学校将立刻通知学生家长。

还有，询问其他教师他们怎样处置无故缺席。在大多数情况下，无故缺席不能免除学生错过学习和作业的责任，学生必须补课。

无故缺席也许意味着教师没有义务去帮助学生补课，比如，教师可能得向学生解释：

"你旷课，所以你必须承担错过上课、录像或活动的责任，你必须自己寻找已错过的学习材料。这就是你不来上课的后果。"

4. 迟到。通常标记为T。如果学生对自己的迟到给出了正当理由，擦去你之前写下的标示A。如果学生没有给出正当理由，该生就算迟到了，擦去A并写上T或用T覆盖A。查明与迟到相关的学校政策。迟到一定次数后，你可能会被要求将该生提交至办公室。

想要以一种轻松的方式处理缺席过程中错过的作业，请参阅第138页埃德·侯肯博瑞（Ed Hockenberry）老师的流程。

第二行：分数

你确实需要用第二行记录单个任务的结果，如测验、项目、报告、练习册和家庭作业。你可以用你任选的体系显示结果，比如字母等级或数值的形式。但如果你想加权不同的分数或得到一份学业进展报告，则最好选择数值体系。

第三行：累加值

教师总是不断接到需要提供学生学业进展情况的要求。你将会接到学生父母的来电，辅导部门或办公室提出的要求，需要完成的确定课外活动资格的表格以及学生对其学业进展情况的询问。所以，你必须随时能够提供每个学生的最新学业进展概要。

有了三行成绩记录本，当你将每个分数写入第二行时，可在第三行中与之前的分数相加，并在第三行更新累积总分。通过累积总分可以立即获知任何学生的累积情况。有了三行成绩记录本，就可以随时得到某个学生的学业进展详情。

有了三行成绩记录本，你就有了一份不断更新的学业进展报告。当所有其他教师正在咬牙切齿"试着将他们的成绩写进去"，而你却有时间来发展其他个人兴趣，去健身、看电影或看本书休息一下，因为你有了一个可随时展示每个学生成绩和学业进展情况的成绩记录本。

"出勤和三行成绩记录表"

梅尔·J·威利（Merle J. Whaley）是一名教师，他所在学区提供的单行成绩记录表让他伤透了脑筋。所以他对妻子说："我想要制作一份每个人都能明白的成绩本，同时还能清楚地显示学生的学习进展。"两年后，经过多次修改，"出勤和成绩三行记录表"同世了。

他说："最终我制作了一种记录本，可以进行评分并能方便迅速地显示一名学生的成绩和进展情况。每名学生的姓名下有三行内容，在第一行，我可以记录出席情况或基本技能。第二行可用于记录学生的所有成绩，如每日功课、课堂测验、课题和考试成绩。最重要的第三行将显示每名学生的累积总分。现在，当学生家长致电或亲自到学校了解情况时，教师可以马上将孩子的学习进展告诉他们。"

在威利的成绩记录本中，每一页都可从顶部撕下。当所有学生进行同一种活动，你仅需在其中一页的顶部记录"一次"日期或作业情况。未被使用的顶部可撕去，并且可采用索引标签，方便你快速翻到任何班级所在的页面。例如，许多教师在几个由30、40或更多名学生组成的班级进行同样的活动，就可将这些页面的顶部撕去，你只需记录一次活动、日期和分数，从而为你节省了大量的时间。每个记录本都附有详细的说明。

威利已开发了一种软件，可将学生父母姓名、学生姓名、电话和ID数据打印出来。不需要每学年都书写或打入学生的姓名，就可将数据直接打印在活页版的三行成绩记录本页面上，或打印在专为装订好的记录本而设计的标签上。

威利的所有产品都由威利成绩记录本公司（Whaley Gradebook Co.,Inc）出品。

2521 Weslo Court, Grand Junction, CO 81505

电话：970-241-7777

传真：970-241-0016

网址：www.whaleygradebook.com

电子邮件：office@whaleygradebook.com

三行成绩记录表可以记录每位学生的成绩，出勤情况和累积总分。

记录基准测试成绩的成绩记录本。

电子成绩记录程序

时间已改变。高效能教师擅长评估学生的学习。事实上，高效能教师以小组讨论的形式讨论那些需要帮助的特定学生，就像一组医生为病人会诊一样，以求商讨出最好的治疗方案。

如同医生需要详细记录病人的情况一样，要帮助每个学生取得成功，有一个详细的成绩记录系统是必要的。为了达到这个目标，电子成绩记录程序可能就是你所需要的。你需要一个你和你的同事能够立即进入的程序，这种程序能当场提供有关学生的反馈。

学校或学区可能已经安装了成绩记录程序。如果没有的话，你可以在下列网站找到数十种这类程序：

◎ www.educational-software-directory.net/teacher/gradebook

◎ www.google.com/Top/Computers/Software/Educational/Teachers-Help/Gradebooks/

◎ www.gradebooks4teachers.com/

正如我们将在D单元中介绍的，为了让学生掌握你想让他学到的知识，你需要一个成绩记录系统，这种系统能方便你了解学生在与基准测试相关联的各种活动中的得分情况。为此，你将需要一个用于基准测试评分的成绩记录程序。

如果你正寻找一个个人电子成绩记录程序，你可能需要记录：

◎ 活动（实验室功课、艺术功课、技术功课）

◎ 书写作业

◎ 家庭作业

◎ 课堂作业

◎ 参与活动

◎ 课题（图书馆研究，学期论文）

◎ 表现记录（歌唱、朗诵、舞蹈）

◎ 对于文化活动丰富的学生给予加分奖励

◎ 基于基准测试成绩的评分

你的电子记录程序需要：

1. 易于理解和输入数据。

2. 能使你方便地管理数据，进而帮助学生走上正轨。

3. 能够迅速、准确地显示班上所有学生的成绩，包括最新排名。

4. 能够在家里通过网络进行报告。

5. 与每台电脑相连（如果有联网的教室的话）。

6. 方便从单独指导转为集体教授。

良好的成绩记录程序将帮助你分析学生的弱点，找到适合他们的教学方法。

同时，记录程序也能使教师、学生和家长存取记录成绩和作业，并在课堂之外互相交流。

很显然，这个软件必须加密，只有被邀请者才能进入该站点。许多学校安装的成绩记录程序都确保学生家长在家里仅能看到自己孩子的成绩和出席情况。

学生们喜欢在线的成绩记录程序。对于许多学生来说，直观的参考资料更容易理解和记住。

学生不会重复提问"我做得怎样"。

当学生单独看到自己的成绩时，他们倾向于进行更多的反思，能更好地自我解决问题。而在全班公布成绩却会使学生感到不安。

关于高效能教师

1. 知道何种表现和结果应当记录下来。

2. 设计和改进成绩记录本，记录这些表现和结果。

3. 对学生的功课进行持续的全程纪录。

4. 对学生表现有详尽的纪录，可以作为评价和改进学生学习的依据。

通过方案进行教育

如果你没有制定一个方案，那么你正走向失败。

涉及到解决课堂上的行为问题，有两种类型的教师——消极被动型和积极主动型。

低效能教师或那些不知道该怎么做的教师就是"消极被动型"的。在缺乏组织的课堂教学结构中（如本书第17章中所述），当出现问题时，这类教师只会被动地反应，以吼叫、惩罚、恐吓和威胁的方式迫使学生遵守规则。这类被动型教师在放学后仍然感觉到恼怒、疲倦和压力重重。

高效能教师是"积极主动型"的教师。因为80%的课堂问题是由低效教师引起的，而高效能教师会制定避免问题发生的前瞻性方案。高效能教师明白课堂上最重要的并不是管教，而是缺乏程序和惯例——缺乏以学业成功为目的而制订的课堂教学计划。积极主动的教师知道如何防止问题发生，因而能构建成功的课堂。这类教师在一天结束之后带着愉悦的心情回家，且已将知识传授给了学生们。

极力推荐你一口气读完第18、19、20章。
一个管理良好的班级能将纪律问题最小化。

关键理念

制定纪律方案，然后执行方案。

我甚至没能形成一套体系

我快发疯了，我才意识到自己还没有制定一套公平的体系或任何合适的体系。

当我们实行方案后，我的学生们评价道："教室里是多么的安静，做作业是多么地容易。"校长称赞我的方案并说道：他很高兴能见到如此勤奋、守礼的学生！

而对我而言，我当时正在考虑离开教师岗位，因为在你与我分享这个方案之前，我是如此的焦躁。

希拉（Sheila）
加拿大阿尔伯达省莱斯布里奇（Lethbridge）教师

纪律方案的连续性

你永远不会找到能自动奏效的万全管教办法。如果你还未按第1章至第17章，以及第19和第20章的内容实施，那么你也要知道：单独使用本章的内容将不能解决你课堂上学生的行为问题。

纪律方案和节食计划类似。多数节食计划都不会成功，因为人们总是寻找快速节食的方法而不改变自己的饮食模式。

这与纪律方案相同。纪律方案有几十种，但多数都是不管用的，除非你愿意制订并实施在一开始就能阻止问题发生的课堂管理计划。

有多种不同的纪律方案。这些方案各有优缺点，但它们都可以附诸实施。如今，我们面对着具备各种技能、语言和有着不同需求的学生群体。很显然，一种方案不能适应所有情况。事实上，高效能教师可能会为两个不同类型的班级制定两种不同的纪律方案，并逐年进行修改。

以一应百的纪律方案是不存在的。作为职业发展的一部分，你需要学会从执行一种方案转向另一种。在一个学年中适时调整方案是不错的做法。

纪律方案应当构成一个连续的统一体。这些方案从教师负责并设有规则、后果和奖励，过渡到学生全权负责而没有任何规则、后果或奖励。重要的是将方案制成复印文本供所有人阅读，并实施你的方案。

随着教师对业务越来越精通，他们通常会对方案类型进行升级。起初，教师是全权负责的。然后他们会转向由教师和学生一起设定纪律方案。最终，许多教师会采用让每个学生自我负责的方案。

各种纪律方案中教师和学生的作用

教师负责（第153页）	学生和教师共同负责（第162页）	学生负责（第166页）
课堂由教师指导。	教师和学生协同合作。	班级是以学生为中心的。
教师亲自负责。	向学生提供有结构性的选择。	教师不插手。
学生毫无选择。	教师向学生询问问题，与学生一起讨论并共同解决问题。	学生有多种选择。
教师规定后果。		教师使用非指示性的的话语。
教师采用干预和孤立的方法。	教师干预并与学生达成一致意见。	学生对行为负责。
教师告诉学生应完成什么。	通过制定一份课堂行为守则，教师与学生一起设定限度。	教师聆听。
课堂上的氛围可能是紧张的。		教授学生责任感。
课堂受限而无自由。	课堂的自由是有限度的。	课堂可能一片混乱。
		学生有无限自由。

（请把书翻到相应的页数去看每一种纪律方案的详细内容。）

纪律方案包括规则和指南

纪律方案
由教师负责（第152页）

教师负责的纪律方案由三个部分构成：

1. 规则：期望学生遵守什么。

2. 后果：如果违反了规则，学生会遭遇什么后果。

3. 奖励：行为恰当的学生能得到什么奖励。

为营造一个安全而又卓有成效的学习环境，首先要设立期望学生遵守的不容更改的规则。规则应在全班进行讨论，让学生知道，规则并不是命令或惩罚。制定规则的目的是设定限度或界限，就像比赛中设定的维持比赛秩序的规则一样。

明确的规则能够保证课堂的一致性。学生们更希望去了解规则、后果和奖励，而不愿有一位临时随意改变规则或增加规则的教师。低效的教师在问题发生后才制定规则，这使得规则给人带有惩罚性的感觉。在问题发生前设定规则，则可使全班了解在课堂上期望什么行为。

◎ 规则会立即营造出以学习为中心的环境氛围，学生会了解你对他们有何种期望。

◎ 在开学第一天前，经过深思熟虑之后，选定规则，并写下来或贴出来。

◎ 以口头和书面交流的方式，让你的学生明确了解，哪些行为是你所希望的。

保持良好的行为比改变已成习惯的不良行为要容易的多。

两种规则

规则是用于设定限度的。学生期望老师能予以指示并设定界限。在学校，设定限

我能做什么

"对这个孩子我该怎么办？"这样提问是无用的。更为有效的方式是制定一份纪律方案（第18章）和一份课堂管理计划（第19章和20章），从而主动处理各种问题。

度是很重要的，因为各个教师对不同行为的期望和容忍度是不同的。例如，有些老师同意学生在教室里走来走去，而有些教师则不允许。

学生们需要感觉到有人在管理他们并对他们的学习环境负责——这个人不仅设定限度还积极维持。学校必须是一个安全并受保护的地方，在这样的环境中，学生们才能毫无顾虑地学习知识。

一条规则的作用是，通过明确说明对学生的期望来阻止或鼓励行为的发生。有两种类型的规则：一般性的和特别的。一般性规则非常广泛；而特别规则是很确切的。

一般规则包括的范围很广：

◎ 尊重他人。

◎ 礼貌待人，乐于助人。

◎ 保持教室清洁卫生。

我们需要多少条规则

你是否注意到多数号码由一组五个或不到五个数字组成？这是因为人们发现三到五个数字一组的号码更容易记忆。

◎ 把规则的数量控制在你和学生都能记得住的范围内——绝对不要超过五条。

◎ 如果你需要的条例超过五条，请不要一次把他们都公布出来。

◎ 学生在教室内的所有言行举止不需要都用规则的形式来设定。

◎ 在任何时候，教师都有权用一条规则代替另一条。

◎ 如果一条新规则变得很有必要，那就用它代替旧的。学生对你替换掉的那个旧条例已经有所了解，你可以让他们把它当成"习惯性规则"，继续遵守，学生仍然应该对你替换掉的那个旧条例负责。

优势：笼统地表达了很多行为概念以及教师对学生的期望。

不足：你必须对此做详细解释。比如，你必须要告诉学生，尊重他人包括不要打人、不要偷窃、不要说别人闲话等等。

相比较而言，经验丰富的教师运用一般规则会更为有效，因为通过多年的教学活动，他们知道如何鼓励学生在课堂上遵守行为规则。这些教师懂得如何利用一些技巧让学生在课堂上变得规矩，比如不动声色地给学生一个手势，挥一挥手或瞪一眼捣乱的学生。

特别规则通常是对特定行为做出规定：

◎ 铃声响了要进教室。

◎ 说话要有礼貌。

◎ 学习用品应按要求放置。

优势：对学生在课堂上应有的行为做出非常明确的规定。

不足：需要把规则控制在五条以内，这在上一页的"我们需要多少条规则"部分已有阐述。

对于新上岗的教师或那些希望建立更好的纪律体系的有经验的教师来说，特别规则是很有用的。当学生渐渐明白你对他们的期望或要求时，你随时可以从制定特别规则转到制定一般规则。

"我的规则"应该是什么

有人把规则称为"指导方针"或"期望"。不管怎样，你要明确自己清楚"规则"

这些不是好的规则

◎ 课堂程序和学业表现不应该出现在你的规则清单上。完成家庭作业，用铅笔、钢笔书写或在电脑上打字，上交作业等，这些都属于课堂程序（第20章）和学业表现（D单元）的范畴。你的纪律方案应该规范学生的言行举止，而不是学习的具体细节。

◎ 尽可能用肯定的语句表达你的要求。但也要看到，有时否定的表达方式更为直接易懂，而且不会引起争论，比如：

　　禁止说脏话。

　　禁止吸烟。

　　禁止在学校打架斗殴。

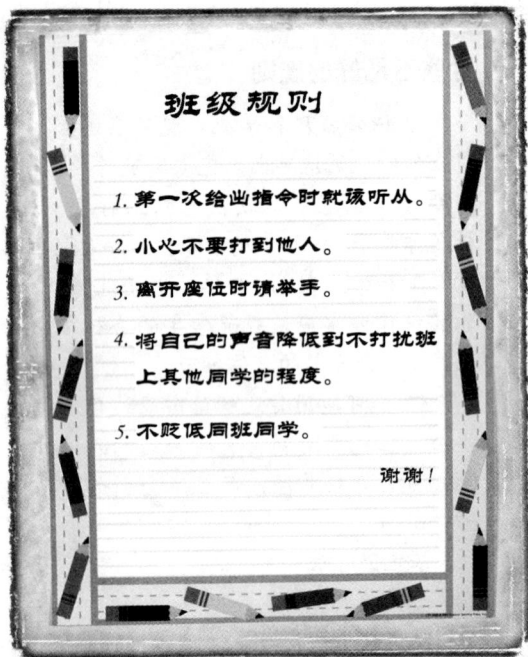

在开学第一天，教师就应该把"课堂规则"张贴出来，并且给每个学生发一份。

（第18章）和"程序"（第19、20章）的区别。根据规则来制定你对学生行为的期望标准，不要让规则来告诉你应该完成什么工作。

这里有一些关于特别规则的例子，在你制定纪律方案时可以借鉴。

通用的特别规则

1. 自始至终听从指挥。

2. 先举手，得到许可后才能发言。

3. 未经许可不能离开座位。

4. 手、脚、学习用品都应按要求放置。

5. 不要咒骂和嘲弄别人。

针对低年级的特别规定

1. 等候指示时不要说话。

2. 老师说话时，眼睛要注视老师。

3. 更换任务时要迅速、安静。

4. 完成早晨的例行事务。

5. 直接到指定地点报告。

针对高中的特别规定

1. 铃响之后坐在自己的座位上。

2. 上课时带齐所有的课本和材料。

3. 课堂上不要梳妆打扮。

4. 每天都要坐在指定的座位上。

5. 立即听从指挥。

操场特别规则

1. 玩秋千时仅能向前或向后摇荡。

2. 不要将冰或积雪扔向任何人。

3. 在滑动之前，确保滑行通道是畅通的。

4. 跷跷板上一次只能坐两个人。

餐厅特别规则

1. 按照正确的人流方向行走，从服务台到餐桌，从餐桌到垃圾箱再到出口。

2. 挑选一个座位后就不要随意变动。

3. 在餐厅里吃完自己所有的食物。

4. 用餐完毕，举手示意后再离开。

5. 用塑料炒菜铲将剩余的食物刮进垃圾桶，并将餐具放在水里。

违反纪律方案要承担后果

违反规则必须承担后果。有些规则即使违反了，教师也不会对违反者实施任何惩罚，这使得有些学生认为他们可以不遵守这些规则。在有责任感的成年人看来，这是很难接受的。但很多人，包括儿童和成人在内，都相信只要不被抓到，他们就没犯错。

一位教师贴出的产生负面后果的典型例子。

两种后果

◎ 积极的后果或"奖励"是在人们遵守规则时产生的。

◎ 消极的后果或"处罚"是在人们违反规则时产生的。

违反规则要承担后果。

后果是指一个人遵守或违反规则所引发的后果。花点时间讨论以下生活中的事实：每个行为都会产生后果。后果并不是指惩罚，而是指一个人做了某事后会发生什么事情。例如，如果你吃得过饱，吸烟，或在禁止停车的区域停车，每个行为都会产生一定的后果。努力学习、省钱或发善心，这些行为同样会产生一定的后果。帮助学生去了解，如果他们违反了某个规则，他们不是在受处罚，而是他们有意识地选择了违反某个规则并去接受由此引发的后果。

后果是一个人选择某行为而产生的结果。

后果并不是惩罚，顶多可以被认为是处罚。学生们习惯于处罚，因为他们参加比赛时体验过犯规处罚。问题在于"选择"。有些人不愿意将"选择"作为负责任地生存

你为什么跟我过不去？

对于学生普遍会提出的下列三个主要问题，你会怎么回答？

"你为什么跟我过不去？"

"我做了什么？"

"其他人也那样做的，为什么只看我？"

站在一面镜子前，将下列答案练一百次，直至每次都能平静、流利地回答为止：

"因为你'选择'了违反规则。"

"因为你'选择'了违反X规则。"

不要争辩。不要问学生是否在质疑你的权威。不要吼叫，也无需提高你的嗓门。每次都只要平静地说：

"因为你'选择'了违反规则。"

几天以后，没有学生会再问"你为什么跟我过不去"，因为每个人都完全清楚你会怎么回答。

这一回答中的关键词是"选择"。选择意味着某人要对自己的行为负责。你是在培养你的学生的责任感和义务感。

"教师不是在跟你过不去。"

"课堂上有五大规则。"

"规则是经大家讨论后一致签名同意的。所以，当你'选择'违反某条规则时，你就必须承担后果。"

几周或几个月以后，如果还有人问你："你为什么跟我过不去"，你唯一需要做的就是面带微笑地站在该学生前面——全班将会替你回答："因为你'选择'了违反规则！"

的一部分，这些人将自己扮作受害者。对于自己的行为，受害者会指责他人。因而，最好多花些时间来讨论后果而不是规则。让他们明白，他们的行为或选择会产生后果。成功人士都同意，人生就是一系列后果，后果可以是积极的，也可以是消极的。

不要中断教学

如果停止讲课去惩罚违反课堂纪律的学生，你会干扰教学节奏。也许，那时你正讲到一个重要的知识点，或者你的做法会打扰到那些正在专心学习的学生。所以，在对违纪学生进行处罚时不要中断教学。

◎ 只要看到有违反规则的行为，就应该立即进行处罚。

◎ 但是，对学生的处罚不应大张旗鼓地进行，你还要继续上课，不要影响到其他正在学习的同学。

这里推荐一些实施处罚的方法：

1. **白色书写板**。不要停止教学，在指定的区域，写下该学生的姓名或在其姓名后面做个标记。在下课后或放学后，你可能需要花上一点时间去提醒那些被记名学生自觉接受处罚。未能进行自我处罚的学生会面临更严重的后果，或接受双倍的惩罚。

2. **罚单**。你可能觉得将学生的姓名写在黑板上会让人过于尴尬。这时可以考虑使用其他方法，如出示黄牌，如同足球比赛中对犯规行为的惩罚一样。或者采用交通罚单的方式，想出一个给学生开罚单的方法。不需要过于繁琐，仅需要在一张纸上写上学生的姓名和违反的规则的代码。在你没有白色书写板的情况下，如在体育课和戏剧课上，集合或实地考察时，选择开罚单的方式是非常理想的。你需要记录被开出罚单

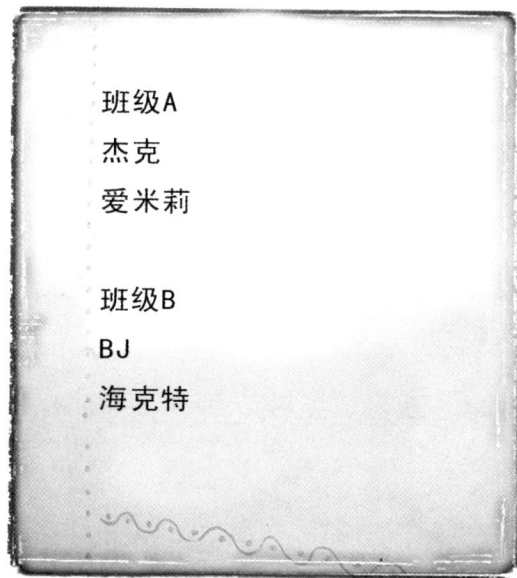

班级A
杰克
爱米莉

班级B
BJ
海克特

如果某个学生选择违反规则，不要中断课程，将该学生的姓名或一个标记写在黑板上或放在一个特定的地方。

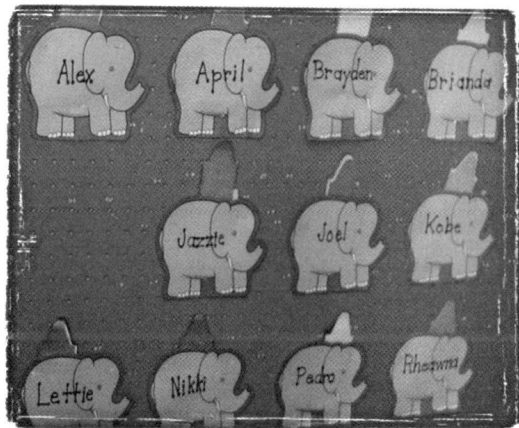

图案背后留有口袋，上面可标注代表不同行为的小旗。

的学生的姓名。可以记录在成绩记录本上，并使用复写纸。

3. 图案。让学生制作代表他们自己的图案或剪纸。当你发现有人违反规则时，在布告栏上代表该学生的图案上"标记"一下。做标记可以是加上即时贴、消除图案或翻转图案。如果图案是层压的，请使用彩色标签笔。

纪律方案可以进行奖励并产生积极的效果

每个人喜欢并期望在出色地完成任务后获得认可和特别的奖励。红包、表扬、荣誉、奖品和奖励都是比较常见的。

尽管奖励普遍存在于生活中，但无休止地分发贴纸、糖果还有其他有形物品，这种强调物质的奖励体制该停止了。让我们停止"我能得到什么好处"这种课堂里惯用的奖励措施吧。

此外，《2004年儿童营养及妇女、幼儿、孩童再授权法》（*Child Nutrition and WIC Reauthorization Act of 2004*）中有规定，用食物对良好行为进行奖励的方式不再被接受，这种做法实际上会使学校和地区遵守该法规变得徒劳。

自律才是管教的本质。如果学生们总是想要获得更多的优待、奖券和百宝箱中的物品，你不可能教会他们自律。

最佳奖励是很好地完成任务后的满足感。

如果你一定要进行奖励的话，一种流行的对任何科目、任何年级都适用的奖励办法是，在周五，给予全班同学半小时的自由时间。为了赢得这个奖励，所有学生在一周内必须团结合作，互相帮助。给予学生周五半小时的自由时间是一种简单有效的奖励方式，这是一种无形的奖励，而且你的学生决不会对此感到厌烦。另外，奖励学生的自由时间主要是用来完成作业的（因为他们很想过一个无负担的周末）。不要举行爆米花派对、比萨派对，也不要计划拍摄录像和安排之后的清理工作，这个时间就是让学生自习的!

就像规则和结果，你会将奖励张贴出来，指出与奖励相关的时间因素。奖励是每日、每周、每月还是在季度末给出，什么时间合适？

向学生说明赢取奖励的简单方式。教师不会主动给出奖励，而是学生自己积极赢取奖励。

在班级的基础上赢取奖励，最常用的方式是，当你看见某人遵照指示或行为良好时，在某个地方标记一个点数。如果你不喜欢标记点数这种方法，还可以将弹球放入罐子中，使用彩纸，或在温度计图上绘制红色指示。当班级获得事先约定好的点数后，你的学生就可以获得集体奖励。

16教室的纪律方案

班级规则
1.上课铃响时，在座位上坐好，并将所需材料和用具放在桌上。
2.尊重16教室里的所有人，爱护教具和设备。
3.控制好自己的音量以适应班级活动。
4.第一次给出指令时就该听从。
5.遵守学生手册上的各项规章制度。

一旦你有违规行为
初　次：公布姓名。警告。
第二次：记过一次。星期四放学后留校十五分钟。
第三次：记过两次。星期四放学后留校三十分钟。
第四次：记过三次。星期四放学后留校四十五分钟，并打电话告知学生家长。
第五次：记过四次。星期四放学后留校六十分钟，教师写鉴定条，并送学生去办公室。
严重过错：学生将会被立即送到办公室。
每周四下午过后，名字和记过信息将会被删除。

奖励
口头表扬（每日）
积极评语交至家长（不定）
全班音乐时间或自由活动（每周）
"最佳进步奖"证书（每月）
班级电影、爆米花派对（每九个星期）
其他各种积极活动（贯穿学年）
学习的快乐（学年每一天）

学生：我已阅读完班级纪律条例并且充分领会。只要身处16教室，我就会积极遵守。

签名＿＿＿＿＿＿＿＿＿＿　　　　日期＿＿＿＿＿＿＿＿＿＿

父母：我的孩子已与我讨论了班级纪律条例。我理解并全力支持。

签名＿＿＿＿＿＿＿＿＿＿　　　　日期＿＿＿＿＿＿＿＿＿＿

教师：我会公正且始终如一地致力于16教室纪律条例的执行。

签名＿＿＿＿＿＿＿＿＿＿

******重要******
请妥善保管该文件。
谢谢

纪律方案
学生和教师共同负责（第152页）

我的行动计划

制定通力合作的纪律方案的最通常方式是与学生签订合约或达成某种协议。

一些低年级班设有"权力中心"。这是专为那些品行不端的孩子而设的课桌，那些孩子将在此反省自己的行为。他们被告知，如果告诉老师"我有权利"的话就可以回去参加课堂活动了。

"我有权利"指，我能够约束自己的行为。如果有个孩子开始犹豫，迅速问道："你有权利吗？"这时你要微笑，然后孩子也会向你微笑。

其他年级的班级设有"时间暂停中心"，这与曲棍球比赛中的受罚席类似。

"我的行动计划"是一种简单的技术，不仅可以用来解决具体问题，同时还能教导学生什么是责任感，如何解决问题，如何自律。

将学生领到放有铅笔和"我的行动计划"副本的课桌前（你可在www.cyb.com.cn网站，第18章的内容中下载到副本）。

第1步，向学生展示"我的行动计划"副本，并准备和学生一起回答三个问题：

"问题是什么？"

"导致问题发生的原因？"

"你将使用何种计划解决问题？"

"问题是什么"指出学生违反的规则。

"导致问题发生的原因"学生需要列出所有导致问题发生的因素。

以解决问题的方式教导学生。向学生传达这样的观点：一个人解决问题的唯一方式是首先要找出并识别问题。你不会对贬低或责骂学生感兴趣。你想要教导学生如何解决问题，这种技能在学生未来的生活中也是很有用的。

你将用何种计划来解决问题？学生应制定解决问题所需的行动计划。

我的行动计划

1. 问题是什么？

2. 导致问题发生的原因？（请例举）

3. 你将使用何种计划解决问题？

学生签名：＿＿＿＿＿＿＿＿＿

日　　期：＿＿＿＿＿＿＿＿＿

我的行动计划

1. 什么问题？
我的行动太拖拉。

2. 导致问题发生的原因？（请例举）
我无法在七分钟之内从体育课教学
点赶到这里。
太远。
我得先洗澡。
我得归还毛巾。
我得喝点东西。
我得去洗手间。
我得去储物柜拿东西。
储物柜的门很难打开。
我得去图书馆还书。
我得去见我的女朋友。
我得去见我的辅导员。
我得去看队伍是否集合完毕。

3. 你将使用何种计划解决问题？
我将去洗澡。
我将去归还毛巾。
我会尽快地去看看我的女朋友。
我将去我的储物柜拿东西。
我将给储物柜换把锁。
我会动作快点。

学生签名：
威尔·沃特森（Will Watson）

日　　期：
10月3日，星期四

GoBe

预防不良行为

　　解决纪律问题是一个很复杂的过程。目前，我们仍然没有找到完美的解决办法。请登录www.cyb.com.cn在第18章中查找有关课堂纪律的内容。

　　让学生了解产生问题的原因。向学生阐明：解决问题的方法是改变或消除引起问题的因素。帮助学生明白其中的逻辑。

　　让学生依据所列问题的产生原因制定一份计划。学生要对计划负责。你无需告诉学生如何去做，学生自行制定计划来解决问题。你正在教导学生要有责任感。

"我的行动计划"具有的三个主要概念

1.解决问题

2.责任

3.自律

　　第2步，通过签署行动计划，让学生承诺承担责任。

　　如果问题没有得到解决，返回去修改行动计划的第三部分。教导学生如何解决问题、什么是责任以及什么是自律，这比吼叫和给学生不及格的成绩要好得多。吼叫和给学生不及格的成绩对任何人都没有好处。

　　学习自律和培养责任感对整个社会都有利。通过坚持不懈的努力，让学生反复执行行动计划直至改正缺点。

　　成功后要对学生提出表扬。

　　第3步，为了让学生覆行他或她的责任，需要家人和学校的鼓励，以帮助其实现自律。

"自我管理计划"

亚利桑那州（Arizona）的简·斯洛文斯克（Jane Slovenske）使用的是一份"自我管理计划"。通过这份计划，她教学生要如何对自己的行为负责。简给每位学生发了一份"自我管理标兵"申请表，先让他们思考和讨论什么是负责任的行为，如何对待他人以及能否尽自己最大的努力快速完成作业等问题，再进行自我评价。

列出"适当行为"。全班就"自我管理计划"的"适当行为"进行讨论。讨论结束后，对原先的条例进行修改。一旦全班对"适当行为"达成一致，学生便可以填写申请表，并带回家让家长检查。如果家长同意自己孩子的自我评价，就在表上签字，再由孩子带回学校。

教师对学生的评定。教师最好能同意学生的自评。要是教师不同意，则必须先提供不同意的证据，再同该学生一起讨论他们的分歧，最后达成一致。简表示，这一个环节基本上是不需要进行的，因为大部分学生经由家长检查确认后，对自己的评价都是很诚实的。通过这些环节后，那些每一个项目都自评为"几乎总能达到"的学生便成为"自我管理标兵"。

一旦评选成功，这些学生就能佩戴写有"自我管理标兵"的徽章。学校的教师和学生通过徽章认可其"自我管理标兵"的身份。

学生自我评价。包括"自我管理标兵"在内的全体学生一般在每六周重新进行一次自我评价。那些"自我管理标兵"要想继续保持这一称号，必须在此期间保持良好的行为，并对如何变得更好进行思考。对于其他尚未评上标兵的学生来说，他们有机会通过改进自身的行为获得该称号。

如果"自我管理标兵"弄丢了徽章或放错了地方，可以补办，但是需要交付一定的"费用"。该费用从该生的班级个人"支票账户"中扣除。学生们可以通过申请班务工作为他们的账户挣得"收入"，而班务工作只分配给提出申请的学生。学生们的支票账户以学年为期限。在该学年中一旦发生学生违反班规等情况，都可以使用该学生的账户余额支付"罚款"。

"自我管理标兵"享有"特权"，而这些特权的内容则是由全班集体决定和同意的。例如，这些特权可以包括上体育课、音乐课时走在班级的最前头；老师朗诵或学生默读时可以坐在豆袋椅上；不需请求就可以上洗手间；下课或放学时第一个离开教室等。

自我管理标兵申请表

| 姓　名： | 申请日期： |
| 父母签字： | 授予日期： |

管理技能	几乎总是	正在努力
1.我是一个很好的倾听者，我试图去理解。	
2.我遵守校规和班规。	
3.我尽自己最大的努力按时完成作业。	
4.我能适应小团体学习。	
5.我能单独工作。	
6.我能正确地使用操场器械。	
7.没有人监督的时候，我也能管好我自己。	
8.我有自律能力。	

珍惜财物，尊重自己和别人
1.我与别人合作。
2.我珍惜自己和别人的财物。
3.我能独自上下学。
4.我有良好的就餐礼仪。

帮助别人
1.我不伤害他人。
2.我乐于助人。
3.我擅长体育，遵守运动规则。

注意：要成为合格的自我管理标兵，所有在"几乎总是"项下的选项都必须打勾。任何一个对学生负有教育责任的教师或员工都有权利对该学生的行为作出评定。

"自我管理标兵"帮助小组。让"自我管理标兵"同那些尚未评上标兵的学生结成对子。这一环节放在每周五举行。等每位学生都拿到他们这周的功课单后，标兵和非标兵结成对子检查"未完成作业列表"，然后找出这些未完成的作业，抓紧时间尽快完成。要说明的是，学生结对子应当是完全出于自愿的。当然，那些尚未评定为标兵的学生必须主动找标兵，让他们帮助自己进步。

对于"自我管理标兵"这一称号，不管是现在的还是以前的标兵都引以为荣。不少学生的哥哥或姐姐都曾经当选过"自我管理标兵"。这些曾经的标兵至今仍保存着他们的徽章，还不时地给他们的弟弟妹妹看，以此互勉。

纪律方案

由学生负责（第152页）

提高责任系统

纪律方案的理想效果是做到让学生对自己的行为负责。马文·马歇尔（Marvin Marshall）负责教授"提高责任感体系"。根据这一体系，民主和责任是不可分的。尽管这一体系倡导非强制性的管教，但它并不纵容学生的行为。这一体系讲述了社会发展的四个级别：

◎ 无政府状态：最低级别；社会秩序缺失；就像婴儿一样，只关心自己。

◎ 强制：靠强制命令维持秩序；自行其是，欺凌弱小；只有接到来自更高权威的命令或威胁时才会就范。

◎ 合作/一致：动力来自外部；行为适当，符合教师的期望，遵守课堂程序；也适用于受外部因素影响的情况，比如，学生容易染上其他同学的不良习惯。

◎ 民主：最高级别；动力来自自身；主动严格要求自己并勇于承担责任，因为这样做是正确的；努力付出之后可体验到最多的满足感。

提高责任体系的实践分为以下三个阶段：

1. 教学：主动。在开学初始阶段，教师就应该把以上提到的"四个级别"告诉学生，而不是等到有违纪行为出现时才说。只有学生意识到每个级别会出现什么情况，并分析他们选择的行为属于哪一级别时，才最有教育效果。

2. 提问：让学生认识到他们选择的级别会有什么样的行为。教师要求学生选择与特定行为对应的级别。彻底拒绝为自己辩护的行为。学生自身和行为不要混在一起。问学生这样的问题：你认为你的行为属于哪一级别？让学生讨论行为所属的级别，而不是行为本身。

3. 诱导：改变不当行为。对学生说："请你花一点时间好好思考一下你选择的级别。"

有效地交流纪律方案

既然经过仔细考虑，你已经制定并公布了纪律方案，开学第一天要做的事就是将该方案传达给学生。交流的方式将直接关系到管教方案的成败。

低效能教师

◎ 可能没有明确规定的规则。

◎ 很少交流规则，仅在突然出现情况不得不制止时才交流。

◎ 以一种生硬、恼怒和屈尊的态度向学生们传达规则。

◎ 面部或身体传达出退缩、无奈的情绪，对自己所说的话毫无自信感。

◎ 甚至这样对学生说："我之所以这样做是因为学校领导层要求我这么做。"

◎ 向学生暗示："我只是受雇来教书的，而不是来管教你们的。"

◎ 告诉学生："如果你不想学，那不是我的问题。"

◎ 表达期望学生适当的行为时，用不恰当的词语严厉指责学生，例如"你可以长点脑子吗"或"我要告诉你多少次"。

高效能教师

◎ 制定的纪律方案不会贬低学生。

◎ 在开学时用控制有力但态度友好的方式向学生传达计划。

◎ 交流过程中不会退缩或使人产生不信任感。

◎ 在阐述计划时，用眼睛看着所有学生。

◎ 为这一计划提供易于理解的说明。

◎ 为每个学生及其家人提供一份计划副本。

◎ 坚持执行计划。

◎ 告诉学生学校管理层支持这项计划。

◎ 有新生加入时，把计划再次复习一遍。

◎ 积极期望所有学生会遵守规则。

◎ 要有自信并相信他或她的能力。

◎ 要引导学生们去了解责任的概念。

关于高效能教师

1. 学年开始前，认真考虑和制定纪律方案，开学后将该计划告知学生。

2. 与学生讨论该计划，使学生了解其中的原则并接受它。

3. 请学生家长参与以保证计划的实施。

4. 通过课堂纪律方案教会学生自律和负责任的行为。

问题不在于维持纪律

> **课堂上的首要问题不是维持纪律，而是缺乏程序和常规。**

现在你将看到的是本书中最重要的两个章节。其中的内容将有助于你在课堂上创造一个顺利运转、秩序井然的学习环境。为了实现这个目标，你必须执行本书第19和第20章提到的那些安排和程序。这两章中关于课堂管理的知识将会有助于你成为一个更有主动性的教师，并帮助你减少违反课堂纪律行为的发生。

> **高效能教师教会学生怎样负责地遵守课堂程序。**
> **低效能教师强行让学生听从他的安排。**

课堂上发生的绝大多数行为问题归因于学生没有遵守一定的课堂程序和常规。学生不遵守课堂程序的原因主要有以下三点：

1. 教师没有预想到课堂上将会发生什么情况。

2. 教师没有教学生如何遵守课堂程序。

3. 教师没有使用课堂程序来管理课堂。

这样，学生就不会遵守事实上并不存在的课堂程序。

关键理念

课堂是否能顺利运转取决于教师能否有效地把课堂程序教给学生。

> 要是每天都要忙于强制推行规则的话，你下班回家后会觉得疲惫不堪，心情不爽。
>
> 为什么呢？
>
> 有太多的老师并不是在教。
>
> 他们所做的只是"涉及"或"做"一些活动。一旦出现问题，他们就进行管教。
>
> 一言以蔽之，大部分课堂缺乏良好的管理。

我知道他们会那样做的

某天我没有去学校，便打电话到学校想交待我的代课教师一些事。没有人接电话，于是我有点惊慌了！然后我打电话给隔壁办公室的教师，询问我的代课教师是否在教室里。那位教师告诉我，她早些时候看见我的代课教师了，但不知道为什么她没有接电话。

第二天我回到了学校，在走廊碰见了那位接我电话的老师，她说："记得我告诉过你代课教师在你的教室里吗？嗯，我弄错。她以为那是你的计划时段，所以她并没有在教室里。"

我再次感到惊慌。她抢在我前面说道："不过，你的学生们表现得很好！他们填写了出席表并贴在你的办公室门外，阅读了你给代课教师留下的课程计划，当代课教师到教室时，学生们正在安静地学习！"

我感到非常惊讶！我为我的学生感到自豪。他们按照我们每日的教学程序学习，继续完成学习任务！

她和我谈完话后，管理人员走过来并说："瑟若亚（Seroyer）太太，我需要与你谈谈！"我想我要有麻烦了，因为他发现我的学生们被单独留在了教室里。

在他说话的时候，我心里想："我的天啊……我快要失业了！"不过他最后却说道："恭喜你！代课教师到了后，发现你的学生们已经贴好了出席表并在安静地学习，没有人知道他们那时没有老师！"

我顿时轻松地笑了，并得意地说："我知道。我们已将程序铭记在心！我知道他们会那么做的！"

雪龙达·瑟若亚
（Chelonnda Seroyer），
亚拉巴马州鲍勃·琼斯高中

我可以重新执行计划吗

由于身体欠佳，我申请了一名代课教师。当我的学生进入指导教室后，发现我不在那里，代课老师也没来。学生们自己点了名，填写出勤表，收听公告，宣读保证书，铃响后就下课了。

我的第一堂课随后开始了，但代课教师还是没来。学生们拿出每日作业，开始做。当大多数学生完成后，一名学生走到教室前面，利用题解，让全班查看答案。然后，他看着黑板上的时间表，让大家拿出语法家庭作业。他再次利用题解，并和大家一起检查家庭作业。

现在，第一节课过去20分钟了，代课教师还是没有来。这位自行任命的带领人写了一张通行单给另一名同学，并派他前往办公室询问教师的情况。

办公室的人知道这件事后，感到忧虑和苦恼。之前的20分钟发生了什么？校长和那名前来询问的同学一起回到了教室……

当我第二天返校时，校长告诉我，当他到达教室时，同学们坐得好好的，学生带领人正使用投影仪带领全班学习语法课。

校长要求那名学生带领人执行代课教师的计划，并放心地离开了教室。

那名学生带领人说道："先生，我可以继续执行我的计划吗？我还没有完成教学呢。"

程序和组织已赋予了我和我的学生们具大的能力。在纪律方面我没有任何问题，并且我每天都期盼着来工作，与"我的孩子们"一起学习，因为我已经"使用了"程序。

特里·L.舒尔茨
（Terri L.Schultz），
俄亥俄拉科他学区

什么是课堂管理

课堂管理包括教师为保持课堂环境最优化状态而采用的各种手段和程序，其目的在于使教学顺利进行。

课堂管理不同于课堂管教。你管理一个商店，但你无法管教一个商店；你管理一个团队，但你无法管教一个团队。同样地，高效能教师管理课堂，但他们不会去对课堂进行管教。与那些把自己看成在课堂上"执行纪律"的教师相比，那些把课堂管理看作是有效组织课堂活动的教师，在教学上将更有成效。

要成为高效能的课堂管理者，教师应该：

◎ 对课堂组织形式有很好的安排。

◎ 制定有效的课堂教学程序，使学生参与课堂活动的积极性得到最大提高。

◎ 让学生系统地学习这些课堂程序。

要对团队进行有效管理，教师应该做的不是去阻止违反纪律的行为，而是在最初就要杜绝问题的发生。高效能教师在学年之初就会制定一套系统的、行之有效的课堂管理程序。

对比：高效的课堂与低效的课堂

高效的课堂：

学生积极参与有意义的活动。

学生的行为受课堂程序制约，他们知道课堂是如何运行的。

教师也要参与其中，在教室里来回走动，给学生提供帮助，纠正学生的错误，回答学生的问题，维持纪律，对学生微笑，鼓励他们并表示关心。

低效的课堂：

学生坐在自己的座位上，或者忙着做作业，或者什么都不做。

教师是整个教室里唯一在工作的人。

教师控制着课堂。

只有学生积极参与课堂活动并自己控制学习的节奏，学习才是有效的。在你的课堂上，学生是在学习吗？

努力者学到知识

学生们易于接受一套统一的课堂程序的观念，因为这简化了在校成功的任务。一天中，在学校开展许多不同的活动时（经常同时有几项活动），程序有助于尽量减少浪费时间和发生混乱。如果没有程序，则需要花很多时间来组织和解释每项活动，即使是反复做过多次的活动。没有程序还会导致学生染上不良学习习惯，此后难以纠正。

你费力管教时，学习很难进行。只有学生努力时才会学到知识。管教可暂时停止劣行，却会中断学习过程。

高效能教师知道，学生花在学习任务上的时间越多，学生学到的知识越多。你的课堂里，谁在努力，谁在学习？

纪律与程序的差别

课堂管理不应等同于管教。纪律方案有规则，课堂管理计划有程序。请"不要"把程序叫做规则。

纪律方案中没有程序；程序也不应是威胁、规则或命令。程序可为学生学习奠定基础，程序只是在课堂里完成任务的方法或流程。

程序和惯例不同于纪律方案。不要混淆程序与管教，它们有很大的差别。

纪律规范学生的行为。

程序告诉学生如何把事情做好。

纪律涉及到处罚和奖励。

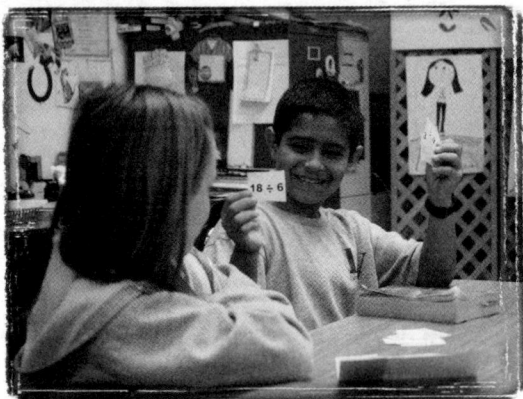

任何参与程序的学生都在进行有效的学习。

而程序不会有处罚和奖励。

学生不会因为不遵守课堂程序而受到惩罚，也不会因为遵守而得到奖励。

以下是关于"程序"的一个例子。

开储物柜的锁有一个程序。通常我们向右转两下，然而向左转一下，最后再向右转一下。

任何人都不会因为不按照这个顺序开锁而受到惩罚。只是，不这样做，锁就无法打开。同理，任何人也不会因为按照这个顺序开锁而得到奖励。按照这个顺序开锁的结果只是：锁被打开了。如果你希望你的一生有所成就，所需要做的就是按照规定的程序办事。

学生在期末能否得到更多收获或能否取得好成绩，这与开学第一个星期教师是否建立并有效执行一套课堂程序直接相关。有效的课堂程序是学生取得好成绩的基础。

> 规则是不允许违反的，但课堂程序却相反。程序是完成工作的步骤，是需要学习的。

程序为什么重要

学生必须从一开始就知道他们在课堂学习环境中要"做"什么。纪律要求他们应当如何守纪，程序和惯例教导他们应当如何行事和学习，程序和惯例提供保障。如果学生在课堂上感到不安，就不可能静下心来认真地学习。他们希望得到在课堂上所有

行为和活动的指示和指导——如何给报告加标题，如何请求帮助，如何削铅笔，如何开始学习，如何和何时使用计算机等等。

既然"程序"向学生解释希望事情如何完成，教师的责任就是明确地陈述程序。"惯例"就是学生自动可做的事，无需督促或监管。

高效能的课堂必须有程序，理由有很多：

◎ 课堂程序即对学生有何期待的说明，有助于学生成功地参与课堂活动、学习和在学校中不断进步。

◎ 课堂程序可允许学校一天中有许多不同的活动（经常同时有几项活动），各项活动可以有效地进行，尽量避免浪费时间和引起混乱。

◎ 课堂程序增加学习时间，减少课堂干扰。

◎ 课堂程序告诉学生课堂如何组织，减少管教问题。

> **"程序"**：教师希望学生做什么。
> **"惯例"**：学生自动做什么。

学生需要并服从程序

高效能教师用程序来管理课堂。无论让学生做什么，教师都必须有一个或一套程序。比如，以下这些事情都需要程序：点名、让学生交换作业、注册、让学生轮流发言以及把注意力从一项任务转到另一项。如果你没有制定完成这些事情的一套程序，那么本来应该用于学习的时间就会浪费在处理这些事情上。

课堂程序会告诉学生在遇到以下问题时该怎样做：

◎ 铃声响了该做什么

◎ 铅笔断了该怎么办

◎ 听到警报声该怎么办

◎ 提前做完功课后该做什么

◎ 有问题该怎么办

◎ 需要上厕所时该怎么办

告诉你的学生,遵守课堂程序是为他们好。遵守课堂程序有助于他们顺利完成功课,

并帮助他们取得好成绩。课堂程序会告诉你的学生以下的信息：

◎ 如何进入教室

◎ 进了教室后该做什么

◎ 到哪里去找老师布置的作业

◎ 当老师要求集中注意力时怎么办

◎ 如何完成作业

◎ 作业完成后应该交到哪里

◎ 想要削铅笔时该怎么做

◎ 如果没来上课,应该到哪里找老师布置的作业

◎ 下课时该做什么

每个课堂都需要一套完整的课堂程序,以保证每节课都能顺利进行。一个顺利运转、

高效能的课堂没有任何混乱,教和学都能愉快进行。

不必制定纪律

我对我的新老师说,我不喜欢维持纪律,却能成为一个杰出的课堂管理者。

如果他们采纳我的建议,并为他们所做的任何事情制定一套程序的话,他们就没有必要用纪律来约束学生。

琼·巴拉森嘎姆·戴维斯
（Joan Blassengame Davis）
汉普顿市学校,弗吉尼亚

朱迪·古斯塔夫森

朱迪·古斯塔夫森（Judie Gustafson）是德克萨斯州的高中数学教师。开学伊始，她给全班传看了一份8页的文件，题为"程序"。它是这样开始的：

程序是生活的一部分。我们使用电话簿、登机、过马路和出席婚礼，均要遵循程序。生活中我们要有程序的理由是，人们可借此了解什么是可接受和有效的做事方式，怎样为社会做贡献。

课堂里也有程序，这些程序确立了我们的课堂文化。

遇到下列情况时应使用的程序：

◎ 进入教室
◎ 问问题
◎ 听问题和回答问题
◎ 削铅笔
◎ 标明你是否理解
◎ 回应我要你注意的要求
◎ 交作业
◎ 合作学习
◎ 改变小组
◎ 保存好你的笔记本

◎ 离开教室
◎ 你迟到时
◎ 你需要铅笔或纸张时
◎ 你缺席时
◎ 有人敲门时
◎ 你需要帮助或需要开会时
◎ 如果电话铃响了
◎ 紧急警报响起时
◎ 做报告时
◎ 下课

课堂有序运转是教师的责任，也是教师有能力教授程序的结果。

> 我的女儿到今年才开始不讨厌学校。现在她喜欢学校了。为什么呢？因为她喜欢她的老师组织课堂的方法。
> ——一位家长

遵守程序是学校生活的一部分

程序在社会生活中也很重要，只有遵守程序，人们才能以一种有序的、让人接受的方式行事。

所以，日常生活中充满了程序：

电话号码簿。电话号码簿开头几页都会讲述如何拨打长途电话，如何拨打境外电话，如何与查号台取得联系，如何获得紧急帮助，如何使自己的服务升级，以及如何与商家取得联系。

乘坐飞机。刚起飞时，航空公司会向乘客说明乘坐航班时要遵守的"纪律安排"（当然，违反这些纪律将会受到处罚）。之后，乘务员会向乘客详细说明应该遵守的程序。这些程序包括：如何系紧安全带、如何使用氧气罩、到哪里找救生衣，以及遇到机舱内充满烟雾的情况时如何找到疏散通道。

乘坐电梯。如果你在等电梯，请站到电梯门两旁，在进电梯前先让电梯里面的人走出来。如果你在电梯里，当有更多的乘客进来时，请往电梯里面移动，为刚上来的人留出空间。或者，如果电梯下一次停下时你就要离开，请走出电梯，让等电梯的人先上，然后你再进去。

婚礼。婚礼结束时，人们要遵守一定的程序。新娘、新郎、参加婚礼的来宾依次离开。新娘、新郎之后的第一排应该是双方父母，之后是其他宾客。

程序告诉人们如何以一种有序的、让人接受的方式行事。我们说某人没礼貌，是因为那个人不知道或不在乎当地的习俗、文化或惯例。与同学或其他人相处愉快的黄金法则就是那句老话："入乡随俗"。

> 开学伊始，教师只需教开始上课时学生应遵守的程序，以此保证每节课可以顺利开始。
> **其他课堂程序可以等到相应的活动发生时再教。**

必须成为学生惯例的课堂程序

1. 上课（第201页）
2. 让全班安静（第186页）
3. 学生寻求帮助（第190页）
4. 作业传递（第202页）
5. 下课（第182页）

程序是学校生活的一部分

就像在日常生活里需要程序，在课堂上也必须守规矩。以下是几乎所有教师必须教授的一些程序。

下课程序或放学程序。 下课铃响时，学生是否已站在教室门两旁等待离开，或者即使你仍在讲课他们是否已经站起离开？你可以一眼看出谁在主持课堂——学生还是教师——只要看看学生在下课或放学时的表现如何（见第182页）。

让全班学生安静的程序。 你知道如何在15秒或更短时间内让全班学生安静吗？可以轻易做到！你吼叫、晃灯都无济于事吗？或者即使你确实成功了，是否用了很长时间才唤起学生注意，更不用说教学工作带来的压力让你少活了多少年（见第186页）。

上课或每天的开始程序。 当学生进来时，他们是否知道该做什么，坐在哪儿，准备什么材料？还是坐等教师告诉他们做什么（见第201页）？

学生寻求帮助的程序。 你的学生需要你的帮助时，是否举手、拍手引起你的注意，同时呼唤你的名字或停止学习，同时向同学抱怨，因为你没有及时回应（第190页）。

学生递交作业的程序。 你的学生是否要花很长的时间交作业，甚至花更长时间交换小组或任务？他们交作业时是成堆扔在你的桌上，或是向前传递作业时相互敲打后背（见第202页）？

课堂程序的"三步"教学法

多数课堂上发生的不服从安排的行为，是由于教师没有教会学生如何按照程序行事。"告知"不等于"教会"，如果你想让学生真正"学会"，就必须让他们身体力行地参与进来。

教授程序的三个步骤

1. 讲解。为学生陈述、讲解、示范和演示程序。

2. 演练。学生在你的指导下对程序进行排练和练习。

3. 强化。重复教授、排练、练习和强化课堂程序，直到学生对这些程序习以为常。

第1步，把课堂程序解释清楚。

高效能教师知道课堂上通常会有什么活动，并提前为每一个活动制定了程序。开学之初，教师要把程序公布出来或发给学生；在教学过程中如果出现了需要完成的活动，教师也应该把相应的程序公布出来或发给学生。低年级的学生识词量还不够多，因此教师不用把这些程序公布出来，而是需要口头向学生讲解。

教师有必要准备好开学第一天每个活动的程序，并且每年都要修改、完善这些程序，使它们成为有效教学的模板。要记住，高效能教师都会对开学第一天的教学有个很好的规划（见第114页）。

第2步，演练课堂程序直至成为惯例。

所有程序都必须演练！

高效能教师会在开学的前几周用许多时间介绍、教授、示范和演练各种程序。不要期待学生一天就学会所有程序，小学尤为如此。礼仪必须教授、示范、练习、监测和再教授。

观察一下优秀的音乐、戏剧、运动或外语教练。这些人都是演练技术的大师。他们向你教授和演示技术，甚至让你观看技术录像。然后，他们让你一再重复，并在一旁观看。有些人称其为"有引导的练习"。

父母让孩子反复练习钢琴，因为练习越勤弹得越好。教练让团队不断练习的理由是，练习越勤就越能在比赛中发挥良好。

演练

◎ 让学生在你的监管下逐步练习程序。每一步完成后，确保学生正确地执行了这一步骤。

◎ 让学生重复该程序直至成为惯例。学生应当能在没有教师监管时自觉执行程序。

第3步，强化正确程序，重教不正确的程序，以改正错误的做法。

再次，观察一个教练，因为优秀的教练是最好的老师。当教练通过实战练习指导一个小组、一个班级或一个学生时，错误的做法会立即得到纠正。教练不断地重复技术要领、给学生演示正确的做法，有时甚至需要大声地向学生下达命令，直到他们能正确完成。

如果他们做得很好，教练要给予表扬、对他们微笑、拥抱他们、轻拍他们的肩膀

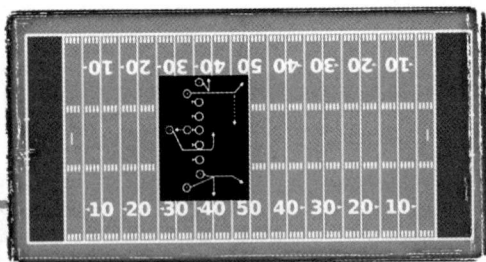

练习球赛的战术套路、唱歌和拼写

许多教师未能使学生从事某项活动，原因在于他们只是让学生干这干那。

你必须像所有教练、所有音乐教师和所有高效的二年级教师那样做：让学生一再练习球赛的站术套路、唱歌和拼写，直至程序成为惯例。

以示鼓励。但优秀的教练不会到此为止。他们会要求学生反复练习已经掌握的内容，并且每一次都鼓励他们做得更好，以此帮助学生巩固已经学到的东西。

强化

◎ 看看学生是否已经了解了课堂程序，是否还需要进一步的解释、演示或练习。

◎ 如果练习效果不理想，教师应该把正确的课堂程序再教一遍，纠正错误的做法。

◎ 如果学生在练习时表现良好，教师要即时把这一信息反馈给学生。

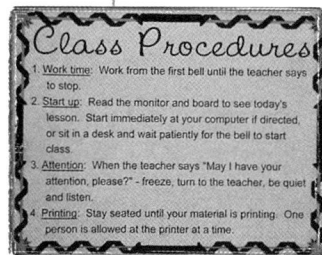

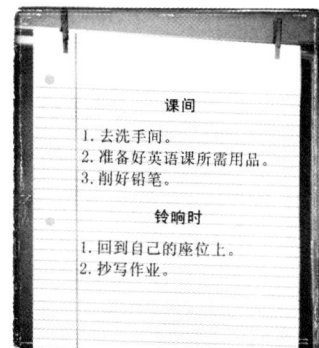

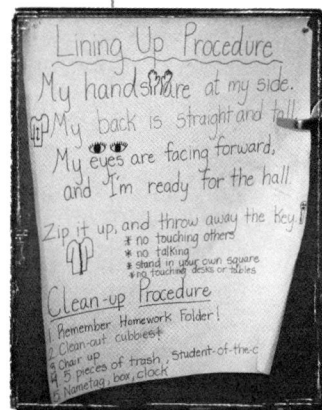

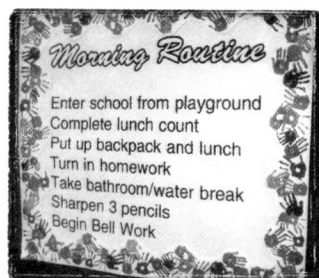

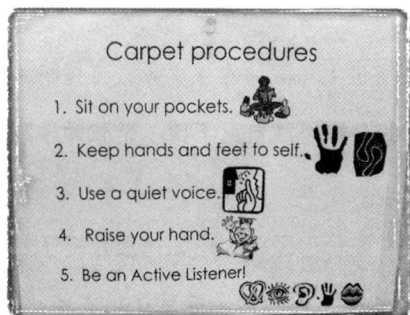

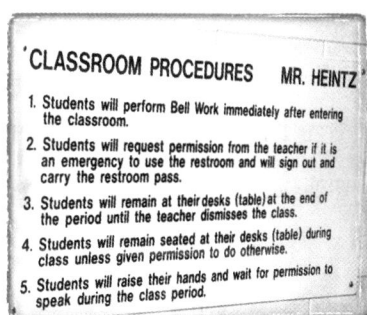

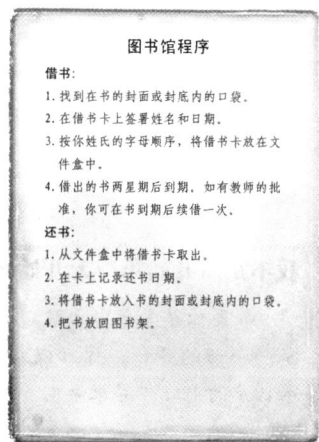

要让学生遵守课堂程序，教师应该把程序贴到教室的墙上。

使用"三步法"教授程序

以下是如何教授某些程序的例子。可能不完全符合你的需求，但要注意如何教授每项程序，然后使用刚才描述的解释、演练、强化几个步骤来教授你的程序。

◎ 如何下课（第182页）

◎ 如何让全班安静，让学生集中注意力（第186页）

◎ 学生应当如何向你求助（第190页）

◎ 学生应当如何交作业（第202页）

◎ 转换任务期间应当做什么（第204页）

◎ 如何记课堂笔记（第293页）

◎ 如何填写评分准则（第270页）

课堂或每天结束时的结束程序

解释

"同学们，下课时应遵循一种程序。你应当坐在座位上（或站在课桌旁，将座椅推入桌下）直到我宣布下课。铃声不是用来宣布下课的，你不能自己下课。是教师来宣布让全班下课，谢谢你。"

你需要解释下课标准，例如，你想如何清理课桌或学习区，你想如何放置椅子和设备。演示这一程序。让几名学生（绝不要让一名学生，因为这会导致炫耀或尴尬）演示该程序。表扬每名学生，让学生知道你在验证正确的程序。

GoBe

我不是从开始第一天开始教学的

如果你是学年中才被聘为老师，或者你想有一个新的开始，你可以到www.cyb.com.cn第19章的内容中寻求帮助。

演练

开学第一天的下课铃声或放学铃声响起之前,你最好警觉一些。应该做好心理准备,万一程序得不到遵守,就得立即纠正。待到学生已经开始鱼贯而出时,再补救可就来不及了。要是不及时纠正,问题只会变得更复杂更严重,最后的结果可能是,以后学生都自己宣布下课,自己解散自己——他们掌控了你的课堂。

因此,在开学第一天,下课或放学的铃声响起之前,最好先提醒学生如何解散的程序。省得事后纠正,引起麻烦,如果有学生一听到铃声就开始起身离开,只要说:

"不,不,不行。汤姆、乔尔、安,请回到你们的座位。"

不要斥责,不要吼叫,更不要侮辱学生。也不要说诸如"听我说"、"我说过,下课的时候该怎么做"等毫无意义的话。此时,你要的不是讨论、争论,也不是学生的答复,而是让学生回到自己的座位上。不要急躁,你要用平静且极富权威的口吻告诉已经开始离开的学生返回自己的座位。

强化

每当需要纠正程序时

1. 提醒学生需要遵守的程序。
2. 让全体学生体验程序。

提醒:"同学们,我想提醒一下大家下课时需要遵守的程序。我说"解散"之前,你们应该坐在原位。"

铃声为谁而鸣

当一节课或一天的课程结束时,学校的铃声会响起,这是给教师的停止上课的信号,跟学生并无关系。铃声不是用来宣布下课的。听到铃声,教师应该以一种友好的、告别的口吻宣布下课。

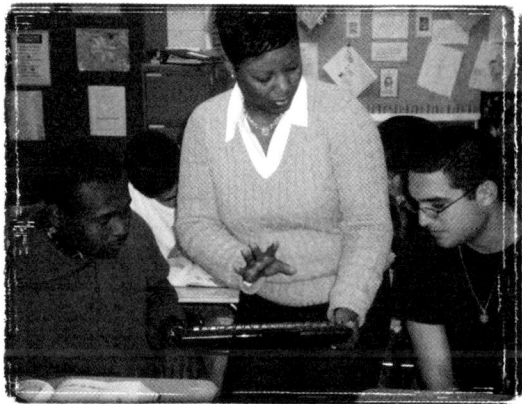

高效能教师能充分利用课堂上的每一分钟调动学生的积极性,让他们参与到学习中来。

孩子为何从不告诉妈妈他们要出去。

孩子离家时从不说"妈妈，我要出去"。这使许多父母沮丧并摇头。孩子径直离开，没有表示出任何尊重或礼貌。

如果连续180天，每天上课结束时教师都以一句"祝你今天愉快"来结束课程，那么，教师正在培养尊重和礼貌的习惯。

学生可能未意识到这一点，但他们学到了彬彬有礼的人的良好习惯。人们离群或离开某个环境时会互打招呼。

成人应当反复示范良好行为，让学生可以体验如何在社会里行事。

体验："扫视教室。你们都坐在原位（椅子还不能拉出来）。这是正确的程序，谢谢你们的合作。"

"这次做得很好。"

"希望明天也能这样做。祝大家愉快！"

高效能教师让学生去观察、感受并体验每项程序。学生看到其他人仍留在座位上，这让他们体验了正确的程序。

低效能教师仅仅告诉学生做什么，却没有让学生体验应当做什么。这就是为何许多教师想要学生执行程序却屡屡失败。

每天演练程序、强化程序，直到它成为惯例。到第三天或第四天结束时，程序将变为自觉行动。

此后，铃响之后几秒钟你只要微笑地说："见到你们很高兴，明天见，祝你愉快。"这比说"下课了"要好得多。

教授程序的步骤

1.解释

2.演练

3.强化

－提醒

－体验

（详细情况见第179页）

如何教授新学生所有的课堂程序

为使学生熟悉程序，一般来说，你已经在开学初的几周花了不少时间同学生进行练习和排练。那么，经过一段时间以后，你的班级已经开始顺利运转，学习氛围积极向上。

但突然间，班上来了一位新学生，这时你该怎么办？别担心！首先，你要明白，对于一些你还没有告诉班上原有学生的课堂程序，你肯定不能先告知那位新来的学生。而且，假如班上原有的学生从来不清楚应该在课堂上做什么，那么你要教会新生是毫无指望的。其次，如果你班上的学生已经习得了惯例，你就已经为班级培养了课堂文化。这里的文化指的是一组人待人处事的主要方式。

下面就是一些"文化"的例子：

◎ 当司机看到人行横道上有人等着过马路时，他们会停下车，让行人先过。

◎ 飞机上，电影开始后，乘客会将遮光帘拉下来。

◎ 婚礼上，当新娘走过教堂过道时，所有宾客会起立。

◎ 在中国人家的餐桌上，最主要的文化传统是不能自己先动筷子。那样会被人认为自私、没有风度。主人总是说："请您先来。"

当你班上的学生接受了那些程序，当他们的行为举止都被其他学生认为合乎规范时，其实你已经在班上塑造了一种文化。

◎ 班上要是有新学生加入，给他/她一个列有所有课堂程序的册子。

◎ 解释一下这些程序，再向他/她说明你为什么要使用这些程序。

◎ 告诉这位学生，必要时你会帮他/她掌握这些程序，但其实他/她一般能够通过观察班上的其他人学会所有这些程序。

比如，在新学生还没有学会程序前，下课铃声一响，他/她可能就会站起来。但他/她马上会发现班上其他同学都还坐着。这时，他/她肯定会在心里对自己说："噢，我最好也坐着吧，和其他人一样，看看接下来会怎么样。"通过这样的经历，这位新学生其实就已学会了一项课堂程序。

最伟大的礼物

一位有爱心的老师
能送给学生的最伟大的礼物之一
是帮助他们学会
想跑动时坐下来
想说话时举手
对邻居有礼貌
排队时不推搡
想玩时静下来做作业
你在课堂上向学生教授程序的同时，其实也是在为他们今后能幸福和成功的生活做准备。

程序无处不在

生活中程序无处不在。程序也适用于学校、各个年级和各个科目。

不论你教哪个年级或哪个科目，所有程序都必须演练。

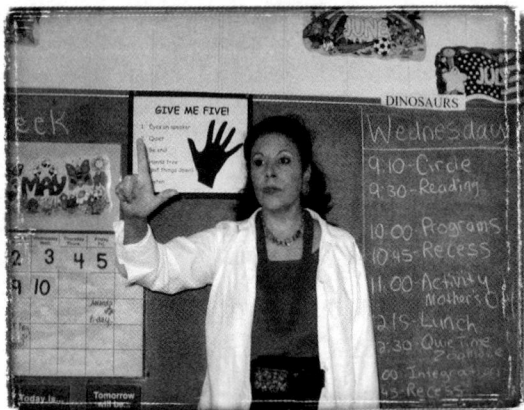

沉着冷静，不要讲话，想要全班安静时举起你的手。

让课堂安静的程序

解释

"同学们，我想要你们全神贯注时，我会有一个程序。你们会看到我举手站在这儿，或者我可以敲铃，因为你们有些人在进行小组学习时不可能看到我的手。当你们看到我举手或听到铃声时，程序如下：

1. 定住。

2. 转身，面向我；请注意，看着我。

3. 准备好听指令。我有话要说。

让我重复一遍，演示我讲的内容。

（重复一下，看看全班是否理解。）

拜伦，请告诉我你看到我举手或听到铃声时的程序。

（拜伦复述一遍程序。）

是的，是的，是的。谢谢你，拜伦。

（再与其他几个学生重复这一过程。）

如果看到我举手或听到铃声，还有谁不懂或不知道该做什么吗？"

演练

"好，让我们演练一次。今年我们将一起学习，所以让我们相互认识一下。请看着你身边的同学。你有两分钟时间做自我介绍，相互认识。

（两分钟后，举手或摇铃，或许第一次两样都需要做。注意举手时不要说话，以后的一年里要完全这样做。）

（你要耐心，等待全班做完这三个步骤并开始注意你。）

（当你等待学生集中注意力时，不要放弃。当他们注意你之时，向他们致谢。）

谢谢你。你正确地练习了程序。

现在，请看你左边的人。你有两分钟时间作自我介绍，和大家熟悉。

（两分钟时间到，举起手或摇铃。如他们听从，称赞他们。）

谢谢你。你正确遵循了程序。

我们还没有完成演练。你会经常发现你不在座位——离开你的座位进行小组活动或单独待在教室的某个地方。因此让我们试一下不同的方案。

我要你们中的两个人站在铅笔削笔器旁，两人站在水池边，两人站在书架旁，一人站在计算机旁。"

（然后你举起手，等候七名学生注视你。）

加强

"谢谢你。你们看到我的手势或听到铃声时，按照程序做出了正确的反应。下次看到我的手势或听到铃声时，请做同样的反应。"

（你不断地使用相同的语言，因为如果你想要学生展示同样的行为，你就必须使用同样的程序。你还可以使用一种技术，称为"赞扬行为，鼓励学生"，下一页会详细描述。）

鼓励学生，表扬行为

有效的表扬方式应该是表扬学生的行为，而不是学生本人，并且鼓励学生继续保持这样的成就和行为。这一方法叫做"针对具体行为的表扬"（specific praise），或"表扬行为，鼓励学生"。表扬确实令人鼓舞，让人感觉良好，但像下面这样的表扬却过于空洞，没有太大的意义：

"安博，你是个聪明的孩子。"

要使表扬更有效，必须能具体说出该学生做得比较出色的一件事，然后再鼓励他/她以后也这么做。下面就是一个很好的例子：

"安博，请把你上次的拼写试卷拿出来。你得了多少分？嗯，20个写对了19个。"

"做得很棒！拍拍自己的背，再握握自己的手。好好祝贺一下你自己吧。争取下一次也取得这么好的成绩。"

以下还有更多的例子：

"谢谢同学们。你们看到我的手势或听到铃声时，按照程序做出了正确的反应。下次看到我的手势或听到铃声时，请做出同样的反应。"

"海蒂，谢谢你为我准备的教师会议报告。下次遇到类似情况，你要还能帮我的话，我会很感激。"

"朱里奥，谢谢你晚上帮我洗碗。妈妈去开会了，多亏你帮忙。下次妈妈需要帮忙的时候，我会很高兴你能再帮助我。"

也许有人会问他们下次还会继续这么做吗，问题的答案是肯定的，因为他们知道你看见他们做好了一些具体的事情。他们相信："你关注着我！你注意到我了！而且，你还因为我做的事感谢我。"

激励性的话语固然提气，但太过空洞。这些话很快就会变得毫无意义，因为没有人可以确定它们到底是说谁的。当你表扬了行为、鼓励了学生后，你帮学生做了两件事：

1. 培养了责任意识。
2. 体验了成就感。

这里的关键词是责任感和成就感，凡是想要成功的人都必须拥有这两项。

感谢芭芭拉·柯罗如梭（Barbara Coloroso），
*《孩子们值得我们付出》*的作者
（感谢她推荐了这一方法）

她在5秒钟内就让100个人安静下来

我们受邀前往儿媳妇的班级，参加每年一次的"国际日"（International Day）庆祝活动。活动在一个巨大的教室内举行，共有三个六年级班的学生参加，他们来此庆祝自己完成了对××国的学习。这些国家可能是他们的祖籍，也可能只是出于兴趣而做出的选择。学生们都穿上了××国的民族服饰，同时还准备了××国有代表性的信息和食物样品。

三个班的学生，再加上各色宾客——包括家长、老师、校方管理人员、校董事会成员以及各类朋友——总共约有100人。我们边走边看展示，不时和学生聊聊天、尝尝食物，气氛非常愉快。突然，我们听到学生喊"…3,4,5"。

喊完后，教室里一片寂静，我们很多人都摸不着头脑。所有学生都面向辛迪·黄（Cindy Wong）老师，接下来是她发言。待老师说完，学生又重新回去做原来的事情。

事后，我问辛迪，是什么让她这么快就让学生安静了下来。她说，"爸爸，那只不过是您使用的'三步法'的另一个版本而已。我使用的是一个'五步法'程序。因为我教的学生年龄比较小，所以我就把程序设计得更细一些。"

我设计的五个步骤是：

1. 眼睛看着发言者
2. 安静
3. 停止行动
4. 放下手中的东西
5. 注意听

"这个程序的工作原理是，我先说：'大家数到5。'然后，他们就在头脑中把五个步骤逐一过一遍。

"之前，我曾和学生们演练过这个步骤，所以每当我说'大家数到5'时，不出5秒钟他们就能把注意力放在我身上。

"此外，我们三个六年级班的老师使用的是同一个程序。因此，任何一位老师、助理、代课老师、管理人员或学生只要说'大家数到5'，学生们就会静下来，准备倾听。

"对六年级学生来说，这一程序成了他们一致的课堂文化。"

辛迪·黄（Cindy Wong）和贴在她教室里的"请数到五"计划。

应付800人!

德州圣安东尼奥的苏珊·加林多（Susan Galindo）给我们讲了她的"请数到五"的故事。她参加河市基督教学校的一个宗教节日活动。有600多名具有智力和体力障碍的公立学校儿童（来自德州南部10个不同的学区）参加，当时正好在大帐篷下吃午饭。

午饭期间还要向几位社区成员颁奖。

苏珊不断试着想得到大声喧哗的人群的注意。努力数次均未成功，她向近200名也在吃午饭的教师大喊："怎么才能让这些孩子集中注意力？"

教师们一致响亮地回答："说，请数到五！"

于是，她平静地说"请数到五"，并举起手。所有800个人"立即"静了下来。

这给受到奖励的社区成员留下了相当深刻的印象。

"请数到五"的手势不是让班级或人群安静的唯一方法。创造你自己的方法或参考下面的方法：

1. 校长在集会上举起橙卡，立即使所有学生安静。

2. 许多教师只是说："请注意！"

3. 一名来自德州的教师说，"S–A–L–A–M–E",这意味着停（Stop）下，并（And）看（Look）着（At）我（Me）。

4. 足球教练说："先生们，请。"

5. 亚利桑那州的一位教师敲击桌上的鸣钟。

6. 幼儿教师唱歌。

学生寻求帮助的程序

学生想引起你的注意时,如果举手不起作用,学生可采用更好的方法引起你的注意。

全班在学习,你在教室里来回走动,进行帮助。你看到有人举手,你就喊"帕姆"。整个班级会停下学习,注视着你和帕姆。

帕姆说:"我能削铅笔吗？"——一个合理的请求。

你回答说:"可以"或"不可以",然后全班恢复学习。

几秒钟后,你又看到有人举手。你说"卡洛斯",全班停下学习,看着你和卡洛斯。

卡洛斯说:"我需要帮助"——一个适当的要求。

你说:"等一下",全班又恢复学习。

每次你一讲话就扰乱了全班。这些"扰乱"可能经常发生,甚至每分钟就有两三次。

要是校长每天都要通过教室播音系统播上两三次通知，作为老师的你肯定会分心，课堂也会受到影响。更不用说每分钟被打断两到三次。你先不要抱怨校长多次打断你的课堂，想一想当学生们埋头于学习时，老师们又会打断他们多少次吧。

学生的方法——引起老师注意而不打断课堂

手势：学生用不同数目的手指向老师传递信号。

手纸卷芯：学生使用带有颜色的手纸卷芯发信号。

泡沫塑料杯：学生用杯子的不同位置传递信号。

索引卡：学生用指示卡上的信息传递信号。

教科书：学生用直立的教科书传递信号。

手势

通过这个办法，学生可以使用不同数目的手指向老师发出信号。举起的手指的数目同老师预先规定的特定请求相对应。

应该把所有的手势画在纸上，张贴到墙上。接下来要做的就是训练学生，教他们学会这些手势。

◎ 如果想发言，举食指。

◎ 如果要离开座位，举两个手指。

◎ 如果需要帮助，举三个手指。

◎ 如果想上洗手间，交叉两个手指。

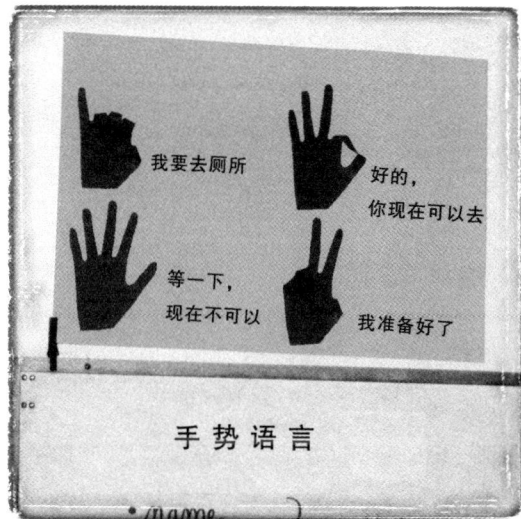

这其实是换了一种形式的"手势信号程序"。

对噪音水平产生的影响

亲爱的露丝玛丽（Rosemary）：

十分高兴能在我们的专题讨论会上再次见到你。你向我们提供的神奇创意和建议我们将会认真地付诸实施。我丈夫已经在他的五六年级的课堂上使用了手语，他简直不敢相信，这竟给减少噪音带来了如此巨大的影响。

再次表示深深感谢。

——黛比·弗雷泽（Debbie Fraser）

加拿大安大略景布恩（Kinburn）

若要引起教师注意，请举起

一个手指："我想发言。"

两个手指："我想离开座位。"

三个手指："我需要你的帮助。"

当你看到手势，可以点头或摇头，或打手势进行回应，而不需要发出声音。重要的是，课堂不受干扰。

手纸卷芯

使用一个空的手纸卷芯，用红色美工纸包裹管子的一端，用绿色美工纸包裹管子的另一端。卫生纸管绿色的一端向上放置在学生的课桌上。

学生想要引起教师注意的程序是，将低管的红色一端向上放置，然后继续学习。当教师过来帮助学生时，绿色一端再转回向上放置。

泡沫塑料杯

用胶布把一根短线粘在泡沫塑料杯底部（泡沫塑料杯不会有噪音）。用胶布将线的另一端粘在课桌边缘，让杯子从桌上悬挂下来。

学生想得到教师注意的程序是，将杯子放在课桌上，然后继续学习。

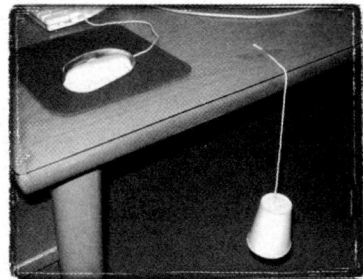

索引卡

将索引卡折叠成三面金字塔的形状，用胶带固定。在一面写上"请帮助我"，另一面写上"请继续学习"，第三面不写字。将卡放在学生的课桌上，空白面朝向学生。

这个程序是，当学生需要得到老师的注意时，他可以将指示卡转动一下，使写有"请帮助我"的那一面朝向前方。这时学生看到的是卡上"请继续学习"那一面，也就是说，他得到提示，要求继续学习。

教科书

高中老师可能会喜欢这种简单的做法。程序是，当学生需要得到老师的注意时，他们取出教科书，将其竖立在课桌上，并继续学习。

指导学生学习的教学程序

课堂的组织需要遵循课堂程序，同样的道理，学生的学习也需要有教学程序的指导。

一些最基本的教学程序包括：

1. 如何在小组中进行团队合作（213页）

2. 如何记课堂笔记（294页）

3. 如何阅读教科书（291页）

4. 如何做家庭作业（296页）

5. 如何总结每天的学习成果（220页）

这些程序适用于所有科目和学习内容。正如课堂程序奠定了课堂组织的基础，教学程序也为学生的学习和获取信息奠定了基础。

如果程序不起作用怎么办

他们就是不愿停止讲话。对突然说话的学生该怎么办？如果……怎么办？以下是有关程序的四个最常见的问题：

1. 如果他们不执行程序怎么办？"我告诉他们，我不断提醒他们，他们就是不听"，这是最常听到的怨言。仅仅告诉他们，不会使他们执行，程序必须要不断演练（复习第178~181页）。

2. 如果他们忘了程序怎么办？学生忘了程序突然在课堂上讲话怎么办？我们所有人都会忘记。学生知道程序，只是忘了。没有必要一再演练，因为有更好、更快、更明智的方法——只要说：

"请问，程序是什么？"

站在镜子前面不断地重复千遍，直到成为你的自动反应。这就是你该说的：

"请问，程序是什么？"

"请问，程序是什么"，"请问，程序是什么"……重复千遍。平静地说，但要坚定，面带关爱的微笑。

下次你看到学生做不该做的事，下次学生突然说话，下次……就走到学生面前，不要发怒或施加压力，只是面带笑容坚定地说：

"请问，程序是什么？"

这个句子和肢体语言不带有对抗性，它只是个问题。学生自我纠正后，要报以微笑、给以肯定，然后继续教学。

3. 要是班里来了一位新学生，该怎么办？（参考185页）

4. 要是其他方法都不管用，我该怎么办？假设你已经掌握了教授程序的所有技能（见179页），但就是有学生不愿意合作，不愿意遵守程序，那么你可以选择的做法是，将该程序变成一个必须遵守的规则。当然，你一定要确信自己很清楚程序和规则之间的区别（见173页）。当你决定将程序变成规则，就要明确地告诉学生，要是不遵守就要承担后果。如果下次还有学生不照程序办事，一定要坚持这一原则。

最终的决定还是要你自己做。因为一旦涉及到承担后果，就需要执行和遵守规则，有时甚至还要强制执行。因此，做决定时要三思而后行，因为相对于执行规则，向学生教授程序要更容易一些。

帮助遭遇困境的学生

遭遇困境的学生完全可以通过外界的帮助而脱离困境。那些遭遇困境的学生其实都是"有后发优势"的学生，使用"后发优势"一词表明了更积极的期望——你希望这些学生能收获最好的结果。学生遭遇困境和他们的智力、性别、肤色、民族或社会经济背景毫不相干。它的意思是，学生处于学习不过关或者被学校淘汰的危险处境中。

至于学生遭遇困境的原因，最典型的是该学生没有完成学习任务，而没有完成学习任务的结果就是他/她在班上的学习成绩不及格。大部分被贴上"有后发优势"的标签的学生，一般成绩都不合格，原因是没有人教会他们D单元中讨论的学习程序。而

GoBe

家里的程序

莉娜为她的两个孩子苦恼：他们总是把衣服随意扔得满地都是，他该怎么办呢？她可以在www.cyb.com.cn第19章的内容中找到答案。

这些技能恰恰可以为这些"有后发优势"的学生提供通向成功的机会。

◎ 如何记课堂笔记（293页）

◎ 如何阅读教科书（294页）

◎ 如何做家庭作业（296页）

◎ 如何在小组中进行团队合作（213页）

◎ 如何理解作业要求（231页）

◎ 如何进行考前复习（245页）

◎ 此外还包括其他很多要求学生在课堂上"做"的内容（注意"做"一词，而不是"言行举止"）。

以下是帮助有后发优势的学生的第一个解决方案。他们需要"组织"!

在管理有方的课堂里，教师教学生如何"做"事情。教学生掌握"组织"——如何有组织地做事。如果我们将学生置于无"组织"的课堂里（杂乱无章和混乱的），我们就会使困难学生的处境更恶劣。

◎ 高效能的课堂是有"组织"的课堂。

◎ "程序"+"惯例"成就"组织"。

◎ 高效能教师采用"程序"和"惯例"来管理和教学。

程序使学生和教师具有组织性。许多学生来自不正常的（没有组织的）家庭。

高效能教师提供组织有序的课堂，学生就会享有可以信赖的熟悉可靠的环境。

制定特别程序可使学生安心——使学生有所依靠。程序不一定要非常详细，但需要有一定的规律性——一致性。程序可以如此简单——小学生知道在何处排队，中学生在面临危险时知道迅速躲到何处。教师有大厅可休息，而学生却无安全之处可去，这颇具讽刺意味。

一旦你订立了程序，你的学生就会有责任感。

培养有责任感的学生并帮助遭遇困境的学生的唯一方法是

◎ 制定程序和惯例。

◎ 让学生感到应对其负责。

> **"** 开始时你似乎浪费了点时间，最终却赢得了时间。**"**
>
> ——林才田（Lim Chye Tin）

需要同学生进行演练的程序

进教室	写进度报告	配合火灾演习
迅速开始学习	找到每项作业的说明	地震中的应变
聆听和回答问题	传递作业本	应对恶劣天气
参与课堂讨论	交换作业本	说"谢谢"
保持课桌整洁	退还学生作业	下课解散
检查课堂材料	在不打搅他人的前提下找到材料	如果迟到
表明你是否理解内容	分发体育课活动器材	如果需要铅笔或白纸
立正	在教室内走动	如果缺席
相互合作	前往图书馆或技术中心	如果需要帮助或与人讨论
换组	设置作业标题	如果提前完成
记笔记	中断后重新开始学习	如果宣布全校性的通知
去教师办公室	提问	如果教室有访客
清楚当日或班级的课程时间表	上课时间在走廊内走动	如果你突然生病

若在学年初就能规定各类程序和惯例，那么，这个学年余下的时间就会变得更加轻松自如，你就可以有更多的时间致力于真正的教学和学习。

请记住，课堂成功全靠程序起作用。

关于高效能教师

1. 为每一项活动都设计出深思熟虑和组织有序的程序。
2. 在学年之初便向学生传授每项活动的程序。
3. 就活动程序进行多次演练，使其成为课堂惯例。
4. 适时改进和加强程序，必要时重新教授。

有组织、可预测的程序

> 高效能老师使用看不见的程序。课堂观察者一般看不到这些程序，但他们知道程序是存在的。这就是高效能教师的课堂如此有序的原因。

关键理念

组织有序的课堂可以提高学生的学习效果。

当你走进一个房间时，你一般不会关心脚下的地板。但要是脚下没有地板，你马上就会注意到。课堂管理也是这个道理，那些能把课堂管理得井井有条的老师都使用很多看不见的程序。在这些程序的指引下，课堂教学顺利展开。这背后的奥妙是，高效能老师会在开学第一周，专门抽出时间组织安排好课堂教学进程，使学生们明确自己该做什么。

在开学的第一天和第一周里，最重要的事是建立教学的一致性、连贯性。

一致性和连贯性意味着课堂是组织有序和可预测的。课堂上不会有什么"惊喜"，教师和学生都清楚课堂是如何组织和运行的。学生们明白该做什么，因为他们知道程序。

举例来说，学生们知道以下事项的程序：

◎ 立正（186页）

◎ 进入教室开始学习（130页）

◎ 求助（190页）

◎ 沿着走廊行走（217和333页）

◎ 乘坐校车或汽车（222页）

> 力量的来源之一是，你使生活变得可以预测。
> ——霍华德·史蒂文森（Howard Stevenson）

更多的程序
D单元将展示更多的教学程序。
记笔记（293页）
读课本（294页）
家庭作业（296页）

接收所
学校是许多儿童的庇护所。
他们来到学校，不是为了面对吼叫和训斥。
儿童来到学校就如同到家。
他们希望被接受，他们想要学习。

在教学领域，他们知道以下任务的程序：

◎ 早自习（第218页）

◎ 记课堂笔记（第293页）

◎ 分组学习（第213页）

◎ 为准备测验而学习（第246页）

◎ 分发学习材料（第212页）

有了这些程序，教师不必不断吼叫或命令学生干这干那。学生知道该做什么，在井然有序的课堂里能专心学习。

程序能产生永久性的变化

知道在课堂里该干什么的学生能产生积极的效果，并促成了学习和成绩的提高。这是因为学生承担起了需要完成任务的责任，减少了行为或纪律问题，增加了课堂学习时间。

程序促成了永久性的行为改变。处理行为问题只会促成临时性的行为改变。

以相类似的方式来说：

◎ 高效能教师用程序和惯例管理课堂。没有成效的教师用威胁和惩罚管理课堂纪律。

◎ 没有规定早晨开课惯例的教师在学年的第一天和每一天都在课堂里自寻灾难。

我们在第19章谈论的课堂程序，包括：

◎ 下课

◎ 保持教室安静

◎ 学生需要教师帮助

◎ 帮助遭遇困境的学生

本章我们将介绍以下活动的课堂程序：

◎ 开始上课

◎ 作业传递

◎ 任务过渡

◎ 铅笔问题

同时，我们还会在本章中讲解以下活动的教学程序：

◎ 分组

◎ 组织小组活动

请记住：教授程序时需要遵守具体的步骤——解释、演练和强化。你若需要复习这一技术，可以参考第19章。

在你的教学过程中，你将会创造出更多适用于你的课堂的程序。你使用的程序越多，你班上的学生用于学习的时间就越多。

启动一堂课或开始新的一天的学习程序

高效能老师会把当天需要使用的程序张贴出来，或者预先准备好，待学生一到就发下去。执行这一程序时必须前后一致，目的是让它变成学生的惯例。

右侧图中这个例子是关于如何开始新的一天的程序的。设计它的老师发现它很有效，但它并不一定适用于其他老师。不得不承认，这样的例子还是很有益的，因为高

教授程序的方法

解释

演练

强化

早自习惯例

1. 进入教室。

2. 将你的椅子放下。

3. 将你的书包放下。

4. 取出你的文件夹。

5. 查看你的日历。

6. 统计午餐人数。

7. 开始早自习。

效能教师看到示例后，就能根据自己所教的年级和课程的具体特点稍作修改，拿来为自己所用。准备工作十分重要：

◎ 木匠开工前一定会清点所有工具。

◎ 医生上手术台前一定会准备好所有的手术刀具。

◎ 厨师在收到第一份订单前一定会认真检查食物的配料和厨具。

试卷传递程序

如果你的学生坐成竖排和横排，让学生将试卷按横排传递到教室的一侧而不要按竖排传递至教室的前面，这样效果更好。

> **学生传递试卷应当按横排进行。**

为什么呢？以下是通过竖排将试卷传到教室前面带来的问题。

1. 如果试卷是按竖排传递，你不可能看到每个学生背后发生的情况，因为你站在教室前面等着收试卷。

2. 有些学生轻敲、戳、推、敲击前排学生的后背，通知试卷即将传递到该排。其他一些学生在前排学生的面前挥舞试卷。不论做什么，前排的学生会被惹恼，他们会大声说话，教室里混乱加剧。

3. 传试卷时，有些试卷可能会掉到地上。所以，传递试卷的学生越多，试卷越有可能落到地上，因而耽误宝贵的学习时间。

4. 通常，竖排比横排有更多的学生，因此更多的学生要处理试卷。

5. 竖排传递试卷要花更长的时间，经常造成学生不耐烦。

收作业时，以每排座位为单位从一边传到另一边的做法，已经被证明是效果很好的方法。这里我们需要做的是为此建立一个程序：

第1步，从每排一边的最边上的学生开始，让他们将作业本放在邻桌上。

第2步，接下来的学生将自己的作业本放入后，依次传递。不要让学生手递手地传递作业本，以勉纸张划伤他们的手指。

第3步，当学生按座位逐次传递作业本时，你要监督整个过程，必要时进行调整或纠正，并寻找适当的时机对学生进行表扬。

第4步，最好走到教室的一侧进行监督。这可以使你看到作业本传递的全部过程。要是你站在教室的正前方监督，当作业本往前传时，你就看不到学生的后背了。

第5步，如果学生是围坐在不同的桌子周围，而不是坐成排，那就由你自己去收作业，或者让一位学生收回全部作业本。

◎ 让学生将作业本放在桌子上指定的一个地方。

◎ 让学生或一位助手收作业，当然也可以由你自己收。

有的老师让学生把各自的作业交到讲台上的一个篮子中，但这并不是一个好的程序。因为这样做，每位学生都要走上讲台，结果经常会导致教室里一片混乱。而且，有时还会发生学生声称已经交了作业而实际上作业却还在他们手上的情况。不管你选择什么样的程序收作业，第一次操作时一定要进行程序演练。

转换程序

一整天都会有转换活动，这是你不能阻止的。时间和安排是规定好的。

学生从一项活动转换到另一项活动，从一节课转换到另一节课，从一个教师转换到另一个教师。学校里每天都有课间休息、课中休息、午饭、集会、游玩和许多其他活动。

活动转换还可能包括从阅读课本迅速转向完成作业，从看录像转向参加讨论，从写作转向朗诵，从打扫卫生转向准备放学。

课堂里需要的活动转换。日复一日，七小时坐在桌椅上干同一件事，最令人心烦。不论是什么转换活动，程序会帮助其顺利完成，避免混乱或骚乱。高效能教师掌握的程序有助于迅速地完成转换活动。

学生在突然接到做其他事情的命令时，一般都不能很好地执行。要帮助学生轻松进行转移，你必须让他们有所准备。最好说："再过两分钟，我要你们……"

活动转换对一些学生来讲很难做到，因为这要求学生同时做三件事：

1. 结束一项任务。

2. 准备进行另一项任务。

3. 重新关注一项新任务。

> 顺利转换活动的关键是，教学口令的清晰和简明。口令要简短易行。

第1步，结束。给学生时间提示："我将在两分钟内说'换任务'"（具体措词可自己选择）。

第2步，准备。"我说'换任务'时，你们应当马上结束，或将……放回去。"

第3步，开始新的任务。"取出历史书，翻到第222页，从第3个问题开始。"

除了口头引导之外，应该把页码和问题的序号写在黑板上。

要记住的是，在你要求他人——很可能是年轻人——做第3步时，他们的思维可能还留在第1和第2步。

任务过渡开始后，在过渡期间请你不要说话。因为你的声音会影响学生的注意力，影响他们顺利变换任务的能力。

如果你滔滔不绝地进行任务转换的说明，那说明你的任务转换说明不够简短，太过复杂，不容易实施。

任务转换期间要认真观察，若发现有学生没有跟上步伐，转换不顺利的情况，可以向他/她微笑，给一个手势，或用手指一指黑板上的说明。学生肯定会理解你的意思。

人人都准时回来

要是你听过黄绍裘（Harry Wong）的演讲，你就会知道现场听众成百上千，他的厉害之处在于，能够让每位听众在中场休息过后准时回到座位。

他不会说："好了，我们休息一下。"要是这样说的话，观众们保准会休息很长时间，才慢慢地踱回来。他们会站在过道上聊天，直到收到下一个指令，才回到座位并安静下来。

他也不会说："我们休息20分钟。"因为中场休息时没人会计时，一般都会等到看见别人开始回去才慢慢回到座位上。

绍裘会这样说："接下来我说一下中场休息的程序。"一听到"程序"这个词，观众肯定会发出轻笑，但他们都知道绍裘的意思。

"请等我解释完程序后再离开。上午10:55时，请回到你们的座位上，那就是说，不允许再在过道里走动，请10:55回到座位上。当我举起手时，我希望大家安静，这样我就可以马上接着讲'如何在一分钟内发放材料，又如何在一分钟内收回材料，同时还要保证没有任何损坏或遗失'。"

接下来他又问："要是有人还不清楚程序，请举手示意。"当然没有人举手。他在做什么呢？他使用的是一种所有高效能老师都会使用的极为普通的程序。他最后这样问，是因为他要让观众确认他们都已明白了程序。

20分钟后，确切地说是10：55时，他回到讲台上。面对上千的观众，举起手并露出微笑，不到5秒钟，台下便鸦雀无声。

你也可以试着在教师会议、或俱乐部会上使用这一技巧。任务过渡的技巧确实是很管用的。

黄绍裘

罗宾·巴拉克（Robin Barlak）

活动转换歌

罗宾·巴拉克（Robin Barlak）在俄亥俄州从事学前特殊教育。她班上的学生唱"活动转移程序"的歌。包括下面这些歌：

◎ 早晨好歌
◎ 点心歌
◎ 清洁歌
◎ 再见歌

她的学生们热切期望一起唱每首歌。

解决铅笔问题的程序

不要沮丧。不要花时间抱怨现在的人都缺乏责任感。在课堂上更不要浪费丝毫的宝贵的学习时间。

不要争论。给他们一支铅笔就行了。

注意右图中的两个铅笔盒。一个标有"新铅笔"，装有削好的铅笔。另一个标有"用过的铅笔"。

将这些铅笔盒放在教室门口。学生进教室时可选一支削好的铅笔，在上课时或学校里使用。下课或放学后，学生离开教室时，再将用过的铅笔放回"用过的铅笔"盒内。指定一名班级助手负责削好铅笔，供第二天或下一节课使用。

解决铅笔盒问题。将铅笔准备好，供给需要者。

这样，就不会再有人抱怨说："我忘了带铅笔。今天我做不了作业了。"

这只是处理铅笔问题的一种方法。作为一天的结束程序的一部分，有些小学教师让学生把削好的铅笔放在他们的邮件箱里，第二天进教室时取回铅笔。如果头一天削好铅笔，学生们一进教室就可使用。

道理其实很简单：要是学生没有铅笔，给他找一支。这里，你需要设计一个程序，保证学生在没带铅笔时也能有铅笔用。

这一程序应该同样适用于课堂上发生铅笔头断裂的情况。具体来说，可以准备一个标有"新铅笔"的盒子，放入备用铅笔，这样就能避免学生常常在上课时用卷笔刀削铅笔了。

如果笔头折断，学生就把铅笔放入"使用过的铅笔"的盒子中，再从"新铅笔"盒中取一支备用铅笔。这个程序涉及的只是那些铅笔头折断的学生，不会影响全体学生。

红色警报

紧急事件演习是所有课堂程序中最重要的。这里说的紧急事件可能是一次诸如龙卷风、飓风或雷暴等紧急的天气情况，也可能是一次地震，当然也可以指校园出现不明身份的闯入者或发生校园暴力事件等。

你可能曾经在逛商场的时候听到过商场播音系统播出过各种善意的提醒和警报，比如，"女鞋部门99号"——这些就是室内警报，一般用来向某人求助，或是提醒员工发生了紧急事故。

在一些学校，红色警报会通过播音系统传到教室，以告知教师开始实施某一特定的程序，并等候更多的信息提示。

为了避免让学生和家长过于担心，最好是在演练这些演习程序之前，就写信给学生家里进行必要的解释，消除疑虑。

应该这样告诉学生："我们绝不希望你发生任何不测。这么做只是为了安全起见。"

"趴下找掩护"（"Drop and cover"）是一个提示你离开枪械的火力范围和保护自己的口令。实际发生枪击时，执法人员也使用这一口号提醒人们躲避枪击。

在地震多发的加利福尼亚州，当老师喊出"弯身找掩护"（"Duck and cover"）后，学生得在两秒钟内弯下身，躲到课桌底下。

在加拿大的萨斯喀彻温省（Saskatchewan,Canada），一位名叫劳里·杰伊（Laurie Jay）的老师将班级的名册用维可牢尼龙搭扣（Velcro）扣在门柱旁。她之所以这样做，是因为一旦班里进行火灾演习或需要立即疏散，她可以随时顺手取走名册。

要时刻做好准备。因为紧急事件发生时从来没有任何征兆。你和你的学生对突发事件准备得越充分，你们安然无恙地度过危机的几率也就越大。

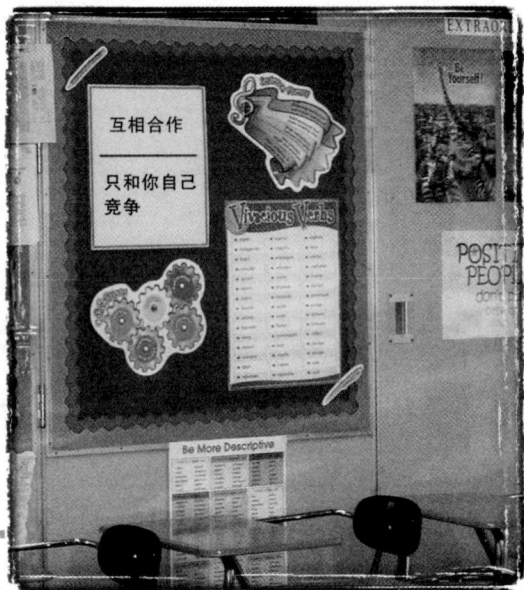

只与自己竞争

向你的学生们传递的信息是：

◎ 世界上只有一个人你可以与之竞争，这个人就是你自己。

◎ 每天坚持努力成为最优秀的人。

◎ 你人生的意义不是为了超越别人，而是超越自己。

◎ 当你与自己较量的时候，大家希望你在这个课堂中能与其他人合作，互敬互助。

◎ 你的职责不仅仅是为了自己学习，还应当为了你队友的学习而努力。

团队程序

发展心理学家吉恩·皮亚杰（Jean Piaget）有句名言："孩童，学之圣者，先行后思。"学生在学习中使用的最好方法就是手脑并用。

在分析美国国家评估报告局对14000例八年级数学和科学测试试卷提供的数据时，教育测试服务机构做出了如下结论：

如果教师常开展动手学习活动，其学生的数学成绩将超过同龄学生70%，科学成绩将超过40%。[1]

学生们参加团队活动的另一个附加优势在于，他们可以在活动中得到领导、团队决策和解决冲突等方面能力的锻炼，这些都是对他们今后的成功起着重要作用的因素。

学生们在团队中配合得越好，他们能学到的越多。

团队学习是一种结构明晰的合作形式。其中的很多程序值得借鉴和掌握，在活动中，学生澄清自己的观点，比较彼此的想法，共享解决方案，培养领导技能和团队精神。一群人相互关心相互帮助来实现活动目标的速度要快于各自单独完成任务的速度。

如何分组

关于分组，问题不在于如何分组，而在于一旦教师要求分组，学生能在多大程度上以最快、最好的方式进行分组。

---

[1] 霍华德·温灵斯基（Wenglingsky, Howard）：《教育如何重要：将课堂带回教师素质讨论中》，教育测试服务机构，2000.

对于一些教师，让学生分组是轻而易举之事。一旦他们提出分组要求，学生便能迅速、轻松地做到。另外一些教师则不然，让学生分组令他们大伤脑筋。每当他们提出分组要求，学生就牢骚满腹，大声抱怨，有些学生甚至还拒绝同某些同学分到一组。为什么呢？

合理且有效地分组取决于两个因素：

1. 班级氛围。

2. 教师说明。

班级氛围

简而言之，如果学生不喜欢这门课或这位教师，或者在这门课中不成功，那么让他们分组就很困难。重要的是，在分组之前，那些对学生的成功合作有决定性影响的因素应该已经在起作用了。

右边的方框中列出了那些可能影响学生合作的决定性因素。当发生学生不合作的情况时，低效能教师会显得很无助，他们会问自己："我该怎么办？"然后，他们会寻找可以快速修复课堂危机的办法。但是，教育中从来没有什么"快速修复"的方法。其实，右边方框中列出的"成功因素"就已经暗含了这样一个事实，即决定课堂成功与否的不是别的，正是教师本人。高效能教师很清楚这一点。

GoBe

如何激励你的学生

缺乏组织的课堂有碍学生的发展。你可以登陆www.cyb.com.cn，在第20章中找到激励学生学习的有效方法。

成功因素

每一项前面括号中的数字指的是书中的章节号码，意思是那些章节包括该项的更多信息。

（6）提高积极的期望
（7）采用"开学第一天活动"
（8）为成功而着装
（9）让家长参与
（9）使用引导式教学
（10）使用5个适当的礼貌用语
（11）实施有效的课堂管理策略
（12）塑造积极的课堂氛围
（13）进行恰如其分的自我介绍
（14）安排和指定座位
（15）张贴并马上开始学习任务
（16）快速点名
（18）花时间教授纪律方案
（19）练习程序和惯例
（21）分享课程目标
（22）进行有目的的测试
（23）向学生说明，他们的分数由自己的努力决定

他们只知道六个学生的名字

这是我们在做完一个研讨会后收到的一封信的一部分。

这个研讨会是在当地一所大学里面为一群实习教师举办的。

其中一位实习教师在她的课堂上尝试了一点儿新东西，以验证你的一个想法。她将一个空白座位表发给自己九年级的学生，让他们把这个座位表填满，写出同学的姓和名。只有大约80%的孩子可以写对三分之二以上的同学的名字。他们中的许多人只知道名，甚至有一些学生只能说出坐在自己周围的6或8个同学的名字，而全班事实上有35名学生。

这封信写于五月二十日，所以，这些实习教师所在的班级已经组建有9个月了。而且，当时有两位教师正在教室里：一位教师助理和一位实习教师。然而，到了学年末，几乎没有学生能完整记住自己同学的姓名。

当你遇到类似的情形，学生会有举止不当的情况发生——他们会拒绝合作，不情愿参与团队活动。

你必须知道，当学生拒绝合作的时候，教师可能有不可推卸的责任。

解释

学生融入小组的快慢决定于教师能否清晰地解释团队形成的原因和过程。

"好，分成四人一组"不能说明团队是如何形成的。如此模糊的指令只会挑起这样的争论：

"我能和安德鲁一组吗？"

"我是不是一定要和夏洛特合作？"

"我要在这个组里呆多久啊？"

分组时没有必要去争求学生意见，因为班级里不会有永久的小组。简单地以此为指南告诉你的学生们：

◎ 一个小组的人数：班级会多次被划分成不同的小组。每次需要分组时，团队的大小以及人员组成是由团队活动的性质决定的。一些活动需要两个人；另一些需要4个、8个或者更多。事实上，不管需要多少人，人数就决定了小组的大小。

◎ 小组活动的时间：每次班级分成若干小组以后，小组活动的时间长短是由活动性质决定的。一些活动也许只维持两分钟；另一些也许是两天或两星期。当活动结束了，小组也就解散了。

教孩子们在团队中合作不是一朝一夕的事情。教授团队合作中的程序准则需要大量时间，需要耐心和持续强化。社会变迁从教育学生"为己着想"到新时代人们在团队中的"互相着想"，很好地为课堂中的团队活动奠定了基础。

学生们天生就爱一起学习，一起玩耍。所以，问题不在于学生是否会参与和互动。问题在于老师是否提供了充分的活动指令和说明。如果活动指令（不论是口头的还是书面的）没有明确说明该做什么以及该实现什么样的效果，学生们就会创造出他们自己的活动规则，由此引发混乱。因此，在活动开始之前，老师必须对活动进行认真的组织并写下活动程序，务必使每位学生都清楚活动要求。

> **学生们能否顺利加入小组决定于教师对团队机制和责任的解释是否清楚明白。**

如何组织小组活动

大公司都会花费上亿美元的资金培训员工如何共事。同样的道理，高效能教师也会花费大量时间教育和训练学生如何共同学习。

> ### 小组构成
>
> 1. 确定小组名称。
> 2. 确定小组规模。
> 3. 说明活动的目的、材料和步骤。
> 4. 教授程序。
> 5. 坚持小组任务的个人负责制。
> 6. 教授评估方法，使学生能够评价他们共同学习的效果。

> ❝ 比起一个人单干，同他人一起为一个共同目标齐心协力能够取得更大的成就，这已是一个在社会心理学中被反复证明了的原理。❞
>
> ——罗伯特·斯莱文（Robert Slavin）

材料事先放在托盘中，便于迅速发放和收集。托盘上标明号码，同各小组对应。为每个托盘指定一位学生负责人，由其保管该托盘和盘中的材料。

GoBe

分发材料

安排一个学生分发材料并回收所有物品。具体如何操作，请登陆www.cyb.com.cn，查阅第20章中的相关内容。

1. 确定小组名称。支持小组就是共同学习的一个缩影。我们有减肥支持小组、戒瘾支持小组、克服恐惧支持小组以及"如何成为好父母"支持小组等。另外还有单亲父母支持小组、老人支持小组、被虐待儿童支持小组和被虐待妻子支持小组。而关系小组、创业小组，甚至首席执行官小组的成员们也可以互帮互助，拓展生意。

> 考虑称呼你们的同队为支持小组，里面每一个成员为支持伙伴。

支持小组是由有相同需求和目的的人聚集而成的，支持小组的成员相互帮助，解决问题，并取得成功。课堂上，支持小组的组成是同一个道理。

2. 确定小组规模。要确定完成活动需要多少工作量，团队规模是一个需要考虑的因素。举例来说，一个四人小组：

学生1　负责收集资料，并在一天或课时结束前将资料归还到相应的地方。

学生2　负责监督活动步骤是否一一到位。

学生3　负责观察、记录数据和在活动进程中做记录。

学生4　负责监督小组报告的撰写。

3. 规定活动目的、活动材料和活动步骤。学生们只有在完全清楚活动构成后，才会知道该做什么以及怎么去做。参考第214页上的活动，并从这些例子中了解如何实施。

4. 教授课堂程序。以下四个程序你可以同你的学生一起讨论：

◎ 你要对自己的任务以及小组学习的结果负责。（在现实世界中，就是要对自己的工作和你所在小组的工作成果负责。）

◎ 要是有问题，问支持小组成员而不要问老师（在现实世界中，你是不会简单地举手求助的。相反，你会努力寻求答案，或请教同事，或做研究，或上网搜索解决之道，因为你应该自己解决）。

◎ 要是支持小组成员向你求助，你应该乐意伸手相助（在现实世界中，你应该运用团队工作的技能）。

◎ 要是小组成员无人能回答问题，那就一起讨论，先对共同的问题达成一致，再安排一位成员举手向老师求助（在现实世界中，与人协商并达成一致是通向成功的关键）。

5. 让成员个人对小组的工作结果负责。

一旦为小组设定了目标、任务和程序之后，老师扮演的就是一个顾问的角色。出现的问题都要退回给小组，让他们自己解决。

要求支持小组相互合作，一起写报告，一起进行成果汇报。学生们都要为他们小组工作的质量和结果负责。

任务结束后，每个小组都会得到一个分数，这个分数也是每位小组成员的分数。因此，在参与小组任务时，每个小组成员对其他成员的支持就显得非常重要了，他们每个人都必须为小组的成功做出均等的贡献。

6. 教授学生评估方法，使他们能够评价自己的共同学习是否成功。让学生写下他们的小组程序。可参考215页各项活动的程序列表。在每一个程序完成后，让学生发言，

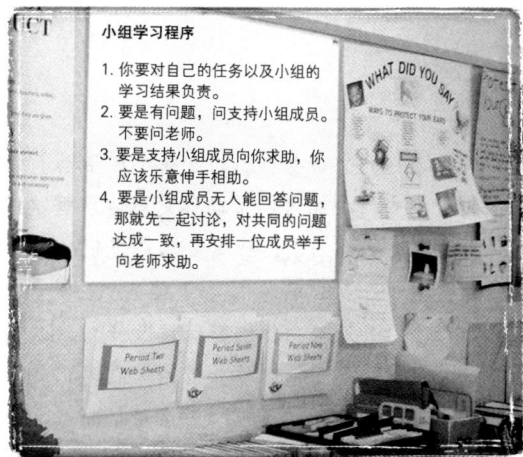

小组程序应该在教室里张贴出来。

抽样活动

这是一个四人一组的支持小组活动。你的老师会挑选支持小组的成员。你之所以参加支持小组，是因为当你与你的同班同学讨论新想法时，支持小组可以帮助你更好地理解这些新的想法。

在支持小组中，你需要与朋友们合作。不论谁是你的支持小组伙伴，你都要尽力帮助大家去理解和完成任务。这就是为什么你们被称为支持小组伙伴的原因。

你的老师会向你们解释该做什么。老师将决定或者让你决定谁做什么工作。

大家必须团结协作并讨论你们要完成的任务，这样每位支持小组的成员就会清楚你们的小组做了什么以及为什么要这样做。当要求你们小组向全班同学展示合作成果的时候，老师会随意点名，要求支持小组中的一位代表发言。发言者需要说明小组最后得出的结论，所以，在被点到之前，务必确保每位成员都清楚任务内容。你的小组完成得好，你脸上也有光！

螺旋桨如何工作?

背景

一些飞机和直升机是靠螺旋推进器的帮助来飞行的。当螺旋桨叶片的形状和角度发生改变时，就会产生不同的结果。

问题

你能设计出几种螺旋桨叶片？

每种设计表现如何？

你对每种设计的评价如何？

支持小组的任务

设备经理：你的任务就是获取活动所需的各种材料，并保证它们在规定时间内原物归还。

协调员：你的工作是确保团队活动按步骤进行且准确无误。

记录员：你的工作是观察、计时和记录数据。你需要确保支持小组有相应的表格来记录活动结果。

报告人：你的工作是协调团队活动报告的撰写。

材料：装订纸、剪刀、回形针

活动步骤

1. 将装订纸裁剪成两英寸宽的纸条。
2. 将纸张剪切、折叠成图1的形状。
3. 握住并放开纸张，如图2所示。
4. 试一试不同形状的直升机。
5. 观察并记录每个结果。

支持小组程序

1. 快速且安静地组成自己的小组。
2. 与其他小组成员一起待在小组指定的地方。
3. 做自己的工作。
4. 互相帮助。
5. 按上述活动步骤行事。

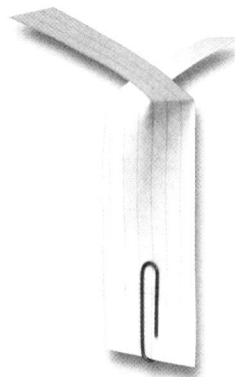

图1

图2

支持小组职责

1. 协调员需确保每位成员在活动开始前已经了解和讨论过活动内容。每位成员必须在明确活动目的、活动步骤、每个人该做什么（支持小组程序和职责）后，方能开始操作。

2. 设备经理需收齐各种材料。

3. 记录员需准备好记录单以便记录。记录纸可以是一个记录时间的单子，可以是一个记录数据的表格，也可以是一个记录观察文字的图表。记录单未准备好之前请不要开始活动。

4. 协调员带领小组执行各个活动步骤，就像主持人按议程协调会议一样。

5. 在任何时候，支持小组成员都应该通力合作，互相尊重，遵循活动步骤和支持小组程序。

6. 支持小组需帮助计时员记录活动结果。

7. 报告人安排小组活动报告的撰写。确保支持小组的每位成员都能解释该活动的：目的、步骤、结果。

当每位成员都能解释活动的目的和结果时，所有成员须在团队活动报告上签字。

谢谢你！

学习固然是个人活动，但不应完全独自进行。

当学生在一个相互支持、相互帮助的环境中学习时，学习效果更好。

说说他们的支持小组是基本上都能遵循程序，还是只是部分的或根本不能遵循。

对于涉及到的每一个程序，请支持小组成员一起讨论如何才能提高他们共同学习的能力。那些学生认为"基本上都能遵循"的程序应当是经过讨论的。通过这些讨论，学生能逐渐意识到，在他们的共同学习过程中，为什么有些程序是他们在绝大多数时候需要遵守的，这样也有助于他们改进那些他们不能很好地执行的程序。

学生们共同学习的时间越长，对自己的学习任务承担的责任越大，学习的效果就越好。

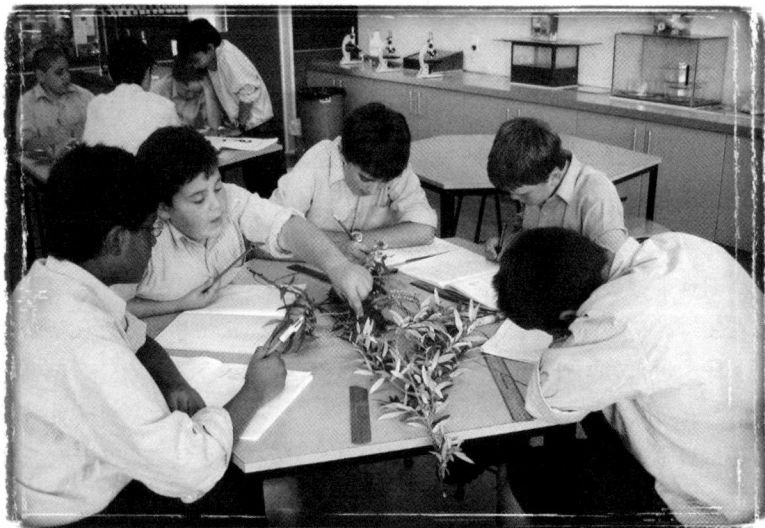

共同学习是一种更有效的学习。

预先计划

莎拉·江达尔（Sarah Jondahl）在加利福尼亚的一所学校任教。在她教学生涯的第一天，她就预先准备好了一个文件夹，里面是一份内容详尽、前后一致的课堂管理行动计划。虽然设计和编辑这份厚厚的计划书花费了几个月的时间，但是这份计划给她带来了丰厚的回报。从她教学生涯的第一分钟开始，她就是一位成功的老师。

莎拉·江达尔（Sarah Jondahl）

莎拉的计划首先是一封开学第一天前就寄给学生的信。信中简单介绍了她的背景，同时预告了开学后会有很多有趣的作业和学习任务，让学生们对新的学年充满期待。此外，这封信还包含了学生们需要准备完成的第一次家庭作业。

对于开学第一天，莎拉做出了如下的规划：

在门口迎接每位学生

◎ 将学生领到指定的座位（按姓名的字母顺序）。

◎ 在黑板上写下教学要求（早自习），请学生注意查看并遵守。

自我介绍

教授课堂程序

◎ 教授课堂规则、不遵守规则的后果以及遵守规则的奖励。

◎ 表明对课堂的期望。

课堂上经常遇到的两大主要问题是学生随处走动和大声喧哗。但莎拉在开学第一天就很好地将这两个问题解决了。具体来说，她对学生们早上和课间休息后如何

GoBe

走廊程序

制定适合的室外活动程序，它能使学生们安全快速地通过走廊，在www.cby.com.cn的第20章中，你可以找到有关如何操作的详细说明。

一位小学老师的经历

我是一位单身母亲，有时早上很难准时从家里出来，但我上班从没迟到过。那天，由于高速公路上出了交通事故，我被堵在路上，我从未迟到的记录也因此无法继续保持了。我不得不坐在车里等着交通恢复，同时不停地想象没有我的课堂会变成什么样，而我又无法打电话通知我会迟到……没有老师看管的25位五年级学生会做什么呢？我到达时会看到些什么？接下来的体操课学生肯定要迟到了，体操老师会不会因此生气呢？

当我到达学校时，我见证了对我二十年来爱护学生，努力培养他们负责和自律品质的美好回报。一切都令我吃惊不已，我看到一个空的教室和一个留在我桌上的便条：

亲爱的古尔德（Gould）女士：

我们自己点了名，统计了中午在学校吃饭的同学的人数，完成了上午的数学准备习题。我们现在去体育馆了。

您的学生

所以，我完全赞成你的观点，清晰的程序和惯例对课堂非常重要。我的学生的表现就是证据。

苏·古尔德·弗林（Sue Gould Flynn）
纽约州威廉姆斯维尔

进入教室、如何排队离开教室、午饭前做何准备、在走廊中如何行走以及放学前又做何准备等等细节都做出了详细的规定。接下来的任务便是教会学生如何遵从这些程序。

如今，莎拉（Sarah）已经成为一位经验丰富的教师了。她说："我的课堂管理计划是基于建立程序的基础上的。我从本书上学到了这些程序。从开学第一天起就制定了良好的课堂程序，并将这些程序教给我的学生们，使我的课堂教育非常有效。"

像莎拉·江达尔（Sarah Jondahl）这样的教师，必定能在任何一所学校做出成绩。因为，这与你教什么年级什么科目，教公立还是私立学校，甚至政府特许学校，教传统学校还是全年制学校，学生来自城市还是乡村都没有关系。所有高效能教师都有一套协助课堂管理的程序，从而使学习时间最大化。

莎拉的程序样本

这是一些莎拉准备在开学第一天和第一个星期贯彻的教学程序和惯例。你可以从她的想法中获得灵感，并用在自己的课堂计划中！

进入教室

学生们安静且有序地走进教室，迅速摆放好自己的东西后，就按早晨惯例进行"早自习"。

早自习

每天早晨，公告栏或投影仪里都会有"早自习"的任务。学生们进入教室开始自习。

使全班安静

教师举起手示意全班安静。

点名

一位学生被告之如何做"出席管理员"。该学生将标有"缺席"的纸夹放在缺席同学的桌子上。只要在教室里轻轻一扫就能发现谁没有来了。

班训

班训张贴在教室前方的墙上。每天早上,全班学生齐声高喊班训。在做这个环节时,每位学生都要起立,一起高喊班训,开始新的一天的学习。

收课堂作业

收课堂作业的方式因不同的座位安排而异。如果是一排排的课桌,则学生沿着每排桌子传递作业。要是学生分组围坐在不同的桌子上,则要求学生们将完成的作业放在桌子中央。接下来再由负责收作业的学生到各桌子上收作业,并放入教室前方的作业篮中。

上交作业

教室前方放两个篮子。一个标上"课堂作业",另一个标上"家庭作业"。孩子们将不同的作业放入相应的篮子。

家长短信

学生们将从家里带来的家长信息或评语放入"家长短信"篮中。

上洗手间

每个学生每月只允许有四次在课上去洗手间的机会,若超过四次则要扣分。需要上洗手间时,学生需要把他们的每日记事册当作通行证,交由老师签名并注明日期。一次只能允许一位学生上洗手间。但在中午和课间休息时没有此要求,学生可以一起上洗手间。

一位高中教师的经历

我安排了一位代课老师帮我代课,并把授课计划夹在成绩记录本中放在教室。不巧的是,那位代课老师走错了教室,当他找对教室时,第一节课只剩下10分钟了。但他发现班上的学生都在自学,各自埋头于自己的学习任务。这些学生通过另一间教室进入了自己的教室。当他们发现老师当天没来,就从我的讲桌上取了点名册开始点名,之后又在我的成绩记录本中找到了当日的授课计划,接下来便按照我的授课计划进行学习。

还不仅如此!我不在的那天,按原计划我们班要集合,提前开始第五节体育课。但代课老师并不知道这一计划。在我为备课腾出的时间里,他外出办事,准备赶在正常时间的第五节课前回来。

结果是,代课老师没回来前,我们班的第五节体育课便开始了。当我第二天回到教室时,学生是这样告诉我的:"沃尔(Wall)先生,昨天第五节课您没来,我们先帮您点了名。我们等了一会儿,您还没来,我们就做了健美体操。做完后,我们就到室外活动去了。后来下雨了,我们就回到体育馆里做游戏。"

鲍勃·沃尔(Bob Wall)
加利福尼亚州苏珊维尔

午饭

中午放学时，学生们在教室门口排成两队，一队是从家里带午饭来的学生，另一队是去学校食堂吃饭的学生。在学校吃午饭的学生按姓名的字母顺序排队。学校食堂外的路面按教室号划分成了不同的区域。午饭后，学生在标有所在班教室号码的区域集合，等待老师接回教室（教室号码用油漆写在路面上）。

餐厅

学生们应像遵守课堂程序一样遵守就餐程序。就餐完毕，学生们须清理自己的座位。学生们应该有良好的教养，常说"请"和"谢谢你"。

在学习小组中学习

学生始终在教师选取的小组里活动，他们必须遵守支持小组的程序。

1. 你对自己的工作负责。

2. 如果你有任何问题，必须向一个"支持伙伴"求救。

3. 若他人向你寻求帮助，你必须伸出援手。

4. 整个团队就某个问题达成一致后，你可以向教师寻求帮助。

选班长

在标有"抽签"的罐子里抽出一个冰棒棍，以这样的方式来指定学生做事。每个学生的名字都被写在冰棒棍的末端。所有冰棒棍都放在一个罐子里。教师抽签来安排学生做各种各样的事。

展示班级作品

学生们将自己的作品挂在教室前面的晾衣绳上。有的作品要用到胶水或颜料，晾衣绳常被用来挂作品，使其风干。一天结束后，学生们将风干的画纸取回，将它们叠

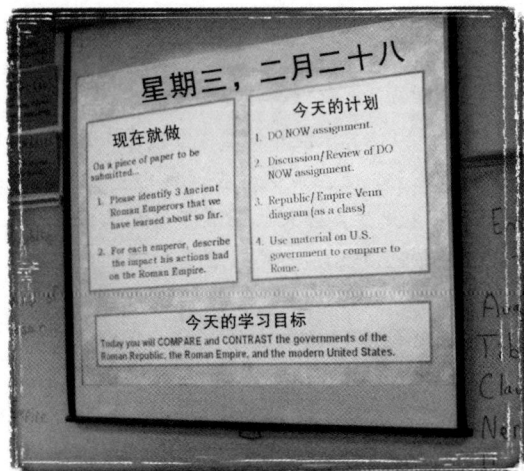

即使老师不在场，学生们也知道课堂如何组织和运行。

放在装"班级作品"的篮子里。

降低噪音

交通信号灯可用来提醒学生教室里所能允许的噪音级别。具体的做法是，将一张大幅的交通灯模仿图悬挂在教室的正前方，上面画有三个黑圆圈，每个圈的上方钉一个钩。另外再剪出绿、黄、红三个圈，正好可以罩住黑圆圈。当挂上红圈时，表示需要安静，黄圈表示可以低声交谈，绿圈则表示是自由交谈时间。

在上课时播放古典音乐。孩子们说话的声音不能高过音乐。

将记录带回家

把放学后需要学生带回去给家长看的记录放在分类架上。记录工作由分类架保管员保管。学生有义务每晚都将所有记录给他们的父母看。

如果学生缺席

如果学生缺席，就在这位学生的课桌上放置一个贴有黄色标签的文件夹。这个文件夹用来存放当天课堂上发放的所有练习题以及所有需要带回家给家长看的记录。这样，当这位学生重新回来上课时，他/她就可以接着把文件夹中的练习做完。同时，这些留给缺席学生的作业也会放在学校正门办公室的文件架上，供学生家长领取，只是要等到下午三点以后。

换组/过渡

变换主题区域、课程或活动前，老师会以宣布"还有5分钟"作为提示。实际操作中，可以采用多种方法：

1. 播放音乐。

2. 在老师带领下以弹指或拍手打拍子。

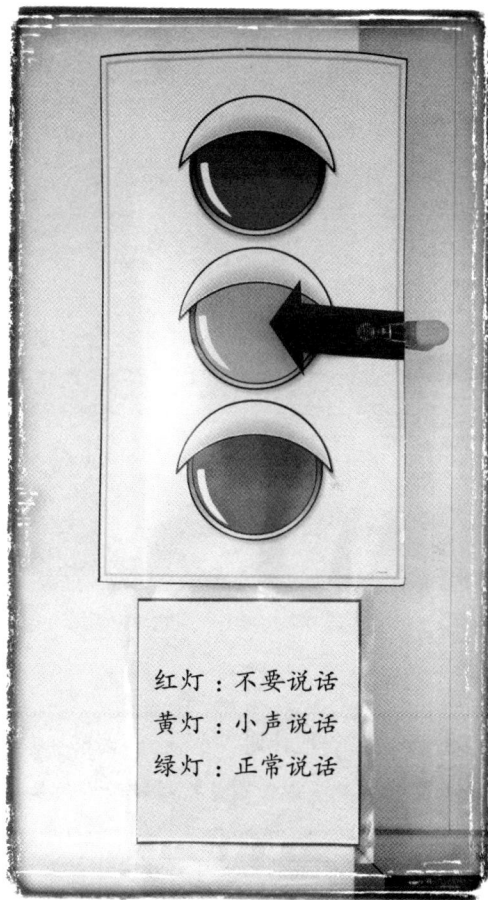

红灯：不要说话
黄灯：小声说话
绿灯：正常说话

版权 J·F.沃特斯（J.F.Walters）

克里斯滕·达尔达诺（Kristen Dardano）所在的学校图书馆的交通灯方法。

3. 响铃。

学生们都知道这些不同的信号所代表的意思，所以他们能迅速、安静地做出相应的变换。

如果教师不在教室里

当教师不在教室里的时候，学生们依旧在完成自己的学习任务。他们遵守课堂规则和程序，专心完成自己的学习任务。如果需要的话，课堂助手或隔壁教室的教师随时都可以提供帮助。

每日小结

每日小结就是对当天发生的事情的简短总结，需要在每天放学时向全班宣读。选出一位学生为其他同学读"一天小结"。教师应在放学前准备好小结的内容，并复印多份分发给每位学生带回家，让家长们在晚上可以和孩子们分享白天所发生的一切。这种交流途径是教师让家长详细了解孩子近期动向、重要信息和在校表现的好方法。

说"感谢你"

时刻记住对他人说"谢谢你"和"请"。

下课

宣布下课的不是铃声，而是教师。不论是个人还是集体，学生只有得到允许才可以下课。

交通

即使是乘坐汽车到校外郊游，学生也须遵守学校规范和课堂程序。当走到/离开校车或汽车时，学生们应遵守沿着学校走廊行走的程序。在校车或汽车内，学生要一直坐在自己的座位上，并爱护车里的物品。全程系好安全带，不得大声喧哗。在车内不

GoBe

创制一个课堂管理计划

萨拉的课堂管理计划是网络教学中的核心课程，也是www.cyb.com.cn中的特色内容，你可以登录www.cyb.com.cn了解详情。

得吃东西，除非得到司机的允许。

教师的成功与否可从他管理课堂的能力看出。莎拉·江达尔（Sarah Jondahl）就是一个成功且卓有成效的教师的典范。

课堂自行运转

一旦对课堂进行了良好的组织，澄清了各自的责任，你的课堂就会变成全校最为激动人心的课堂，所有对学生具有吸引力并同时具有挑战性的学习任务都可以自由开展。即使你第二天突然不得不请假，不去上班，你都不用担心，因为你的课堂可以安然地自行运转。

> 普通教师在开学第一天往往直切正题只顾讲课，那么在以后的日子里，这些教师只得追着学生学。而高效能老师会在开学的第一周把重点放在教会学生如何遵守课堂程序。

当学生知晓课堂运行的规则之后，他们会更加愿意按照你的要求行事。程序和惯例是课堂顺利运行的保证，一旦学生内化了这些规则，你的课堂就会变得激动人心，能激发学生的才智，最大限度地增加学生的学习时间。

我也在管理我的态度

我当老师第一年的经历简直糟透了。由于我无法控制学生，结果可想而知，校方通知我第二年不再续用。

幸运的是，我在一所特殊高中找到了职位。那年夏天，我读了这本书，并根据该书制定了新学年的计划。而且，从开学第一天开始我便开始实施我的计划。

现在回想起来，都觉得挺不可思议的，因为那样做并不符合我的性格。但结果是，学生们的反响看起来很好，于是我便坚持我的计划。后来的情况是，由于学生反应积极，迫使我不得不更加认真地执行计划。很快，我的学生因不遵守纪律而被叫到校长办公室的几率成为学校里最小的。

现在，我班上的学生都是由于各种原因不得不离开正规学校选择我在特殊高中开设的课程。说实话，其中一位现在进了监狱服刑，但他们当时都很喜欢我的课堂。

他们取得了令人吃惊的进步。他们中间有几位甚至还回到了正规学校，并成为了那里表现最好的明星学生。

我实施教学计划的结果是，我渐渐意识到我在管理的不仅仅是我的课堂，我同时还在管理自己的教学和自己的态度。

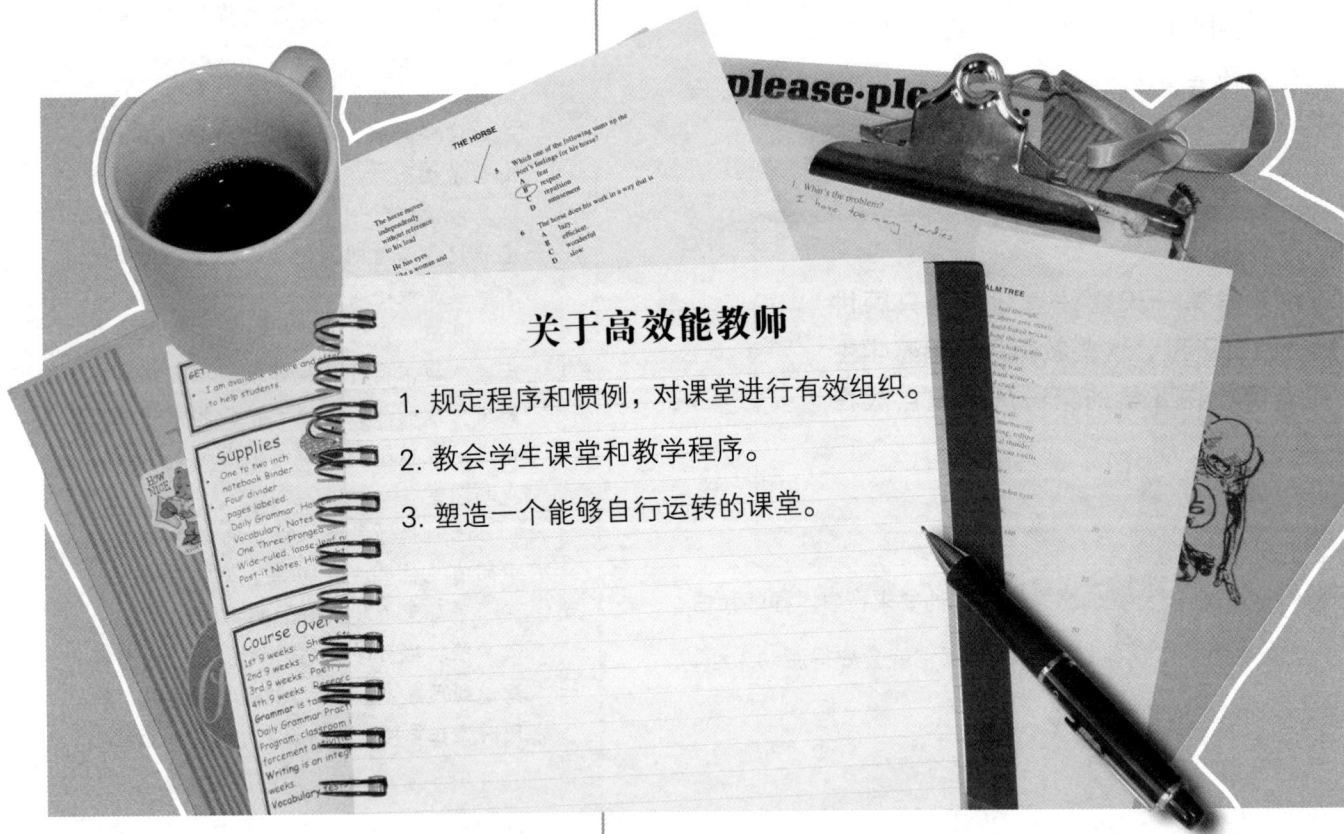

关于高效能教师

1. 规定程序和惯例，对课堂进行有效组织。

2. 教会学生课堂和教学程序。

3. 塑造一个能够自行运转的课堂。

第三特质：

掌握课程

高效能教师知道如何通过课程设计来帮助学生进步。

单元 D

第三特质：掌握课程

高效能教师知道如何通过课程设计来帮助学生进步。

关于学习的基本原理

> **学习和教师讲解了多少内容无关。学习就是学生的收获。**

我们有责任教会孩子们他们不知道的东西，也有责任以合理的方式把这些东西教给他们。政治家、媒体、家长甚至学生自己在内，都在振臂疾呼制订出有足够吸引力的课程规划。学习——人类的未来要靠它。学生上学的唯一目的是——学到知识。

请不要忘记，在第19章和第20章介绍程序和惯例时，我们曾指出那两章是本书最重要的章节。因为想要学生学习，你必须先把课堂组织好。D单元则是本书最重要的单元。这一单元将向你展示如何让学生学到知识、获得成功。

假设你已经掌握了包括积极的期望和课堂管理等技能，那你现在应该已经准备就绪，可以开始向学生传授他们为之而来的知识和技能。

传授知识和技能是有条件的，那就是你必须已经同学生建立了友爱和睦的关系，并且也已经创建了一个安全的、组织有序的课堂。

高效能教师知道如何——

◎ 为学生学习而传授知识（第21章）

◎ 为学生学习而进行测验（第22章）

◎ 为学生学习而进行评估（第23章）

◎ 促进学生学习（第24章）

关键理念

课程结构越合理，学习方向越明确，学生的收获就越多。

孩子们到学校来的目的是学习。

高效能教师以学习者为中心。学生是学习者，而学习者必须学习！这就要求教师必须成为卓有成效的传授者。同家庭背景、收入、种族、性别及其他变量相比，教师高质量的课堂传授的效果要高出15到20倍。[1]

> **学生的学习必须成为学校所有决策的中心。**

关于学生的学习，我们得到了大量的专业研究结论：

◎ 麦克·旭莫科（Mike Schmoker）说："制定一套可靠的标准，再让学生学会标准，立即会在学生的知识掌握方面有巨大的改进。"[2]

◎ 罗伯特·马扎诺（Robert Marzano）研究了影响学生学习成绩的因素，他在报告中写到："最重要的是教师教了什么！"[3]

◎ 宾夕法尼亚大学的安德鲁·波特（Andrew Porter）说："在众多因素中，能最准确地预测学生学习效果的是教师教了什么。"[4]

学校的存在以及教师被聘用的唯一理由是：帮助学生掌握知识，获得成功。

教师的任务是让学生理解和掌握。要达到这个目的，并不是只有一种正确的方法。就如课堂管理，并不是只有一种正确的程序可以让学生按你的要求行事。事实上，你有很多种选择，但它们都必须以一些核心信息为基础。

这就是D单元的目的——教会你所有教师都需要知道的关于"为掌握知识而学习"的基本概念和要求。

> 教学——教师为学生学习所做的一切
>
> 评估——教师为评定学生学习所做的一切

[1] T.赫尔什博格（Hershberg,T.）:《附加值评估和体系改革：对人力资本开发的回应》,Phi Delta Kappa Kappan,2005年12月.

[2] 麦克·旭莫科（Schmoker,Mike）:《绩效：学校持续改善的关键》,美国弗吉尼亚州亚历山大：美国监督与课程发展学会,1996,来自2007年4月同作者的电子邮件通讯.

[3] 罗伯特·马扎诺（Marzano,Robert）:《什么在学校中起作用：将研究成果转化为实践》,美国弗吉尼亚州亚历山大：美国监督与课程发展学会,2003.

[4] 安德鲁·波特（Porter,Andrew）:《衡量教学内容：研究和实践中的应用》,《教育研究》,31(7)页码：3~14页,2002年10月,来自2007年8月作者的电子邮件.

这一章将阐述如何编写作业，并通过作业以让学生展示他们是否已学到、理解并掌握了指定的知识。

什么是没有成效的作业

> **教育中的关键问题是学生学会知识。要是学生们不做作业，学习就无从谈起。**

通常，教师布置作业时都预期学生会完成作业。但事实上，并非所有学生都能完成作业，或是因为不会做作业，或是不理解做作业的理由，这两种情况都有可能是因为作业原本设计得就很差。

例如，教师说：

"作业是第7章，在周五将有涉及第7章所有内容的测验。"

第7章? 学生们根本不知道这是什么意思，家长们也不理解，尽管教师们不停地抱怨家长们应该更多地参与。

当教师只告诉学生作业将包括什么内容时，他给学生的是一份不会产生什么效果的作业。

"第7章"这样的表述不仅是低效的，且根本就不能称为作业。它只不过是宣布了一个章节号码。

下面例举的都是无效的作业：

翻到第143页　　　　　　长除法

第404到413页　　　　　　做这个练习册

问题 9到19　　　　　　　看这段录像

《白鲸》　　　　　　　　分组就拜占庭时期写一份报告

如果作业没有明确说明学生该学什么，要让学生完成作业就会非常难，甚至是不可能。在那样的情况下，往往没有标准，没有学习目标，也没有为特定目的而进行的学习活动。这就像蒙着眼射箭，没有标靶，却还希望射中。

如果学生不知道学什么，教师也不知道教什么，学生是不可能学到任何知识的。

这种情形可以很好地解释为什么学生每天来到教室后都会问："今天我们干什么？"而更让人受不了的问题是："今天会做任何重要的事情吗？"请不要指责学生，他们确确实实不知道学习任务是什么。难怪有学生把这叫做"莫名其妙的学习"。

低效能教师一路跌跌撞撞，对接下来该做什么不知所措。他们的学生会问："我们为什么要做这个？"或者学生们也会齐声宣告："我们烦透啦！"要是出现这样的情况，说明学生没有学到任何东西，而接踵而至的是一系列扰人的学生行为问题。

常识告诉我们，如果你不教，学生就不会学；如果销售员不好好地推销产品，顾客就不会买；如果投球手不投球，击球手就无球可击；如果不发请柬，就无人参加你的婚礼！

请不要再问"我该播放什么录像？我该进行什么样的学习活动？我该发什么样的练习册"。

在以上这些问题中，唯一需要有所作为的是教师，而不是学生。在这样的情况下，当测验结果令人失望时——这是肯定的，这位教师就会生气，并指责学生："反正我讲解了所有的材料。要是他们不想学，那就不是我的错了。"

你应该这样问：

◎ "我希望学生学会什么？

◎ 我希望学生收获什么？"

把你希望学生学会或收获的内容明确地传达给学生，帮助他们更好地控制自己的学习。当学生清楚自己该学会什么时，学习就变成了"为掌握知识而学习"，而不是"莫名其妙地学习"。

学习和教师讲解了多少内容无关。

学习就是学生的收获。

教师的角色不是"覆盖"（COVER）——一味地讲解更多的内容。教师的角色是"揭示"（UNCOVER）。高效能教师将课程揭示给学生——在课程一开始，就告诉学生他们将要学会和收获什么。

创建一份有效作业的四个步骤

请看"作业"（assignment）这个词。它的意思是给某人分配一项任务，在任务结束时，完成的结果或成效是可见的。比如，你对你的助理说："请打印这封信，再给我签字。"这样吩咐之后，信可能会在你俩之间传递几个来回，但是你的助理确实是被安排了一项明确的任务，你要求他/她最终给你一封完整无误的信。

停止只教授课本，开始完成学习任务

停止问："我明天要教什么？"

开始问："我的学生明天将学习、达到和完成什么？"

教育界里最常用却最无用的惯用语是："我有很多的内容要教授。我怎样能在学年结束之前完成教学任务？"注意"我"这个字用了两次，"学生"一词却从未提及。

促使学生去学习，这是一个教师最首要的任务。教学并不只是"讲课"，讲课与学习没有关系。为什么呢？因为学生们不知道教师要求他们完成什么。更糟的是，教师很可能不知道要求学生去学什么。

学习与教师教授什么没有关系。学习与学生的成果有关。当一个学生显示成果时，这才是学习。

创建一份有效作业的四个步骤

1. 确定你想要学生完成什么。（第232页）

2. 用一句话表达一项具体任务。（第238页）

3. 给每位学生一份学习目标。（第245页）

4. 把目标展示给学生或是让学生带回家。（第246页）

来看另外一个例子：你去面包房为自己的婚礼预定蛋糕。面包师拿来很多婚礼蛋糕的样图让你挑选，选好之后，你说："我要你把这个蛋糕在7月18日，星期六的下午3点钟送到教堂大厅。"这样，你就给了面包师一个非常清晰的任务：他需要把一个特定的东西在特定的时间送到一个特定的地点。

同样地，优秀的教师在课堂上给学生布置作业时会给学生一个具体的任务，告诉他们要学什么或要做什么。学生完成任务后得到的具体结果就是，教师想要的学生完成学习任务的证明。

第1步，决定你想让学生学到什么。 你必须重复问自己这样一个问题："我想让我的学生学到什么"，而不是"我要教给学生什么内容"。

对于这一问题，无论是学校还是学区的课程指南都会给出很好的答案。课程指南将学生需要掌握的知识和各州的标准综合到一起。标准规定的是学生需要掌握的要点。大部分州都有自己的标准。弗吉尼亚州的标准被称作"学习标准"（Standards of Learning）；而在亚利桑那则称为"亚利桑那州衡量标准"（Arizona's Instrument to Measure Standards）。

GoBe

教学生，而不是教书

教学不是"覆盖"教材，教材并不是课程。你可以登录www.cyb.com.cn，在第21章中了解关于这一概念的更多信息。

什么是标准？

标准源于法语"etandard"，意思是三角旗，士兵围绕这种三角旗集合或由此前进。对士兵而言，它代表团结一致。

术语标准已成为许多领域的质量衡量标杆。 买车时，我们考虑性能标准，我们选择从以最高标准制造商品和提供服务的公司购买。我们期望食品和药品产业能达到最高质量标准。我们期望自己居住的楼房以及行驶的道路达到严格的安全标准。我们告诉学生，我们希望他们以最高的行为标准来要求自己。

我们最讨厌不得不退还次品。许多公司夸耀他们符合ISO9000规范，即各公司都在努力具备的一套国际标准。ISO，国际标准化组织，制定了一系列标准，用以监测制造过程，确保生产优质产品和减少缺陷。

我们期望并要求以高标准来保护和改善我们的生活。这就是为什么几乎每一个企业都建立了标准，包括教育部门。

以下是州教育指南中最典型的学科标准：

明尼苏达州初等几何：按照指定的属性将简单图形分类，并在复杂图形中识别简单图形。

加利福尼亚州七年级体育教育：解释营养和参加体育活动对控制体重、自我意识及身体活动能力的影响。

新泽西州高中语言艺术素养：使用各种各样的策略，书写贯穿课程的多段落、复杂文章，发展一个核心理念（例如，因果、问题/解决方案、假设/结果、修辞问题、排比）。

标准不会剥夺你的创造力。相反，他们是设计课程的基本点。倘若不违反城市的标准，建设者可以用数以百计的方法设计和建造房屋。城市有关部门负责检查施工情况，以确保建筑规划符合正确使用管道、电力、结构、屋顶和其它建筑因素的规范或标准。如果你要买房子，你会想知道你房子的建造是否合乎规范，也就是它是否符合标准。

> 标准是学习的基础。标准是创造的基础。
> 标准描述要教什么，而不是怎样教。

课程是什么？

课程指的是学生需要学习的所有科目，它明确表明了对学生的要求。有了课程，教师才知道要教什么，学生才知道要学什么。

一个学校的课程规定了教师要教的内容，并为教师提供相应的教学方法。课程就像餐馆里的菜单，上面写着餐馆提供的各种营养食品及制作方法。而最终为顾客烹饪美食的是餐馆的厨师。

学校里的课程是由教师、管理人员及课程专家组成的委员会决定的。这个委员会根据所在州的标准，制订合理的课程安排及授课计划，以最有效的方式把内容传授给学生。委员会再把这些课程安排和计划编写成课程指南，目的是要指导教师做好教学工作，让学生更好地掌握所学知识。

一个学区的课程指南应该：

1. 说明课程内容（包括事实、概念、话题、主题、技巧等）。

2. 推荐可用的教学方法（讨论、案例分析、角色模仿、排练、现实经历、共同学习、做实验等）。

3. 推荐与教学内容有关的课堂活动，或用图示说明可选用的教学方法。

所以，如果你还没有拿到课程指南，你应该跟学校要。上课必须有课程指南，就像旅游必须有地图一样。作为教师，你的职责不是为自己的班级制定特别的课程表，而是将学区的课程表给学生。

标准构成了学生课程的核心和主要内容。有了标准之后，学校就可以创建各自的课程指南了。这些指南告诉教师学生应该学会什么并推荐教授课程的方法。一旦你被一所学校聘用，可向校方索取课程指南用以指导你的教学。

很多时候，新教师对教学的确切内容知之甚少或一无所知。很多时候，新教师拿到了教室的钥匙，然后被派去教学，却没有获得关于课程和可用资源的足够的信息，也经常不知道他们的学生应该学些什么才能顺利进入下一年级。

哈佛大学的一个研究团体，在"有关下一代教师"的项目中发现：

◎ 很少有教师在执教之前就准备好一个明确可行的课程计划。

◎ 能收到符合州立标准的课程计划的教师甚至更少。[1]

如果一个学区对每一个学科和年级都制定有课程指南，并指导新教师如何实施课程指南，那些令新教师和他们的学生感到气馁和挫折的执行过程就可以得到改善。

GoBe

代课老师

克里斯蒂娜·艾斯瑞斯，在没有课程表，没有书的情况下，在一家乡村学校教了一年的书。请登录www.cyb.com.cn第21章读读她的故事。

制定课程计划

Lafourche Parish Public Schools

Shaping the future, one child at a time.

**数学课程
工作计划**

*A teacher affects eternity.
He can never tell where
his influence stops.*

许多学区都有完善的课程指南。路易斯安那州的拉佛雪帕里什公立学校（Lafourche Parish Public Schools）就有自己的一套课程计划。这个学校的课程安排与路易斯安那州总体课程标准是一致的。在拉佛雪学校的课程计划中，学生的每项目标都符合路易斯安那州州立标准。拉佛雪学校的课程计划具有很强的可实施性，因为学生的每一项具体目标之后都附有相应的几个推荐活动。

每一项课程计划都明确写着可教授的目标、教师教学过程中各种可利用的资源、高科技手段、教学活动、矫正活动、扩展学生视野的活动、对学生表现的评估范例以及其他推荐活动。

教师不必非要使用课程计划里的这些活动，它们只是为教师提供的选项而已。但我们可以想一想，如果某个学区能为辖区范围内的教师提供这样一个课程计划，那么这个学区的教师在教学上会感到更有底气，更有成就。标准和指南的目的是让学生掌握知识，让学生不再莫名其妙地学习。

① D.考夫曼（Kauffman,D.），S·M.约翰逊（S.M.Johnson），S.卡都斯（S.Kardos），E.刘（E.Liu），H·G.帕斯科（H.G.Peske）《迷失在大海上：新教师对课程和评估的体验》，《教师大学记录》，104（2），页码：273~300页，2002年3月.

教学是为了让学生学到东西，还是仅仅告诉学生该做什么

低效能教师的教学不是为了让学生学到东西，他们只是告诉学生要做什么。这些教师布置的作业通常只是用来消磨时间的。更糟糕的是，有些教师不停地翻阅教学指南，寻找以下这些问题的答案：

◎ 我想找到什么能让学生总有事做？ 　　◎ 我怎样才能消磨课堂时间？ 　　◎ 我应该组织什么样的游戏让学生参与？

◎ 我怎样才能让他们不吵闹？ 　　◎ 我该给他们布置什么样的练习？ 　　◎ 怎么做才能让学生喜欢我？

因此，这些教师给学生布置的作业对学生并没有太大帮助，例如：

请阅读第24章。 　　　　　　　　　　把练习册上的这些题目做了。

完成第34页的练习。 　　　　　　　　写一篇关于墨西哥的文章。

进行这项活动。 　　　　　　　　　　安静地坐好，看本书第23和30页。

回答本章结尾列出的问题。 　　　　　看一下第1页的说明。

这些硬邦邦的任务，并不能帮助学生在学业上有所收获。这些任务只是告诉学生要做什么，而没有告诉学生他们如何理解或掌握所学的知识。如果教师只是给学生布置任务，告诉他们做什么，学生并不能从学习中得到成就感和责任感。如果教师给学生布置诸如上文提到的那些作业，学生会提出以下疑问：

◎ 我们今天在学什么？ 　　　　　　　◎ 作业是什么？

◎ 你准备给我们看视频吗？ 　　　　　◎ 我们为什么要做这个？

◎ 今天我们要做什么重要的事吗？ 　　◎ 我做完作业了，现在该做什么？

学生完成作业了，但他有没有学到任何东西呢？在没有成效的课堂里，学生只是坐在那里等着教师给他们布置任务。

高效能教师的目标是让学生学有所成，培养学生的责任感。如果教师给学生布置的作业能让学生明白他们的学习目标是什么，那也是在培养学生的责任感。有责任感并有明确学习目标的学生会问以下这些问题：

"我做得好吗？你觉得我的作业完成得怎么样？我会是第一名吗？这样的表现能达到A级吗？"

这些问题表明，这个学生一直有责任地在思考如何提高自己，取得更好的成绩。

> 教学就是要让学生有所收获，教师要带着目标去布置作业。通过完成这些作业，可以体现出学生的能力，同时，你也会被认为是一位有能力的教师。

"你们的作业是第24章"

为什么没人告诉我如何布置作业？我以为布置作业就是告诉学生去阅读哪些章节。

"同学们，这周你们的作业是第24章。这周五的测验将涉及到第24章里的所有内容"。

一周后，测验结果出来了，学生们的成绩低得让我吃惊。于是，我开始责备学生们的糟糕表现：

◎ 他们没有"足够努力地"学习。

◎ 他们没有花"足够多的时间"来完成家庭作业。

◎ 他们没有"认真"阅读课文。

◎ 他们没有"集中精力"。

我在课上给学生布置了任务，讲过课文，带他们进行过讨论，给他们时间复习，甚至，我还有关于家庭作业中出现的一些问题的练习册。所以，成绩不好一定是学生的错。

我不知道的是，当学生回家做作业时，他们的父母会问："今天的作业是什么？"

学生会说："第24章。"

但事实上，家长和学生都不清楚作业到底是什么。"第24章"是什么意思呢？你想让学生学到什么？家长如何辅导孩子？

我从来没想过这些，原来问题出在我这里——我不知道如何给学生布置作业。

我现在知道布置什么样的作业会帮助学生学得更好——多年后，我才明白这一点。

一位高中教师

> 课程结构越合理，学习方向越明确，学生越有可能取得优异的成绩。

第2步，每一项具体任务都用一句话表达。为实现教学目的，你必须用几个简单的句子清晰准确地把具体要求——解释清楚。这些句子被称为"目标或学习标准"。

> 目标就是学生为了掌握教师指定他们需要学会、理解和掌握的内容而必须达到的要求。

课程目标就是学习的目的

> 目标能使学生更好地期待、集中于和理解课程的教学目的。

重视目标对学生的学习有着非常重要的作用。凯文·威斯（Kevin Wise）和詹姆斯·欧基（James Okey）的研究表明，"学生知道教师的教学目标，并且学生在朝着这些目标努力的过程中能得到教师的评价和建议，这样的课堂才会取得较好的成效"。[1]换句话说，如果你告诉学生他们要学什么，学生学习的主动性就会有所提高。

目标是课堂学习的目的。学生们明白他们的目的是什么，他们就明白要学什么和怎么学了。

当学生和教师向着同样的目标努力时，学习的效果才会更好。

12项因素中唯一的一个

威斯（Wise）和欧基（Okey）想知道，什么样的教学手段最有助于提高学生的学习效率。他们对以下12个可能的因素进行了比较：

◎ *视听*
◎ *评分*
◎ *询问/发现*
◎ *专注于目标*
◎ *动手操作*
◎ *对教科书和其他教学资料进行调整*
◎ *教师上课的风格*
◎ *提问技巧*
◎ *测验*
◎ *教师引导*
◎ *等待时间*
◎ *其他因素*

比较后，威斯和欧基发现"专注于目标"对学生的学习效果影响最大。

---

①凯文·威斯（Kevin Wise），詹姆斯·欧基（James Okey），《各种科学教学方法对学生成绩的影响分析》，《科学教学研究杂志》，页码：第419~435页，1983.

教师必须在上课开始时告诉学生他们的学习目标是什么，需要完成哪些学习任务。

有了目标，学生上课的目的就更明确了。当学生们明确了努力的方向，又知道自己在做什么时，他们就能完成更多的任务。

目标对教师也很重要，目标规定了教师需要教什么内容以及怎样教。如果教师上课时目标非常明确，就能给学生布置高质量的作业。

制定目标有两个目的：

1. 目标告诉学生他们需要学到什么。

2. 目标告诉教师他们需要教什么。

当学生和教师向着同样的目标努力时，学习的效果才会更好。

每一个表达目标的句子都必须从动词开始，说明学生需要做什么。在给学生布置作业时，动词的选择是最重要的，因为动词能清楚表达什么做了，什么没有做。

> **为学习而教学，使用可说明如何表达学习已发生的词，尤其是动词。**

动词是"动作词"或"思考词"。下页图中列举了一些可供你使用的动词。这些动词以不同层次分类，就像楼房里的分层一样。此图基于芝加哥大学的本杰明·布卢姆（Benjamin Bloom）博士的理论，所以也被称为"布卢姆分类"。[①]"布卢姆分类"把动词分为相互关联的六组：

1. 知识　　2. 理解　　3. 应用　　4. 分析　　5. 综合　　6. 评价

[①] 本杰明·S.布卢姆（Bloom, Benjamin S.）：《教育目标的分类：认知领域》。纽约：隆曼, 1956.

布卢姆将实用动词分为六类。各组的所有动词都指向完成作业所必需的一种特定的思维技巧，动词告诉学生要做什么。

布置作业时使用的思维词汇

6 评价

评定、选择、比较、推断、决定、辩护、评价、给意见、判断、证明、优先考虑、排名、定级、挑选、支持、估价

5 综合

改变、综合、编写、构建、创造、设计、寻找不寻常方式、用公式表示、产生、发明、创造、计划、预言、假定、生产、重新整理、重建、重组、校订、建议、假设、想象

4 分析

分析、归类、分类、比较、对比、争论、推论、决定因素、诊断、图解、区别、仔细分析、识别、检查、推论、说明

3 应用

应用、计算、下结论、构建、示范、决定、画出、发现、举例、图解说明、制作、操作、显示、求解、规定规则或原则、使用

2 理解

转换、描述、解释、说明、释义、整理、重申、用自己的话复述、改写、概述、追溯、翻译

1 知识

定义、填空、识别、标注、列表、定位、匹配、熟记、命名、回想、拼写、陈述、叙述、强调

作业期望的学生思维水平

你期望学生在作业中表现的思维水平决定于你选择使用的动词的水平。
当从"知识"上升到"评价"时，每一层所要求的思维类型会变得更加复杂。

6 评价
使用这些动词来要求学生根据标准做出判断。

这种思维技巧告诉你，学生可以根据特定的标准和条件进行评定、评估或评判。

5 综合
使用这些动词来要求学生采用部分信息创造一个新颖的整体。

这种思维技巧告诉你，学生可以将部分先前的知识创作、组合并整合成新的产品、计划或方案。

4 分析
使用这些动词来要求学生表明他或她能看见部分和关系。

这种思维技巧告诉你，学生可以调查、剖析、分类、预测和得出结论。

3 应用
使用这些动词来要求学生在新情况下使用知识。

这种思维技巧告诉你，学生只需最少的指导，就可将选定的信息迁移到生活问题或新任务中。

2 理解
使用这些动词来要求学生展示理解力或判断力。

这种思维技巧告诉你，学生可以掌握和阐释早先的学习。

1 知识
使用这些动词来要求学生回想知识。

这种思维技巧告诉你，学生可以回想或辨认与所学的知识形式相近似的信息、概念和思想。

制定目标的目的是什么?

制定目标或标准有两个目的：布置任务和进行评估（第23章将讨论"评估"的相关内容）。

1. 布置任务。因为有了目标，学生才知道教师布置某项作业是为了让他们了解或掌握什么内容。

2. 评估。根据总的目标，教师确定学生在完成某一个具体目标的过程中是否需要完成额外的学习任务。

每一个具体目标都应该用一句话来表述。以下是对目标进行表述的具体例子：

◎ 按顺序列出消化系统各组成部分的名称。

◎ 对题为"学习技巧"的课堂讨论进行总结。

◎ 策划一个匹萨派对。

◎ 对盒子中的物品进行归类。

◎ 为故事设想一个新的结尾。

◎ 对全球变暖的影响做出判断。

什么时候制定目标? 如何制定?

在目标中，你要清楚表明希望学生取得什么成绩。在上课、做作业或参加任何活动之前，学生必须知道他们要从中学到什么。

教师必须在上课之前把目标写好，因为有了目标，教师才知道上课要教什么，以

为什么有的学生会拿低分

学生会取得更好的成绩，前提是他们明白：

◎ 程序（做）★

◎ 目标（学）

都代表什么意思。

★参见C单元

及如何对学生的学习效果进行评估。

在上课之前，教师应该把本节课的目标告诉学生，使学生明白他们需要学什么，以及教师将考查什么。

把目标写出来不难，只需以下两个步骤：

1. 找一个动词。可以参考本书第240页上的词汇列表，把你选中的动词用作组成句子的第一个词。

只有你知道应该选择哪个动词，因为你知道自己想要什么，或你需要教给学生什么；只有你清楚学生的状态和能力；只有你清楚想让学生接下来做什么。

一定不要仅在同一种类型的动词中选择，这样会使学生的思维受限。

> **撰写目标时从动词开始 ，动词即表达动作的词汇，其作用有以下两点：**
> 1. 动词告诉学生他们需要完成什么。
> 2. 动词告诉教师如何检查学生的完成情况。

2. 把句子写完整。动词告诉学生应该做什么，而句子剩下的部分告诉学生什么是需要完成或掌握的。

请确保句子的表达准确易懂，无论是你自己、学生还是学生家长都能看得懂。

下面这些词不是理想的动作动词，因为使用它们时很难确定学生该做什么，布卢姆的单词表上也没有包含这些词。撰写目标时请不要使用这些词。

欣赏　享受　美化　喜爱　高兴　喜欢　庆祝　理解

应用布卢姆分类法认识南极

1. 知识点：谁最先到达了南极？
2. 理解：描述南极地区和北极地区的区别。
3. 应用：举例说出一项现代技术。如果当时的南极考察队员有这一技术，他们的南极之旅就会变得不一样。
4. 分析：在任何一年，比较12月1日和6月1日南极的天气。
5. 综合：假设你去了南极。请写一篇日记，描述你抵达南极时的心情。
6. 评价：我们是否应该让南极大陆免遭人类的开发，从而保持那里原有的自然生态环境。解释你的立场。

让非专业人士也能轻松读懂学习目标，这一点很重要。句子越通俗易懂，学生按照要求进行学习的可能性就越大。

目标的表达应该清晰、简练、一目了然、易于学生理解，并且同测验相对应。请不要像下面的例子一样写出非常复杂的目标（这一例子出自一份小学科学出版读物）:

"假设两块真菌在同一张盘子上生长，要求学生描述在这两块真菌接触的界面上发生的抑制反应。"

应该用精确的语言写出目标，告诉学生你要求他们达到什么样的目标。上面例子中的目标可以用更加直接和简单的语言来描述，以便每个人都能理解:

"请描述当两块真菌长在一起时会发生什么。"

学习目标并非一定要写下来，也可以只进行口头说明。对于小学生以及某些特殊教育场合，这是一个挺管用的方法。你也不需要一次就将所有的目标告诉学生。对小学生来说，一次介绍一两个目标可能更合适。最重要的是，你必须不断地对照这些目标，确保全班学生都跟上教学的步伐。

举例来说，开车时你会反复看地图。建房时，包括你、建筑承包商及房屋监理在内都会经常参照设计图。参加会议时，你会看会议计划，确定下一阶段会议的议题和地点。

学校一般会在开学后一个月左右举办家长招待会。要是有家长问你"我怎么才能知道我孩子的作业是什么"，那么，告诉他们你是怎么布置作业的。

当你向家长说明学习目标时，可以使用诸如地图、设计图、购物单或议程等作比喻，以帮助他们理解你在教什么。他们对你教什么越清楚，越能更好地帮助他们的孩子掌握需要学习的内容。

当课程的学习目标需要根据学区和州的标准进行改动时，这个过程叫做调整。经

如何撰写目标

第1步，选择一个动词（参考第240页的图）。

第2步，完成句子。

[示例]

列举四个集合名词。

创建一个不同的体系为图书馆的CD编写目录。

*你能解释为什么"第5章"这样的表达不能算适合的学习任务吗?

你能解释为什么"列举四个集合名词"是一项有价值的学习任务吗?

过调整后，学生需要掌握的内容和你的教学方法就能保持一致，实现教学相长。

第3步，给每位学生一份学习目标。

下一页将展示的一份作业，多年来一直非常成功。忽略该示例的主题，重要的是看看这份作业的目标是如何以"学习指南"的形式编写的。请把这个例子运用到你自己的教学主题上。

> 当学生们知道他们应负责学习的目标时，就能大权在握。

如何使用学习指南帮助学生

1. 在你第一次给学生布置学习任务时，就向他们解释什么是"学习指南"。它们是你设计出来帮助学生完成任务的一系列指南。你的目的是希望给他们提供指导，帮助他们取得成功。

2. 可以把"学习指南"比喻成地图、程序表、议程或购物单，以便更好地说明其用途。比如，你可以向学生解释说，就像旅行者使用地图指引自己到达目的地一样，"学习指南"中的每一句话都能一样指引学生进行该单元的学习。"学习指南"应该尽可能易于理解和使用，而不要让学生望而生畏。

3. 告诉学生使用"学习指南"的最好办法是，不管学习什么样的学习材料——教材、练习册或笔记——将"学习指南"放在这些材料的一旁，时刻对照。告诉他们应该像他们的父母驾车时使用地图一样使用他们的"学习指南"。

学习任务的最佳长度

学习任务越短，学生越有可能完成。学习任务越长，学生越不可能完成。除了学期报告以及其他一些特殊项目，学习任务都有最佳长度：

◎ 高中的作业不应超过5天。

◎ 初中的作业不应超过3天。

◎ 小学的作业不应超过1天，特殊情况时最多也不能超过2天。

◎ 特殊教育的作业不应超过15分钟。

消化系统

消化系统将食物分解成
人体细胞可以吸收利用的成分。

就像你会按照地图的指引寻找目的地一样，使用这些句子来指导你学习这一单元的内容。

1. 为所有词汇下定义。

2. 说出消化系统的功能。

3. 举例说明不同类型的营养物质。

4. 区分并举例说明有营养成分的和没有营养成分的食物。

5. 比较物理消化和化学消化的差别。

6. 画出消化系统，说出每一部分的功能。

7. 解释营养物质如何进入血液。

8. 假设你要进行为期一周的山间徒步旅行，为自己设计一份健康的饮食菜谱。

9. 评估不同减肥计划的效果。

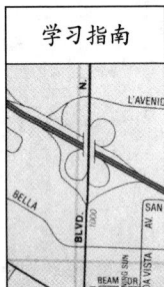

4. 告诉学生课程中最重要的概念是顶部两条横线之间的内容。他们应该把这当作是作业的要点（而不是像以下这些毫无意义的作业："第24章"、"小数"或"中东"等）。

5. 指出"学习指南"中标了数字的句子。不一定要使用"目标"一词，当然你也可以选择这个词。告诉学生每一句话表示的都是对他们的要求，他们若想要理解关键概念，则必须掌握每句话的具体内容。

6. 告诉学生每一句话都是考试中的提问对象。要测试的就是学生对每句话或目标的理解和掌握程度（见第23章）。

"学习指南"能够帮助学生和家长，因为它明确且详尽地说明了对学生的要求，即，掌握课程中出现的概念。

第4步，将目标张贴出来，或让学生带回家。

目标就是学习课程的目的

◎ 把目标写在黑板上，不管是课程学习还是参与学习活动。如果学生知道他们为什么要做这些事，他们可能会更加积极。

◎ 课程一开始就应该明确学习目标，这样，每位学生才知道努力的方向。

◎ 在课程教学的过程中，也应该提醒学生关注学习目标，学生可以据此检查自己对内容的理解情况。这还有助于他们在遇到不理解的情况时，能够自己意识到问题。

◎ 课程结束时重申学习目标，帮助学生抓住学习的要点。

如何对待那些需要更多提示的学生

对于中等和中等以上的学生而言，实现学习目标一般不会有太大问题，因为他们具有责任感并且一点就通，换句话说，"只要给他们指引了方向，他们就能自己上路"。等这些学生长大以后，他们能成为教师、零售商或主管，他们有能力执行计划或项目，并使其产生实际的效果。他们知道如何解决问题，如何通过自己的努力获得成功，不需要有人来告诉他们该做什么！

但是，也有很多学生（和成人），需要有人告诉他们怎么做。他们不一定就是低于平均水平的学生，他们表现不好的原因可能是因为他们对你的主题没有任何背景知识，或者他们有语言或文化方面的障碍。对于这些学生，更需要为每一个目标都拟定出具体的问题或程序。以下就是一个如何在教学中因材施教的例子。

示例：这个例子来自于第246页学习指南中的目标3。

目标：举例说明不同类型的营养物质。

相应的问题：

1. 说出不同营养物质的名称。

2. 给蛋白质下定义并举例。

3. 给碳水化合物下定义并举例。

4. 给脂肪下定义并举例。

5. 解释为什么蛋白质对你的身体很重要。

6. 解释为什么碳水化合物对你的身体很重要。

7. 解释为什么脂肪对你的身体很重要。

附带任务

对于那些需要很多提示的学生，在每个问题旁写下页码数字，表明在哪些页码可以找到答案。

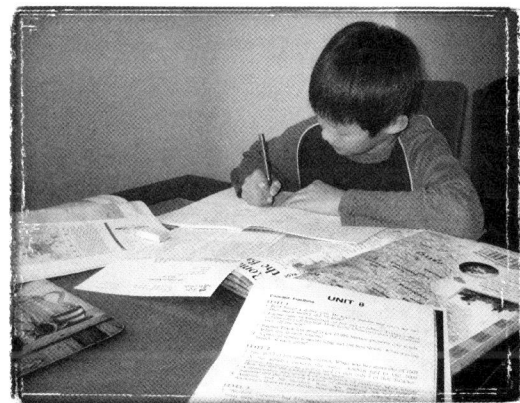

学习指南在一开始就告诉学生他们需要知道什么才能获得学业上的成功。

你的磁学学习指南
"磁铁的性质"

教科书在本章开头列出四个目标：

1. 解释磁铁与带电荷的物体的相似性。

2. 举例说明什么是磁极。

3. 解释如何定位磁场。

4. 用两块磁铁演示磁极的相互作用。

我已经准备了这个学习指南来帮助你学习这些内容。这个指南将学习目标分散在几个小问题或任务里。当你完成他们的时候，请：

◎ 将答案所在的页码写在左边空白处。

当你回过头学习的时候会很容易找到答案。

◎ 注意每个问题或任务前圆括号里的数字。

这些数字会告诉你他们分别对应哪个学习目标。

谢谢你。

页面

（2）什么是磁极？

（1）哪三点表现出磁力和电力的相似性？

（4）演示以下磁极的"吸引"和

让学生做作业的关键

拟定目标时的三大要素

1.结构：格式要前后一致。

2.精确：使用简明扼要的句子。

3.成就：说明需要达到的成就。

不要主动给学生写下页码。让学生自己在完成任务或解答问题时将答案所在页码写在问题左边的空白处。这样，他们就可以很快地找到答案的出处进行复习。

"排斥"

　　北极与北极＿＿＿　　南极与北极＿＿＿　　南极与南极＿＿＿

（2）什么是暂时磁体？

（2）什么是永久磁体？

（2）为什么用磁铁摩擦钢针末端可以使针磁化？

（3）什么是磁场？

（2）列举五件可以被磁铁吸引的东西。

（2）例举五件不能被磁铁吸引的东西。

（4）你如何演示一块磁铁有两极？

我希望你不会对这堂课的内容排斥！

为了提高学生做作业的效率和教师的教学成效——

1. 编写作业要以学习目标为基础，而不是"已讲解的内容"。

2. 简洁明确地写下目标，使其他人,如家长也能理解作业。

3. 提前为学生设定目标，使他们知道自己负责什么。

> 66 教育不是控制学习者的过程，而是使学习者控制自己的学习过程。 99
>
> ——艾利森·普里斯（Allison Preece）

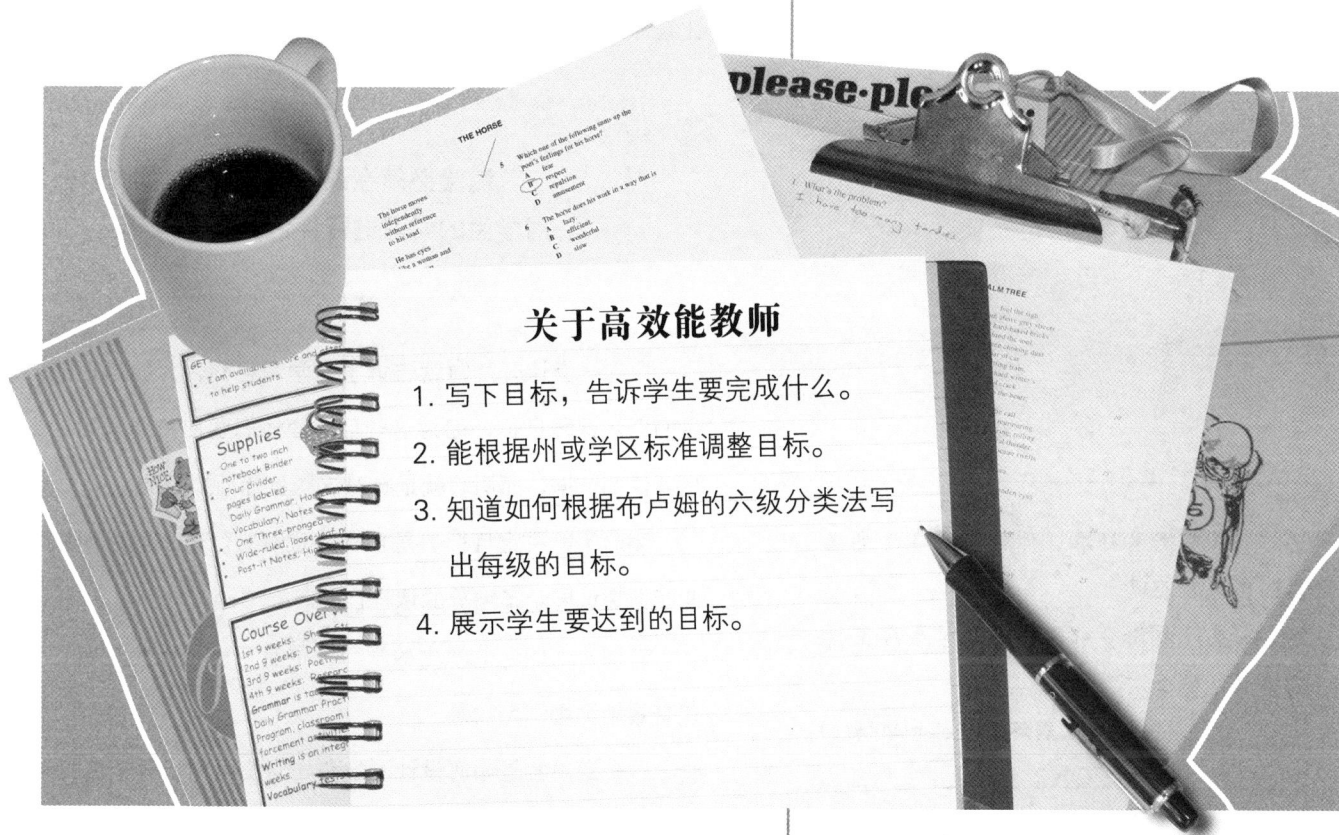

关于高效能教师

1. 写下目标，告诉学生要完成什么。

2. 能根据州或学区标准调整目标。

3. 知道如何根据布卢姆的六级分类法写出每级的目标。

4. 展示学生要达到的目标。

关键理念

测验的目的是要确定学生是否掌握了目标。

> 如果有衡量标准，你就能从学生那里得到良好的表现。
>
> 如果没有衡量标准，你从学生那里得到的只是借口。
>
> ——彼得·居阿克（Peter Drucker）

测验的目的

进行测试的主要目的是确认学生是否已经达到了作业的既定目标。

目标必须在单元或课程的教学开始前就撰写好，因为它能让学生明白该学什么，让教师清楚该教什么。

测验必须在课程开始之前就准备好，它将被用来对学生的学习进行评估。

应在一堂课开始时就告诉学生学习目标，为的是让他们清楚他们应掌握什么。学生们喜欢课程目标，因为这些目标使他们明白将要学习什么。这些目标同时还告诉学生评估的依据，而测验就是针对这些目标而拟定的。

测验不能决定目标，是目标决定测验。学生们之所以喜欢课程目标，是因为它们明明白白地展示了细分的课程目的。

若测验不能评估学生的学习，很有可能是因为没有正确地拟定学习目标，使其不能有效地测量学习效果。

这一章讲的是如何设计测验和如何使用测验对学生的学习进行评估。

何时出试题

> **作业和测验应该一起准备——而且是在作业开始之初就准备。**

作业和测验必须一起准备,因为它们相互关联。测验是用来监督和评估学生学习的。它们不应只被用来证明教师讲了多少内容。测验的目的应该是检测学生是否达到或领会了课程的既定目标。

下面都不是编写试题的有效理由:

◎ 已经过了一段时间。

◎ 已经讲解了不少内容。

◎ 在成绩分布曲线上排名。

◎ 消磨一节课。

已经过了一段时间。学习同时间段没有关系。不能因为"已经过了两个礼拜了,该测验了"等理由而安排测验。如果在某个特定的时间成绩报告单需要有关学生成绩的信息,你需要变动的是布置作业的时间安排,使之和评分阶段相一致,而不是改变测验的时间。

已经讲解了不少内容。不能简单地因为"已经讲解了足够的内容"而进行测验。决定何时测验的是你的标准,而不是已经讲解的学习内容的数量。

当你评估时,也帮助——

学校从测验文化转变为评估文化。

测验的目的是评估一个学生对课程目标的表现,不是向教师提供评分的依据。

当你为评分而测验时,你正在给学生贴标签。当你为成就而评估时,你在帮助每一个学生实现成功。

测验是为了学生们,而不是为了教师们得益。测验不应该被用来给学生打分。测验是为了评估学生的学习。

在成绩分布曲线上排名。要是你武断地认为"每次测验都得以50分为满分，这样就能有足够多的分数进行成绩分布曲线的排名了"，那你就错了。测验的目的不是拿学生和学生进行比较，测试是用来帮助教师确定每位学生需要学习什么的。

消磨一节课。测验题的数量不是由一节课时的长短决定的。测验的长度由每项任务的特点决定，具体要看需要多少问题才能准确评估学生的掌握情况。简言之，就是要视学生对学习目标的实现情况而定。

何时进行测验

你可以用任何名称来命名你给学生的作业：课程、章节、单元或话题。但要检查学生对作业的掌握情况，必须进行测验。

◎ 每个作业都应该有明确的目标，说明对学生需展示的成果的具体要求。

◎ 每个作业都必须包括为每个目标准备的一套习题。

◎ 测验必须在学生开始做作业时就编制好，应与目标同时完成。

◎ 测验应在学生完成作业后进行。

如何出试题

每个问题都必须同目标相对应。这样一来，出试题其实是很容易的事。你需要做的就是针对每个目标写一套试题。

同时需要准备作业和测验，因为它们相互关联。

① 改编自托马斯·R.嘎斯克义（Guskey, Thomas R.）和简·M.贝利（Jane M.Bailey）:《为学生开发评分和报告体系》，加利福尼亚州：Corwin出版社，2001.

> 目标决定测验的内容和数量。

测验的目的是检查学生对课程目标的掌握程度。为了更好地说明问题，这里将使用一份书面测试。但现实中不一定都使用书面测试，也可以用其他形式的测验，例如，音乐练习、口头回答或制作一个项目或产品。不管是什么形式的测验，都必须同课程目标相关联。

第1步，每项作业的目标是拟定测验的基础。编制试题时，一定要弄清楚目标是什么。

第2步，看第一个目标。根据此目标设计几个测验题。不要只写一个问题。如果只有一个问题，要是学生猜中了答案，你就无法知道学生是否真正掌握了学习目标。

两个例子

目标：例举科学方法的步骤。

测验：

以下哪些是科学方法的步骤？

a. 观察、实验、假设

b. 实验、研究、总结

c. 假设、思考、观察

d. 收集数据、陈述原理、概括总结

目标：将后缀y的单词变成复数形式。

测验：

小马（pony）　电池（battery）

钥匙（key）　聚会（party）

诱饵（decoy）　天空（sky）

戏剧（play）

展示你第一次作业和测验的示例

对学生来说，最可怕的时刻之一就是要交第一次作业或要举行第一次测验的时候。通常，这是由于低效能教师疏于向学生展示理想作业和典型考试的范例造成的。学生们不知所措，因为没有模式或示例。事后，他们才发现什么是本应做的或本应学的。结果是，许多学生对初始失败非常沮丧，因而放弃。

以下是没有成效的作业指令：

完成练习册。

回答该章结尾的所有问题。

观看有关麦克白的录像。

做第57页上所有的题目。

写该章概要。

以下是没有成效的测验指导：

本次测验涉及上次测验以来学习过的内容。

本次测验将涉及本周我们学习的所有内容。

测验中将有选择题、对错题，可能还会有一些填空题。

本次测验将值50分。

高效能教师在布置作业和测验时使用这些技巧：

◎ "展示"过去作业和测验的许多好例题，以使学生可以知道要做什么和测验的形式。

◎ "解释"一个完成的作业应该是怎样的，测验问题是怎样与作业的目标相对应的。

学生们不但能看到优秀的范例，而且他们通过你的鼓励认识到正面的期望，相信每个人都可以实现成功。

目标应该——

1. 目标决定学生要学什么或做什么样的作业。

2. 目标决定教师怎样编写测验。

第3步，使用任何类型的问题。问题甚至不需出现在书面测验上。这些问题可以是口头或实体类型（小制作），教师可借此要求学生展示技能或成品。

第4步，剩余的目标重复步骤1~3。当你已为每个目标写好一系列问题时，你就已经完成了编写测验的任务。

以下是一个测验的例子，也许是为关于"观察"的一章或一课所写的。它包含四个关键部分：

1. 概念。课程的关键理念或要点。

2. 目标。学生负责完成的任务。

3. 问题。问题对应目标。注意每个问题左边的括号。第一个数字表示问题相应的目标。

4. 矫正。再看一下括号。第二个数字表示在课本的哪些部分能找到问题的答案。（下一节，"作为矫正工具的测验"将解释如何使用这个信息来帮助学生学习。）

通过第1到第4步拟定的测验是标准参照测验。而大部分教师编制的测验（他们自己没有意识到）是常模参照测验。

这两种测验的主要不同是：

◎ 标准参照测验要求每个问题的提出都要基于一个事先明确的标准或目标。由于学生很清楚他们应该达到什么样的标准，因此应该使用百分制的评分体系。在标准参照测验中，学生竞争的唯一对象就是自己。比如说，学生知道 A 的标准是93%。

◎ 常模参照测验用来决定学生在正常的成绩分布曲线上的位置。常模参照测验结束后，学生们都会被"在曲线上分出等级"。常模参照测验多用于确定排名，比如某人在团队中的位次、学校的择优录取以及在一个组织架构中的位置等。

这只是一个示例。**将重点由关注学科转向关注目标与测验试题是如何相互关联的。将此例应用于你自己的学科教学中。**

任务：观察

课程主旨：
观察或集中注意力是科学方法中的重要一环。

课程目标：

1. 为所有词汇下定义。

2. 解释学习生物在你人生中的意义。

3. 例举科学方法的步骤。

4. 解释科学方法的步骤是在何时、按什么次序被应用的。

5. 解释为什么科学方法在日常生活中很有用。

6. 解释说明为什么生活中集中注意力是很重要的。

课程测验：

1. 生物学是研究
       a. 野生动物
   （1-1A）b. 活的植物
       c. 活的东西
       d. 人类

2. 科学是
       a. 生物学研究
   （1-1B）b. 一种思维方法
       c. 观察
       d. 集中注意力

3. 学习生物学也许对你很重要，因为
       a. 你也许会成为一名医生
   （2-1B）b. 你会学习植物
       c. 你会认识动物
       d. 你会认识人体

4. 生物学对你很重要，因为
       a. 你可以了解有关化学方面的知识
   （2-1A）b. 你可以解释先天性缺陷
       c. 动植物很值得研究
       d. 生命是地球上最珍贵的资源

5. 科学方法的第一步是
       a. 陈述问题
   （3-1B）b. 收集数据
       c. 做实验
       d. 观察

6. 以下是科学方法的一些步骤：
       a. 观察、实验、假设
   （3-1B）b. 实验、总结、研究
       c. 猜想、思考、观察
       d. 收集数据、陈述原理、概括总结

7. 科学方法的步骤是
       a. 只适用于科学问题
   （4-1A）b. 可在任何时间任何程序下应用
       c. 只在相应的程序下应用
       d. 应用在许多数据被记录之后

8. 科学方法可被应用在
       a. 观察时
   （4-1B）b. 做实验和收集数据时
       c. 做总结时
       d. 以上全是

9. 科学方法在日常生活中的应用是为了
       a. 解决问题
   （5-1B）b. 观察
       c. 发现新事物
       d. 以上全是

10. 观察可以被应用在日常生活中是为了
       a. 给科学定义
   （5-1C）b. 帮你活下去
       c. 解释生物学这个词汇的意义
       d. 例举科学方法的准则

11. 在商界，你的老板希望你
       a. 做实验
   （6-1C）b. 谈科学
       c. 写科学
       d. 集中注意力

12. 当你感觉不适时，你的身体在告诉你
       a. 去看医生
   （6-1C）b. 去更努力工作
       c. 去注意
       d. 去变得仔细

13. 注意力集中是一个很有价值的生存技能。它可以帮助你
       a. 解决问题和做出决策
   （1-核心理念）b. 记住科学方法
       c. 感激生活和生命
       d. 找工作

14. 集中注意力是一个重要步骤在
       a. 科学方法中
   （1-核心理念）b. 生物学研究中
       c. 学习科学中
       d. 产生问题时

记分很简单

1. 按学生姓名的字母顺序在成绩记录本中列出学生名单，给每位学生一个学号，学号从 1 开始。

2. 若有新学生加入，把他们的名字加在原名单的下面，同时给他们分配下一个可用的号码。

3. 学年间学生上交的所有测验、论文、项目和报告都必须写上他们各自的学号。

4. 为了前后一致，在所有习题纸的一个特定位置留出写学号的地方，并作为程序和惯例来执行。

5. 对于选择题、判断题和填空题，给学生发一张答题纸，这样，所有的答案都集中在同一个地方。

6. 试卷收齐后，让一位学生按学号顺序将试卷重新整理好。

7. 不要一次只判一份试卷。比如，不要边看电视或边吃东西边改卷。将答题纸在一张大桌子上铺开，比如一次铺开十份，每份试卷每改3到5道题就换到另一份。

8. 按顺序重新将试卷放好，准备在成绩记录本中记录分数。接下来要是你时间紧的话，可以让你的助理、爱人或值得信任的朋友帮你记录成绩。

因此，当你需要决定班级排名或谁将进入第一组时，常模参照测验还是有用武之地的。但是，作为教师，你教学的目的不是排名。你教学的目的是让学生学业有成，因为你希望每位学生都获得成功。

> 教师的主要角色不是给学生打分。教师的主要角色是帮助每位学生达到他们各自最高的学习成绩。为了让学生取得学习上的成功，最好使用学习目标和标准参照测验。

作为矫正工具的测验

假设你刚看医生回来。你的朋友或爱人问你："医生怎么说的？"

你回答："医生给我做了检查。"

你这样说并不意味着医生要在成绩分布曲线上给你打个分。你的意思只是说，医生还在等待医学检查的结果。对检查结果进行研究后，医生再决定采取什么样的手段治疗你的疾病。

同样，一个标准参照测验也是当作诊断工具来使用的。测验能帮你了解学生是否需要矫正性的帮助。要是不进行矫正和补习，学生的学习可能会变得更糟。

生活中的其他事情也都如此。比方说，要是你不及时治疗感冒或不改掉诸如吸烟等坏习惯，你的身体或生活也会一日不如一日。

测验之前你就已经知道大部分学生在成绩分布曲线上的位置

本杰明·布鲁姆（Benjamin Bloom）记录了上千位三年级学生的成绩，并对他们接下来几年的成绩进行了跟踪记录。他研究发现，学生在三年级时获得的成绩可以被用来预测他们在十一年级的成绩，准确率达到80%甚至更高。因此，这期间学生的成绩排名是高度一致的。

同时，学生成绩排名也是带有高度主观性的做法，因为排名依赖于常模参照测验的结果。以花样滑冰比赛的规则和评判标准为例，那些在这些标准下表现很好的滑冰运动员赢得比赛的几率更高。同样的道理，那些在三年级的常模参照测验中取得好成绩的学生，也更可能在类似的九年级测验中取得好成绩。反过来，那些在常模参照测验中达到平均成绩或中等偏上的学生，很可能从小学到初中再到高中都会保持同一水平的成绩。因此，常模参照测验并不能衡量学生的能力——即学生能做什么。常模参照测验类似于篮球场内的记分板——它们只不过用来记分而已。

当一位教师说"我需要分数，这样我就能在成绩分布曲线上给学生评出等级"时，必须意识到，那不是进行测验的有效理由。在布鲁姆看来，不用测验，教师就应该已经能够预测大部分学生在成绩分布曲线上的位置，这也就使得成绩分布曲线变得不那么重要了。

学生们来到一个班级时，老师就已经可以估计出哪些学生将分到快速阅读组或慢速阅读组，哪些学生数学成绩好，哪些数学不好——也就是说，哪些将被当做胜者哪些又是败将。这可不是所谓的真正的教育，是时候改变我们和学生对测验和打分的态度和看法了。

测验应该用来实现两个目的：

1. 教师应该利用每一次测验的结果对学生的学习做出评估，而且，如有必要，帮助学生进行补习和纠正。

2. 对学生的打分应该使用百分制。引导学生将自己作为竞争的对象，他们的目的是超越自己，取得更好的成绩。

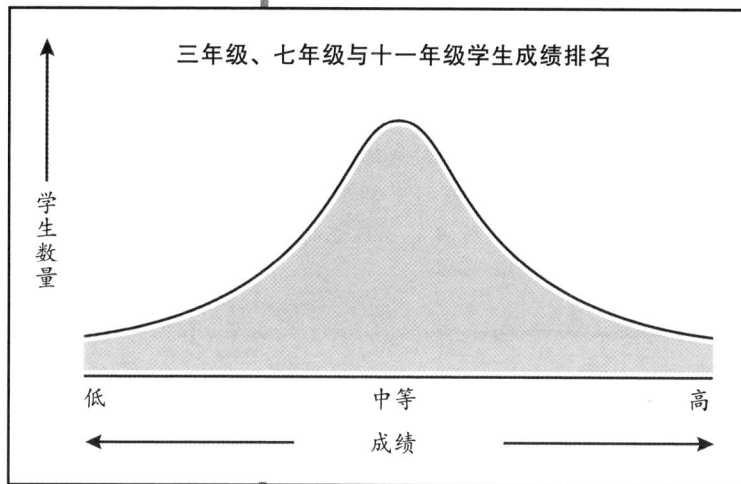

三年级、七年级与十一年级学生成绩排名

学生数量

低　　　　　　中等　　　　　　高

成绩

三年级、七年级和十一年级学生的成绩排列高度一致。表中曲线内的阴影部分三个年级都相同。

要是学生已经掌握了一个目标，就不要再给他／她布置更多的作业了。可以给这位学生一些有助其能力提高的学习材料，或者也可以请这位学生帮助其他学生。提高性的材料或任务可以包括智力猜谜、游戏、软件或休闲读物。

要是学生没有掌握一项学习目标，就需要给他／她补救性的或矫正性的帮助。

GoBe

我仍然不确定

布莱德的学生在每日小测验中分数垫底，"我还是不敢相信"，布莱德是怎样帮助她的学生的，欲知答案，请登录www.cyb.com.cn，在第22章查找。

经过了第10章的学习之后，很多学生只掌握了10％到20％的内容。出现这种情况的原因是教师的教学没有成效，整个学年都敷衍了事，草草地讲解了各章内容就匆匆测验，目的就是为了在成绩记录本中留个分数。测试完了之后，教师就马上开始下一章，自我感觉良好，却毫不关心那些还没有很好地掌握前一章内容的学生。

那么，高效能教师是怎么做的呢？

对于那些跟不上教学进度的学生，需要对他们进行适当的补习。

如果有学生漏掉问题

要是有学生漏掉了一个问题，可采取纠正性行动。假设学生没有做对第255页上的第6个问题。

6. 下面是科学方法的一些步骤：

a. 观察、实验、假设

（3-1B） b. 实验、总结、研究

c. 假设、思考、观察

d. 收集数据、陈述原理、概括总结

3-1B

3 = 目标

同目标的关联性：
第一个数字指的是该
问题同哪个目标相关
联。这里的数字表明
学生尚未学会或掌握
目标3。

1B = 补习

答案出处：
第二个数字"1B"表示正确答案
可在课本的第一章B部分找到。让学生
复习那一部分，当然也可以把同样的信
息以另一种方式告诉学生。换一种方式
之后，学习可能就会变得更有效果。

> **教学失败的标志**
>
> 　大部分研究表明，教师打分时过于严厉并不能提高学生的学习效果，打分时标准宽松一些也并不意味着学生会学得更差。
>
> 　按"正常"的成绩分布曲线进行打分并不是教师严格要求的标志，相反，那是教学失败的标志——说明教师不仅不会好好教书，不能进行有效的测验，也不能对学生的学习生活产生任何实质性的影响。
>
> 　　　　——阿尔菲·科恩（Alfie Kohn）

测验是为了学生，而不是为了教师。测验的目的不是根据分数给学生分级。测验的目的是为了帮助教师评估学生的知识掌握程度。

所有测验都打分吗

有两种标准参照与常模参照测验：练习性测验和总结性考试。

◎ 练习性测验与演习和实践性质测验相似。它们都是在学生掌握学习目标的过程

我们日常生活中的练习性测验和总结性考试

练习性测验

春训

彩排

自行车上的训练车轮

学滑雪

开车练习

学业能力倾向初步测验（PSAT）

实习教学

总结性考试

赛季第一天

第一晚

单独骑两轮车

障碍滑雪比赛

驾驶执照考试

学业能力测试（SAT）

开学第一天

GoBe

你的学生能超越98%的普通学生

布鲁姆向我们展示了一位老师是如何让学生突飞猛进的，请登录www.cyb.com.cn，在第22章中查找他是怎么做的。

中进行的。对于这些测验，不一定都要进行打分。因为它们的目的就是让你和学生知道教和学的效果如何。

练习性测验一般用于决定该采取什么样的补救措施使学生更好地掌握学习内容、技能和目标。

◎ 总结性考试在单元学习结束后进行，目的是帮你总结学生对内容的掌握情况，并给学生打分。

应该一开始就告诉学生哪些测验只是用来练习的，哪些测验是有待评估打分的。

要是在进行了总结性考试之后，发现有学生没有实现某个学习目标，则需要进行矫正性活动。矫正性活动需要区别于先前的学习活动，或者以另一种方式对学习目标进行解释，这样做的目的是使学生通过不同的方式掌握学习目标。

矫正型活动结束后，应该再进行一次练习性测验或总结性考试，以对学生的掌握情况进行检查。这些测验应该是和先前一样的测验，只是问问题的方式有所不同。

一些权威人士，包括布鲁姆（Bloom）认为，要不停地进行测试，直到学生掌握为止。而另外一些人则认为测验两次就足够了，因为课堂内容是螺旋式展开的，在接下来的学年中学生会再次接触到先前学过的内容。[①]

教学过程中，经常会先进行练习性测验再通过改正的方法来检查学生的学习情况，这种方法并不是教育界独有的：

◎ 医生先对病人进行抽血化验，接着开处方，然后再重复这一过程，直到病人痊愈为止。

◎ 棒球运动员通过录像观看自己的击球动作，进行动作校正，然后再重复这一过程，直到他的击球率得到提高。

[①] 托马斯·R.嘎斯克义（Guskey, Thomas R.）:《实施高效学习》, 加利福尼亚州贝尔蒙（Belmont, Calif.）: Wadsworth出版社, 1996.

◎ 厨师会先研究食物配方，再不断改进，一直到研制出完美的调味品。

高效能教师会不断地对学生进行测验和纠正，因为他们希望所有的学生都能掌握学习内容。

而低效能教师仅为打出了几个A分而窃喜。但事实是，并不是教师给学生成绩，而是学生自己取得成绩。同样，低效能教师满足于按成绩分布曲线给学生打分，结果是将班上一半的学生贴上"低于平均水平"或"不及格"的标签。

> **教学的目的是帮助所有学生在学习上取得成功，而不是给学生贴上失败的标签。**

通过测验和补习，高效能教师的目标是让学生对每项作业的掌握程度达到80％到90％。如果每项作业的80％到90％都能被学生掌握，那经过10章或10单元的学习之后，大部分学生的知识掌握率都能达到80％到90％。

取得了这样的学习效果之后，学生们既能收获成功感，又能感受到学习的快乐，而教师要做的只是鼓励学生向更高的目标努力。

开始时就要考虑到目标

你以前一定计划过许多活动，例如婚礼、聚会或休假。你首先设定活动日期，然后通过一张日程表逐一安排，列出要做什么才能促成此项活动。

依据目标而教学

高效能教师	低效能教师
按照标准教学	教授章节
让学生学习	找到许多作业
并努力达到标准	给学生做

在高效能教师的课堂里，学生的注意力集中在与教师相同的目标上。所有课程材料、阅读作业、练习册、多媒体、讲座和活动的准备和呈现都必须围绕一点——按照课程目标教学。

接下来，朱莉举起真实世界的物品，学生匹配其形状。然后她让学生在教室里找到物品与他们的单词卡片相匹配。

他们请求我测验他们

朱莉·约翰逊（Julie Johnson）在明尼苏达州教学，她的教学计划适用于各年级水平。这是她的课程准备步骤：

1. 她决定学生学习什么。
2. 她告诉学生他们将要学习什么。

3. 学生在一起练习他们所要学习的内容，这被称为"有引导的练习"，然后学生独自练习，即"独立练习"。

4. 在学生学习的同时，他们被测验与练习相同的材料。

朱莉之所以成功是因为，她的学生知道他们将要学习什么以及他们怎样表明自己已经学会了。换言之，他们知道他们将如何被测验。她说："对学生期望什么

朱莉首先教授她的学生每个单词卡片是什么以及像什么。然后她举起一个形状的模型，让学生举起识别该模型的卡片。

是没有秘密的，当我这么做时，他们都能成功。"

朱莉认为，测验并不是一个糟糕的词。它是她的学生们所期待的，它是学生向她展示他们学到了什么的机会。

他们迫不及待要接受测验，因为完成所有教学和练习后，测验是最简单的部分——至少学生们是这么说的。

学生请求她测验他们。他们甚至排队等候向她展示已学会了什么。朱莉分享了她是如何教授"明尼苏达州几何数学标准"的：

按照指定的属性将简单图形分类，在复杂图形中识别简单图形。

她将州立标准调整成两个简单的目标：

1. 识别、描述并将二维图形分类。
2. 识别更加复杂图形中的简单图形。

在每个步骤中，朱莉都会评估全班学生。她进行检查以了解学生如何做以及是否达到每一步的目标，在学生学习的过程中她教授、纠错和练习。

她知道自己在教什么，学生们也知道他们在学什么。

好的课程设计，内容和方法大致相同，它的目的就是让学生掌握课程目标。要达到这一点，教师须计划两件事：

1. 使用什么方法来评估学生对课程目标的掌握情况。

2. 使用什么教学策略来教授目标。

尽管这项技术看似简单，但仍有许多教师仅仅通过选定一件事情（例如天气）并考虑通过进行有关这件事的有趣活动（例如制作棉云图）来构建课程。经过一周与天气有关的活动，现在该测验了。

教师回顾所有的活动，并基于教过的专题安排测验。这个零敲碎打的方法让学生和教师对"学生应该学什么，教师应该教什么"感觉迷茫。对教师和学生来说，成就从来都不是重点。

格兰特·威金斯（Grant Wiggins）和杰伊·泰伊（Jay Tighe）[①]将课程设计过程正规化，并取名为"反向设计"。"反向设计"认为，不应该围绕最喜爱的活动计划一节课，更加卓有成效的课程应该以考虑你想实现的结果为开始。然后，反向计划你需要做什么才能实现此结果。

反向设计程序包括这些步骤：

第1步，确定期望的结果。你期望你的学生知道什么，能做什么？这些就是你的课程目标。

第2步，确定可接受的学习表现。这指的就是"测验"。评估学生对学习目标的掌握情况，可以使用口头提问、观察、对话，也可以使用更传统的测试和测验。

第3步，对教学活动进行计划。应该利用什么样的学习活动、材料和资源帮助学生掌握学习内容，达到学习目标？

高中课程

当我开始一个新单元或主题时，我会在屏幕上放映该单元的提纲，在单元教学的过程中它会一直保留在那儿。提纲中列出了教学目标。我的学生明白他们的学习需要达到什么课程目标。

我按照提纲教学。学生按照提纲上的目标学习。当我教完提纲，就对学生进行测验。测验中的每一道问题都是按照提纲上的目标来编写的。

你看，如果你不知道你期望你的学生学习什么，你怎么能编写适当的测验来评估他们是否已经学会？我的学生都学得特棒，为什么不呢？教师和学生都知道要学什么，所有的问题或技能都与已知的目标相关联，这就是为什么我的学生也叫它"不神秘的方法"。

——一位高中教师

---

① G.威金斯（Wiggins, G.），J.泰伊（J.Tighe）:《通过设计理解》，美国弗吉尼亚州亚历山大：美国监督与课程发展学会,2004.

教学的目的是使所有的学生在学业上获得成功。

如何制订课程计划

你已经知道如何设计作业和测验了。现在，是时候把这些整合起来，制订一个课程计划了。

> **课程计划即学习计划。**
> 虽然，打破传统、标新立异是很难的事，但你可以考虑把你的课程计划称为"学习计划"，因为那就是需要学生掌握的内容。你是为学生如何学习制作计划的。

足球教练有比赛计划，公司主管有业务计划，飞行员有飞行计划。同样的道理，高效能教师有学习或课程计划。这些计划和减肥计划、旅行计划、个人财务计划一样，经常需要变动和改进。因此，学习计划很少有一目了然的，也从来没有一劳永逸的。它们一直处于持续改进的过程之中，而且很可能长达好几页。把你的课程计划放在讲台上学生可以看到的地方，这并不是什么需要保密的事，因为你希望所有学生都能按照这个计划进行有效的学习。

大部分学校不会为教师提供学习计划，它们大多只提供课程大纲或指南，告诉教师需要让学生学会什么。而制订课程计划则是教师的任务，教师需要制订学习计划来引导学生实现最终的学习目标。

如果你不知道自己要去哪里，你又怎么会知道何时及是否能够到达呢？

这是一个启动学习计划的简单的逐步的程序：

1. 把一张121 x 287厘米的纸横向摆放。

2. 沿着页面的左边，写下你想要学生学习或完成什么。这些代表课程"目标"。

3. 通过对目标与评估中要询问的问题进行匹配或调整，编写测验题目。目标和测验在课程开始前都要准备好。

4. 沿着页面的右边，写下你将用来教课程目标的所有资源（讲座、活动、问题、视频、练习册等）。只列出与课程目标匹配的资源。

1

学习计划步骤

2   **4**

课程目标 1   ⟵   匹配活动，资源

课程目标 2   ⟵   匹配活动，资源

课程目标 3   ⟵   匹配活动，资源

课程目标 4   ⟵   匹配活动，资源

3

调整测验

前一页的学习计划包括根据"反向设计"策略而构建课程学习的三个部分。

1. 目标。目标表明的是课程的学习目的。高效能教师会在每一课开始之前就说明学习目标，甚至经常在有学生问他们将在这一课学习什么内容之前就进行说明。根据各州的标准，每一课的设计都应指向某一特定的学习目标。

2. 测验。不管你让学生做什么样的测验，目的都是为了检查学生对课程目标的掌握情况。

3. 活动。这是学习计划的中心内容。你在这一环节教得越好，学生就越能更好地达到学习目标。当然，教学的效果取决于你如何利用各种资源使学生更加专注于课堂。

在课堂上使用录像资料、练习册和课堂活动等都是很好的方法。事实上，你必须利用这些教学资源。但在使用之前，你首先要问自己的问题是：我希望学生学到什么？回答了这个问题之后，再去寻找那些能帮助你更好地实现目标的合适的录像资料、练习册，并设计相应的活动。

互联网上可以找到很多有用的资源，能帮助你设计出令人激动的精彩课程。在网上搜索"教师课程计划"一词，你可以找到很多可用的链接。此外，也可以通过参加学术会议、研讨会和进修大学课程来积累教学资源。看相应的学术杂志也是很好的方法。最重要的是，要经常与你的同行进行定期的交流，这将是第24章的内容。与同行的合作将会让你们得到无数有用的策略和方案，由此激发你的创造力。

要是没有学习计划，没有课程计划，没有某种教学上的指导，你就不能在你的课堂时间内实现最大的效果。教学其实是一门高深的技能，学习计划可以使你的教学技能得到提高，让你的学生有机会在知识的海洋中遨游，并最终在学业上获得成功。

测验是非常有效的方法，可以保证每一位学生都跟上教学的步伐。

GoBe

课程计划链接

对这些链接做标注，以便在你对自己的课程计划满腹牢骚时能有所帮助。你可以登陆 www.cyb.com.cn，在第22章中找到详细内容。

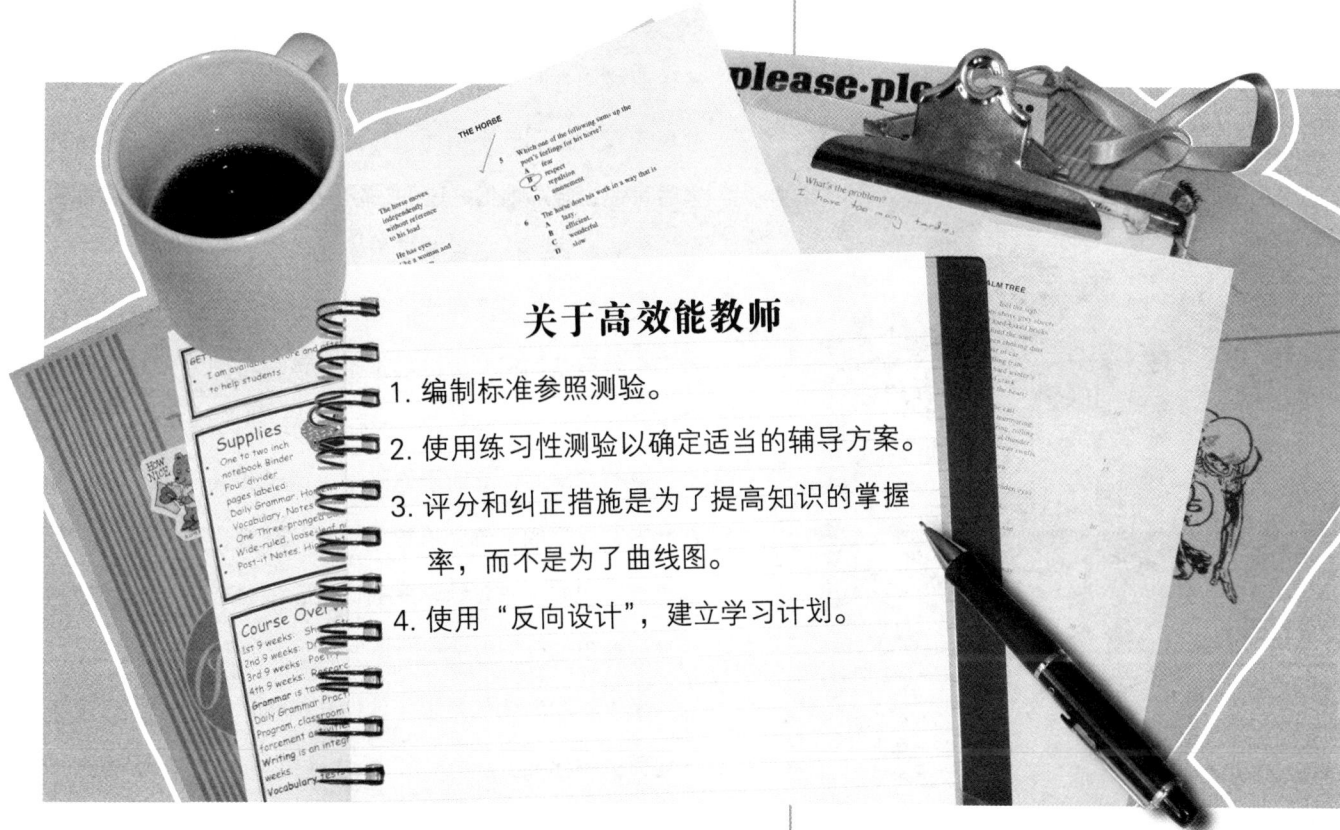

关于高效能教师

1. 编制标准参照测验。

2. 使用练习性测验以确定适当的辅导方案。

3. 评分和纠正措施是为了提高知识的掌握率，而不是为了曲线图。

4. 使用"反向设计"，建立学习计划。

关键理念

评分指南的目的是评估学生的学习。

在一项寻找终极汉堡包的探索中，哈里（Harry）和露丝玛丽（Rosemary）使用了"汉堡包品尝规则"，该规则包括肉类、制备、圆形面包、添配物和外观制定的标准。

评分指南的作用

> 高效能教师会给学生一套评分指南，明确规定学生如何才能完成课程目标和取得一个特定的分数。

在你自己的学生时代，有没有举手问过老师："您怎么给我们打分？"

每个学生都想从一开始就知道教师是如何对他们的功课做出评价的。有些教师批改作业或判卷时不会事先告诉学生评分标准，学生经常会发现他们因为遗漏了一些教师事先没有说明的事项而被扣分。你有没有遇到过这样的教师？如果有的话，估计你当时可能也轻声地抱怨过："那不公平，你没有事先告诉我们怎么判分。"

作为教师，你的任务是为学生的成功创造条件，而评分指南可以说就是指引学生通向成功的一个重要路标。有了评分指南，学生一开始就知道功课的要求，而你自己也事先就清楚如何判分。学生不应该在看到分数时感到意外。评分指南中规定的标准应该能够帮助学生们对自己最后的分数进行精确的评估。

评分指南同样有助于你同学生家长和其他相关的成人之间的交流。在评分指南的帮助下，学生的父母、监护人、叔叔婶婶、爷爷奶奶、外公外婆、照顾者以及家庭教师等都可以知道布置给学生的论文、项目或报告的要求，以及评分的标准。这样，他们就能使用评分指南来帮助学生在学习上取得成功。

学生喜欢的课堂是那些他们知道可以学到什么的课堂——包括课堂学习的组织和作业评分的标准。

◎ 在这样的课堂里，规定了需要遵循的程序，学生们则为这些程序的执行负责。

◎ 在这样的课堂里，事先制定了评分指南，学生为自己的学习进步负责。

学生们喜欢那些期望他们在课堂上获得成功的教师。

评分指南改进学习

你已经给学生布置了目标明确的作业（第21章）。这些目标可以帮助学生了解他们需要学习的内容，使他们能够抓住要点，并对自己的学习体会进行自我检测。由于有这些明确的目标，学生们会更加专注于学习。

这些目标应在教室里张贴出来，为的是让学生在该课程的整个学习期间都能对照学习目标。

你已准备好了测试（第22章）。学生们很清楚这些测试或所要求的表现和学习目标之间的关联性。因此，他们知道如何进行测试前的复习准备，这个道理同你知道该如何准备考驾照是一样的。测试中不会出现突如其来的或故意刁难的问题。

现在，给学生一个评分指南（第23章）。在布置作业的时候，应该同时把目标和评分指南提供给学生。

> **给学生一个评分指南，明确规定如何对他们的作业进行评分。**

评分指南的构成

评分指南由三部分组成。

每一部分都清楚地表明评估的要素以及每一项任务的要点。

◎ 标准：给评分的范畴或特点命名。

◎ 分值：简单一些最好。0到4的分值区间适用于大多数的成绩水平。

◎ 期望的成绩：定义不同层次的成绩，举出例子，并给出不同的分值。这可以帮助学生在交作业前对自己的作业或试卷进行判断和修改，让他们明晰教学任务的要求和应该达到的目标。

评分指南一般可以以表格的形式展示。

表格的每一行代表需要进行评分的课程各部分的特征。

◎ 评估标准因课程目标而异。

◎ 而课程目标可以有不同的评估标准。

表格的每一列是学生可以得到的不同分值，如4分、3分、2分、1分、0分或NS（没有分数）。

每一格代表每一标准相应的分值。

◎ 同标准并列的是获取各分值的要求的描述。

学习作为 一个过程是可以进行定义的，也是每位学生都能够体验的。

作为教师，我们的任务是以非常具体直观的形式向学生解释这一过程。

标准　　　　　　分值　　　　预期的成绩

实验报告——评分指南　　　姓名：_____

标准	0分	1分	2分	学生总分（0, 1, 2）
名称和标题	缺失、不恰当，或者不正确	部分完成或不正确	有标题且标题符合实验要求，包括姓名、学校、课堂时间段和日期	_____
问题陈述	缺失、不恰当，或不正确	部分完成或不正确	问题格式可测验	_____
背景信息	缺失、不恰当，或不正确	部分完成或不正确	至少一段（最少三句话）文献的援引/参考信息	_____
假定	缺失、不恰当，或不正确	部分完成或不正确	假定型（If-then）陈述格式可测验	_____

尽量简洁

评分指南常称为"评估准则"，教育圈的人都这样用。在学生面前请不要用"评估准则"这个词。不要用教育界的行话，它们不易理解。最好是在课程开始时就把评分指南发给学生，并且就简单地叫它"评分指南"。

"评分指南"一词清晰明了，简单易懂，它很直接地告诉学生他们应该做什么以及如何取得好成绩。

学生很容易理解"评分指南"这一概念。因为他们玩过的很多游戏和比赛都需要计分，他们很清楚这些分数决定了他们是赢得还是输掉比赛。

右图是"评分指南"示意图。它是由加州圣何塞市（San Jose, California）的一位叫凯瑟琳·梦露（Kathleen Monroe）的小学一年级教师设计的。

凯瑟琳事先画好4幅画，然后，她让学生一起看画，问他们哪一幅画得最好。她会这样问："你们会用什么词来形容最好的这一幅？"她今年的学生所给的答案是："完美！"接着，她就给这幅画打了4分。

"画得第二好的是哪幅？"她又问。学生们同意用"好"这个字来描述第二好的画，凯瑟琳打了个3分。她用同样的方式给剩下的两幅画确定了描述词又打了分。

接下来，这4幅画就被张贴到教室墙上，分别写上了各自的描述词和分值。当然，这些描述词每年都不同，因为她每年都会使用当年的学生选择的词。

当学生开始自己画画时，凯瑟琳会让他们看看贴在墙上的评分指南，并让学生据此决定自己画的画是得到4分、3分、2分还是1分。

凯瑟琳的学生是否就此能够画出精彩的画呢？当然！一套评分指南可以帮助学生了解作业的要求。

> 高效能教师会给他们的学生一套评分指南，明确地规定为完成课程目标他们如何才能取得一个特定的分数。

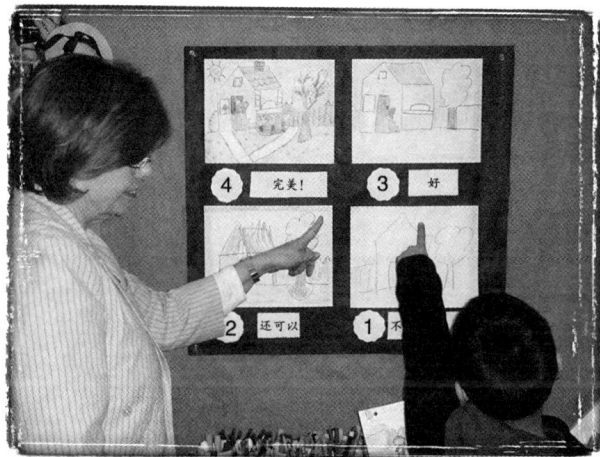

帮助学生进步

> 评分指南定义成功，为学生指明努力的方向。

医生给你做身体检查时，比方说血液检查、听力或视力检查等，目的不是要给你的健康打个分，然后就打发你回家。相反，医生会评估检查的结果，然后决定该使用何种合适的药物或治疗，目的是一个更加健康的你。

同样的道理，高效能教师会使用从项目、测试、报告以及各类作业中收集的评估数据对学生的学业进展情况进行评估，目的是确保学生完成课程学习的目标，帮助学生取得学业上的进步。

为了使学生保持不断进步，必须经常进行定期的评估。

评分指南同样使用在一些竞技体育项目中，比如体操和花样滑冰。评委们并非凭主观印象进行打分。相反，他们依据的是一套事先制定好的评分指南，这些指南具体规定了什么样的技巧或动作能得到什么样的分数。

运动员本人、他们的教练和老师们都清楚地知道这些评分指南。在这些指南的指导下，他们一起努力，改进运动员的竞技水平，使其得到更高的分数。

运动员身上会系上安全保护装置，教练或拉或提保护绳索来控制运动员的动作，同时不停地评估运动员的表现，纠正他们的技术动作。运动员和他们的教练会一遍又一遍地进行这样的训练，目的就是为了取得进步和获得成功。

同样的道理，要是能够提前给学生评分指南，他们就可以知道打分的标准，这能帮助他们将功课完成得更好，进而取得更好的成绩。同时，教师也应该不间断地对学生的进步进行评估，帮助提高学生的成绩。

为了帮助学生发挥最大的潜能，取得最好的成绩，高效能教师会对每位学生的学习进行评估。

这可以帮助学生看清努力的方向，并掌握实现目标的最佳方法。

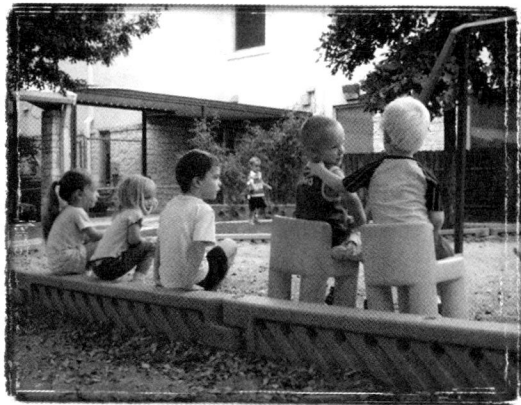

孩子们应该得到公平对待。

公平竞争

教育反馈的目的不是要给学生评级、分类或羞辱他们。反馈的目的是改进学生的学习。在没有评分指南的情况下，当你问学生"你为什么取得这样的分数"时，无一例外，学生们的回答都是："我不知道。"但当教师使用评分指南时，学生就可以利用这些指南来改进自己的学习表现，即使是表现最差的学生也可以获得比当今的标准高得多的结果。

教师使用评分指南时，他们其实是在采用和实施一条道德伦理原则，即每一位学生都可以获得公平的和前后一致的评价。毕竟，学生玩游戏时，也是遵循同样的原则：游戏规则应该前后一致，场地的大小、球门的高度以及球的形状等都应该前后一致。要是没有一致性，那家长、教师和学生都会喊"那太不公平"！

使用评分指南作为评估学生的方法是一个道德要求。同玩游戏一样，我们应该也在课堂内追求相同的公平原则和一致性。

——道格拉斯·里夫斯（Douglas Reeves）

人人都可以使用的评分指南

评分指南适用于所有年级、所有课程。课程设计的目的是教给学生知识和能力；而使用评分指南的目的是确保学生学会所教的内容。

高中理科评分指南

凯伦·罗杰斯（Karen Rogers）是堪萨斯州奥赖斯的一位高中科学教师，她是国家教育委员会认证的教师。虽然凯伦在教育行业中取得了很高的成就，但她使用的评分指南其实并不复杂。她说当她给学生简短的信息时，学生的反应会更好，因为那样便于学生理解和效仿。

凯伦有一些基本的评分指南模板：

◎ 实验报告

◎ 制图

◎ 小组讨论

◎ 课堂陈述

◎ 课堂陈述（聆听）

凯伦·罗杰斯

凯伦说："在我的科学课上，我使用评分指南指导学生撰写实验报告、制作图表。对高中生来说，写实验报告差不多是天大的事了。我设计了实验报告评分指南，列出了各项内容的评分标准（如实验假设、数据及分析等），那样一来，学生就可以按部就班地进行实验、写实验报告，一切都变得更加容易。"

凯伦·罗杰斯使用的评分指南同样适用于其他科目，在这些科目中学生也需要写报告，收集和展示数据，参加小组讨论，发表课堂陈述，并聆听他人的陈述。

"会说话"的狗

有几位女士偶尔地会在一家发廊碰面，其中一位叫卡罗尔（Carol）的经常提及她教自己的狗说话的事，并且几年来一直如此。

有一天，一位女士提出要看看那只会说话的狗。于是卡罗尔走出了发廊，她的狗栓在外面。她把狗带进了发廊，对狗说："说话。"狗大声地喘气并摇摇尾巴。

卡罗尔又说："说话。"狗还是大声地喘气又摇摇尾巴。其他女士都大笑不已，说卡罗尔的狗并不会说话。

卡罗尔的回答是："我一直说我在教狗说话，但我没有说过它会说话了。"

她的学生发现使用评分指南很有价值。

布赖恩·谢泼德（Bryan Shephard）说："我喜欢评分指南，因为指南告诉你做作业必须知道什么。你不必记住教师的所有说明，但你知道如何得满分。"

尼克·加纳（Nick Jahner）同意这一点。尼克说："有了这些评分指南，你就可以控制自己的得分，提前知道能得多少分。"

迈尔斯·米勒（Miles Miller）也喜欢这些评分指南，原因是："它们的存在能使评分标准统一，而且通过这些指南，你基本可以知道需要做什么。"

州标准评分指南

新泽西州有阅读、说话、写作和媒体等方面的核心课程标准。以下是标准之一：

所有学生能够理解和运用声音，字母和书面英语单词的知识，成为独立和流利的读者，能够流畅地阅读和理解各种材料和文本。

新泽西州的诺姆·丹嫩（Norm Dannen）为教授他的标准，利用小说《了不起的盖茨比》来设计课程。

最高级别的职称

正如一些人能够在其名字后写博士和硕士一样，2007年320万专业教育人员中有55,000名教师可以在其名字后写NBCT。这占了全部教师的近2%。NBCT代表国家教育委员会认证的教师，它是高级教学证书，是学科教师能够获得的最高荣誉称号。

要获得这一优秀水平，教师需要参与为期一年、以业绩为基础的严格评估。许多教师花200至800小时，汇集其课程设计、学生作业样品、录像以及关于他们的课堂教学的严谨分析。他们会收到深入彻底地调查其教学知识后的书面评价，而且必须接受6个小时的资格考试——所有费用超过2500美元，全由自己掏腰包。

虽然，除阿拉斯加之外的所有州都奖励获得NBCT资格的教师，但努力获取NCBT的大多数教师声称，绝不是金钱在推动他们，这是自我成就和发展的奖励。

经过国家教育委员会认证的教师以其专业的奉献精神和出众的课堂表现能力脱颖而出。

《了不起的盖茨比》单元计划程序 英语 十一年级
教师：丹嫩（Dannen）：

类别	4	3	2	1	0分	总分
内容知识3.1 阅读	学生们能够较容易地将菲茨杰拉德（Fitzgerald）"美国梦"的主旨与杰伊·盖茨比（Jay Gatsby）的行为联系起来，并给出三个具体的书面或口头的例子。	学生们能够将菲茨杰拉德"美国梦"的主旨与杰伊·盖茨比的行为联系起来，并给出两个书面或口头的例子。	学生们能够将菲茨杰拉德"美国梦"的主旨与杰伊·盖茨比的行为联系起来，但在举出书面或口头例子上还有困难。	学生们不太能够将菲茨杰拉德"美国梦"的主旨与杰伊·盖茨比的行为联系起来，也无法举出任何例子。	学生们无法将菲茨杰拉德"美国梦"的主旨与杰伊·盖茨比的行为联系起来，或举出任何同样的例子。	
比较和对比	学生们能够很容易地判断出《了不起的盖茨比》和菲茨杰拉德的短篇故事"冬之梦"之间的异同点，并能举出三个特定的书面或口头例子。	学生们能够判断出《了不起的盖茨比》和菲茨杰拉德的短篇故事"冬之梦"之间的异同点，并能举出两个特定的书面或口头例子。	学生们能够判断出《了不起的盖茨比》和菲茨杰拉德的短篇故事"冬之梦"之间的异同点，但在举出书面或口头例子上有困难。	学生们无法轻易判断出《了不起的盖茨比》和菲茨杰拉德的短篇故事"冬之梦"之间的异同点，也无法举出任何书面或口头的例子。	学生们无法判断出《了不起的盖茨比》和菲茨杰拉德的短篇故事"冬之梦"之间的异同点，也无法举出任何书面或口头的例子。	

托蕾科·蔻玛泽与她的教师诺姆·丹嫩

公平和简易

学生们喜欢不神秘的学习方法。

诺姆·丹嫩的一名学生，托蕾科·蔻玛泽（Collette Comatzer）说：

"我喜欢评分指南，因为评分指南可让学生知道到底该怎么做作业或写指定的文章，它们描述了非常公平和易于理解的给分制度。评分指南为你的文章垫定了基础。"

《了不起的盖茨比（The Great Gatsby）》

《了不起的盖茨比》1925年出版，被视为美国文学精品之一。作者是F.斯科特·菲茨杰拉德（Scott Fitzgerald）或弗朗西斯·斯科特·凯·菲茨杰拉德（Francis Scott Key Fitzgerald）——是的，"星条旗"的作者——弗朗西斯·斯科特·凯（Francis Scott Key）的后裔（远房表兄弟）。

课文的背景是被称为咆哮20年代的美国巨大财富激增期。这十年中的一些人物和形像包括：

爵士乐时代	路易斯·阿姆斯特朗（Louis Armstrong）
艾尔·乔森（Al Jolson）	Charlston舞蹈
查理·卓别林（Charlie Chaplin）	歌舞杂耍表演
鲁道夫·瓦伦蒂诺（Rudolph Valentino）	禁期
黑帮	阿尔·卡彭（Al Capone）
美国梦	唯物主义

小说的主角是杰伊·盖茨比（Jay Gatsby），叙述者的朋友和杰伊的女友黛西·布坎南（Daisy Buchanan）。

诺姆采用州立标准，并建立若干课程目标，其中之一是将自己的生活与福·斯科特·菲茨杰拉德的生活及工作进行比较，后者生活在爵士乐时代（又名"迷惘的一代"）和大萧条前夕。

很简单，他让他的学生将他们目前的生活与杰伊·盖茨比生活的20世纪20年代人们的生活进行比较。

相信标准和目标的教师可能会扼杀创造力，防碍问题解决，并阻碍深入学习，难以创造性地进行思维和课程规划。然而，诺姆的学生可以将自己和盖茨比的生活方式进行方方面面无限的对比。学生们可以进行音乐演奏会，写一篇论文，提交一份报告，甚至创建一个艺术展览，所有一切均证明了其高层次的课程掌握技能以及对所学知识的深入理解。一名学生甚至可以就20世纪20年代的爵士乐歌曲与目前的流行音乐、嘻哈或另类音乐歌曲进行比较。试想学生可以对禁期和匪帮饶舌音乐做什么！

除目标之外，诺姆还给了学生一个评分指南。他使用这一指南，作为练习性评估工具，以教授小说《了不起的盖茨比》为课程目标，评价学生学得如何和他教得如何。

学生的得分——1分、0分或无分——并不意味着学生愚笨、懒惰或不合格。这可能只意味着，一个15岁的还不了解自己生活的年轻人，很难将今天的生活与80年前的生活作比较。

这正是教师可以规定行动方针，帮助学生取得成功的地方。与学生同坐在计算机旁，登录国会图书馆网站（www. loc. gov），帮助学生查明美国20年代的生活状况。教师可以根据评分指南帮助得分低的学生，看看他们如何努力才能获得更高的分数——取得进步并实现目标。

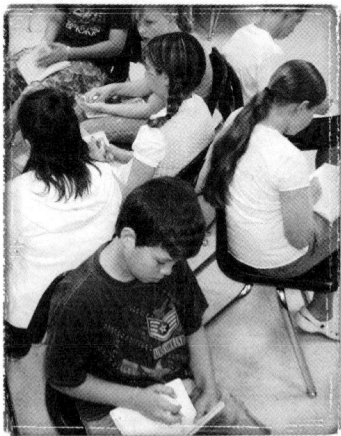

讨论小组的评分指南

戴安娜·格林浩斯（Diana Greenhouse），德州的一位教师，将一种评分指南用于教授约翰娜·赫尔维茨（Johanna Hurwitz）的小说《棒球热》的课程。这本书描述一个男孩想打棒球，而他的父亲却希望他下棋。这一冲突引起了全班的热烈讨论。

黛安娜利用这本小说让全班进入她称之为"内外圈的讨论"。

全班阅读完小说后，她让学生构建五个问题进行讨论。

在准备讨论时，她设立了双圈座椅。里圈的椅子朝里，外圈的椅子朝外。椅子背靠背排列，形成了内外两个圈。

文学圈——听与分享：棒球热

教师姓名：格林浩斯夫人（Greenhouse）　　　　　　　学生姓名：＿＿＿＿＿＿＿＿＿＿＿＿＿＿

类别	4	3	2	1
自愿参与	学生总是自愿回答问题并且愿意在被点到的时候去尝试回答问题。	学生有一到两次自愿回答问题，并且被点到的时候，也乐于回答问题。	学生不是自愿回答问题的，但是愿意在被点到的时候尝试回答问题。	学生不太愿意参与课堂活动。
理解	学生们似乎理解了整个故事并很好地回答出三个与故事有关的问题。	学生们似乎理解了故事的大部分意思并且很好地回答出两个与故事有关的问题。	学生理解部分的故事内容并很好地回答出一个与故事有关的问题。	学生无法理解或记住故事的大部分内容。
思考角色	学生能够描述某个角色在特定的故事情境下会有怎样的反应，并且在没有被提问到的时候能够主动举出某些图片或者文字来支持他/她的观点。	学生能够描述某个角色在特定的故事情境下会有怎样的反应，并且在被提问到的时候能够举出某些图片或者文字来支持他/她的观点。	学生能够描述某个角色在特定的故事情境下会有怎样的反应，但是在被提问到的时候无法举出例子来支持他/她的观点。	学生无法描述某个角色在特定的故事情境下会有怎样的反应。
尊重他人	学生能够安静地倾听，没有打断发言，他们坐在指定的位置而没有烦躁和不安。	学生能够安静地倾听，没有打断发言。他们偶尔移动位子，但是没有打扰他人。	学生一到两次打断发言，但说的都是相关的评论。他们坐在指定的位置没有烦躁和不安的行为。	学生经常小声说话打扰发言，发出评论或者噪音打扰他人，或者常常动来动去影响他人。

她读高中的女儿回家时报告称，她的高中教师使用了同样的技术，于是她将这项技术修改一番以适应她的五年级学生。

内圈的学生为第一讨论组。外圈的学生提出他们准备的问题供讨论并记笔记。问题和笔记最后都交给戴安娜。

活动开始前，给学生发一份评分指南。对评分指南进行审议和讨论，让学生知道在准备此次讨论时对他们有何期待。

戴安娜解释说，内圈的学生（面向里）讨论时，外圈（面向外）的学生只是听。他们不得插嘴，他们的任务是积极听讲。

当主持人要求时，他们可以提出问题并做笔记。这将有助于培养他们的倾听能力。

外圈的学生总是渴望在讨论时轮到自己发言，因为他们一直在聆听，或记了大量的笔记，已被灌输了大量的内容。其中大部分学生一直忙于写要点，或过滤他们的思路。

每个人都有本小说、记录问题的笔记本、记笔记的纸张以及评分指南。戴安娜随机指派一名讨论小组的主持人，讨论和学习就开始了。20分钟后，各组交换角色，一

多媒体教学方案：去乞力马扎罗山旅行

教师姓名：丹嫩（Dannen）　　　学生姓名：＿＿＿＿＿＿＿＿＿＿

类别	10	8	6	4
内容	用细节及例子来深度地理解话题。总体知识掌握很好。	掌握话题的主要知识点。总体知识掌握较好。	掌握话题的主要信息，但有一到两处事实性错误。	内容有限，或有多处事实性错误。
吸引力	在发言展示中很好地运用字体、颜色、图表、特效等手段，使展示生动而有吸引力。	在发言展示中能很好地运用字体、颜色、图表、特效等手段，使展示有吸引力。	在发言展示中能运用字体、颜色、图表、特效等手段，但有时候这些效果与发言内容无关。	在发言展示中使用字体、颜色、图表、特效等手段，但是往往这些效果与发言内容无关。
创新性	成果体现出极强的创新性思维。想法富有创造性和想象力。	成果体现出一些创新性思维。作品有一些新的想法和见地。	成果中使用了他人的观点（对他人予以承认和感谢），但是鲜有自己的创新想法。	成果使用了他人的观点，但没有对他人予以承认和感谢。
口语表达	语言生动，准备充分并且表达流利，很能吸引听众。	语言相对生动，准备比较充分且表达比较流利，能吸引听众。	表达欠流利，大多数情况下能吸引听众。	表达欠流利，不能吸引听众。
组织结构	内容结构安排合理，使用标题或列表对相关材料分组。	使用标题或列表来构架全文，但总体行文结构有缺陷。	大部分内容的组织排列比较符合逻辑。	行文没有清晰或有逻辑的组织脉络，只是诸多事实的堆砌。

GoBe

多媒体得分指南

完整的多媒体得分指南可以在www.cyb.com.cn第23章中找到。

个新的讨论开始。

戴安娜说：

"我期待着这些'内外圈的讨论'，因为我喜欢观看由我的学生来主导课程。他们正在养成良好的思考、聆听和发言的习惯。我的学生享受讨论和赞赏使用评分指南，因为他们确切知道我的期望，变得更有能力掌控自己的分数。

"全体学生都在参与。他们说，他们感到已具备掌控力，这使我激动不已，因为让学生具备掌控力正是我每天的目标之一！

"这真是一个值得观察的极好的活动。我的学生每次都使我惊讶不已！"

多媒体评分指南

正如凯伦·罗杰斯（KarenRogers）的评分指南（第274页）可以稍做调整用于几乎所有课堂，右边是诺姆·丹嫩（NormDannen）的另一种评分指南，可加以改变以适应所教的课程目标。

如果你的学生做陈述，你可使用GoBe文件夹里的这个评分指南。这非常通用，可供修改和使用。

现成的评分指南

你可以制定自己的评分指南，但许多教师发现采用或调整现有的指南更简单易行。我们有一些共同的评分指南，可以帮助你起步。

互联网上有更多的范例，其中有教师共享的各种网站，还有商业公司提供的所有年级和主题的模板。用Google搜索Rubrics（评分规则）一词，选择最适合你的指南。

评估和检查进度

评估不是一项孤立的活动。评估自始至终贯穿全课程，贯穿每一天。可采取许多形式进行评估，从测验、评分规则、问题、口头陈述到人造物品——都是为了帮助学生取得进步。

用评分指南评估学生的学习进展

教师的主要作用是，帮助学生在他要学习的内容方面取得持续的进展。学生想知道班级的目标。

当学生和教师努力向相同的目标迈进时，学生就会学到知识。高效能教师会做以下努力来推动学生发奋学习：

1. 调整课程以确保与地区或州立标准保持一致。

2. 以课程的整体目标为基础来教授课程。

3. 开展可达到教学目标的适当活动。

4. 衡量学习效果的评分标准要与课程目标一致。

5. 评估学习所依据的测试要与课程目标一致。

当你拟定课程目标时，一定要确定"内容和方法"，但绝不能仅此而已。整个过程中最重要的是，与你的学生分享"内容和方法"。

教育不是作弄学生的诡计和小聪明，我们的目标是打开世界的奇妙之窗，帮助学生发现学习带来的乐趣和成就感。

看看你准备的课程，并问问自己下面三个问题：

1. 你的学生知道上课时他们要学到的"内容"吗？

2. 你知道用什么"方法"帮助学生实现课程目标吗？

3. 你的学生知道他们和你将用什么"方法"评估其课程学习效果吗？

如果你不能明确回答这些问题，那你就还没有准备好你的课程。在徒劳地试图找出问题出在哪里时，你只会挫伤学生和你自己。

> **"你"必须知道要教到哪里，学生才知道要学到哪里。**

试想

试想，如果学生在课程开始之前就事先知道了他们要学什么，将如何接受测验，以及将如何被评分，那么学生会怎样学习。

试想，如果学生知道自己不会失败，他们会多么高效和自信。

试想，如果教师也知道这些，那么学生将会怎样学习！

281

设计课程的目的，不仅是确保教授学生，更要确保他们学到知识。有了评分指南，教师和学生就有了工具，可以更准确地评估学习成效。

教师做好了教学的准备

从学生的角度来看，重要的是感到"教师做好了教学的准备"。教师知道将要教授什么，会让学生感觉舒适、安全和充满信心。

有了公布的目标、书面测试和课程开始前制定的评分指南，教师的精力就能集中于授课的内容，帮助所有学生达到课程目标。

关于高效能教师

1. 按课程目标，建构评分指南。
2. 使用评分指南，做发展式评估。
3. 教导学生如何使用评分指南进行自我评估。
4. 帮助学生掌握课程，取得持续进步。

高效学习环境使用的工具

> **教师们共同努力，以实现可衡量的具体目标，这加大了改善学生学习效果的可能性。**

关键理念

教师若以团队工作，会更有成效。

持续改进的学校的教师具备以下三个特征。这些品质是学校获得成效的基础：[1]

1. 以卓有成效的团队开展工作

2. 确定明确和可衡量的目标

3. 不断收集和分析成绩数据

芝加哥学校研究联合会发现，在教师以团队工作的学校里，教师教授学生的数学水平要高于其年级水平。在教师单干的学校里，教学水平落后。在这些学校，八年级数学教师一般只教授五年级学生的数学。[2]

越来越多的学校已发现：当教师定期"协同"审查评估数据，以改进教学和达到可衡量的绩效目标时，神奇的事发生了：学生成绩明显提高。这是为什么？这是因为人们在相同的文化里以团队形式协同工作。[3]

麦克·旭莫科（Mike Schmoker）

① 麦克·旭莫科（Schmoker, Mike）：《结果：学校不断改进的关键》，美国弗吉尼亚州亚历山大：美国监督与课程发展学会，1999.

② 《学校评级：以下是如何进行评级》，催化剂新闻杂志，2000年10月文章所在的网址：www.catalyst-chicago.org/10-00/1000rate.htm。

③ 麦克·旭莫科（Schmoker, Mike）：《结果簿：重大学习改进的实用策略》，美国弗吉尼亚州亚历山大：美国监督与课程发展学会，2001.

即使学生也聚在学习团队里学习。

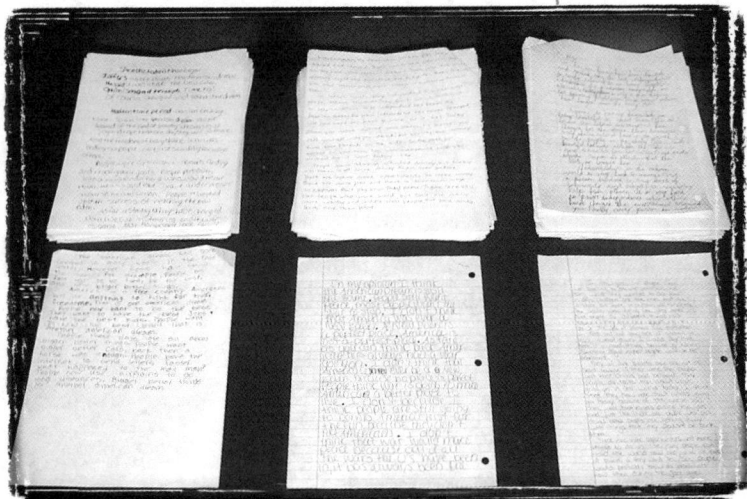
分析功课以帮助学生并改进教学。

卓有成效的学校随处可见学习团队

多数成功的企业都通过员工团队进行运作。请注意餐馆的账单，你得到的是一个团队的服务。注意商店里那扇密闭的门上："只允许内部员工出入。"想要与你做生意的公司宣称："我们的团队将为您提供从设计到成品的一条龙全套服务。"出色的运动员获胜后归功于团队。

卓有成效的学校是靠教师学习团队来帮助学生学习的。这些学习团队一般是年级或主题团队。

教师学习团队会聚在一起，分析学生实现课程目标的进展情况。

学习团队的核心工作是分析学生的功课，以期提高学生的学习效果。

分析学生功课的一种方法是，让团队成员带来学生做的同一年级老师布置的作业。将这些功课分为三大类：优秀、一般和较差，从每一类中挑选一份样品。

该团队用简单的重复性问题评估每一份样品：我们怎样才能改进或改变我们的教学，帮助功课较差的学生至少达到一般功课的水平？我们怎样帮助功课一般的学生更好地完成功课？我们可以设计哪些学习工具，来激励每个学生不断提高学习成绩？

学生从未放弃的学校

学校是学生学习的地方。亚利桑那州25%的人口是拉丁裔，许多学校成绩不佳，毕业率低；但有的学校教学效果却很好，超出了国家平均的测验分数。

亚利桑那州未来中心公布了一项研究："克服困难，取得成功：为何一些有拉丁裔儿童的学校能克服困难，取得成功……而其他学校却不能"。[①]标题说明了一切。

该报告列举了几所学校，包括在美国亚利桑那州与墨西哥边境地区表现很好的一些学校。被认为是高绩效的学校持续取得的成功，和被认定是成绩不佳的学校新近获得的成功——均与资金、班级人数、阅读计划、家长参与，或辅导没有太大关系。实际上，这些因素在成绩好和成绩差的学校都存在。

能克服困难，取得成功的学校具有如下特点：

1. 他们一再评估学生的功课。

2. 他们利用评估结果改进教学。

3. 他们不断寻找每个学生掌握每节课的方法。

一个公认的这样做的学校是凤凰城克瑞顿学区的L·C.肯尼迪学校。一年级教学小组成员帕翠夏·希克斯（Patricia Hicks）、凯伦·施内（Karen Schnee）、朱莉·库尼塔达（Julie Kunitada）和珍妮·洛佩兹（Jenny Lopez）自称是"壕沟里的专家"。这种态度反映了她们的壮志决心，不让任何困难阻挡学生获得成功——不论是家长、行政部门，还是其他人！

团队教授英语学习者，报告称他们的成功"来自于定期评价测试分数，调整我们的教学，以适应每个学生的需要，绝不放弃直至成功。"

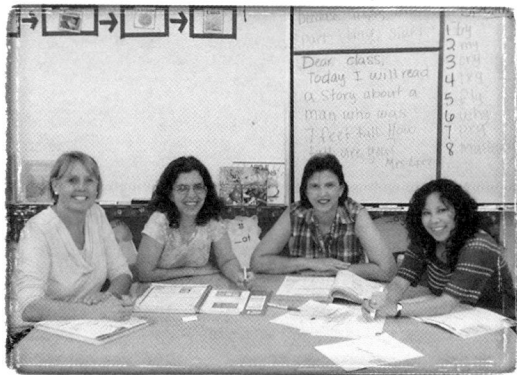

L·C.肯尼迪学校一年级小组，从左到右，帕翠夏·希克斯、凯伦·施内、朱莉·库尼塔达和珍妮·洛佩兹。

[①] "克服困难，取得成功：为何一些有拉丁裔儿童的学校能克服困难，取得成功……而其他学校却未能"，亚利桑那州未来中心，http://www.arizonafuture.org，2006.

他们说："通过每周会议，我们创建了一个教师学习型社区，共同解决困难和问题。我们的团队非常灵活、坚韧、顽强和坚持不懈。我们接受孩子们的自主权，相信所有孩子都能学好。

"我们的目标是

◎ 创建一个安全的课堂环境。

◎ 教给学生一些有意义的知识。

◎ 将技能细分成小步骤，使他们尽量感受到成功。

◎ 在前一项技能的基础上继续努力，直至达到预期目标。

◎ 练习、练习、再练习。

◎ 勇于接受各种思想，开展对话。

最最重要的是，我们绝不放弃。"

朱莉·库尼塔达教师还是一个新手时就加入了L·C.肯尼迪工作团队，该团队的其他成员与她一起审查年度目标和讨论如何达到目标，使她迅速成长。学校没有给她指定指导教师，但团队里的每个人随时都能为他提供帮助，作用甚至大大胜过指导教师——因为他们是她的队友。

朱莉·库尼塔达说："我不是被扔进去的，而是被亲切地接纳从而进入这个家庭。"

学校的所有团队每周都要聚会。团队里设有年级学习小组，他们致力于改进学生的学习。各小组共同努力，在教师和年级中创建一个一致的学习环境。

这些年级小组从不单独工作，他们与其他年级的小组进行交流。在L·C.肯尼迪学校，学生得到学校及其学习团队的帮助——不再是孤立地被锁在教室里。正是团队学习的方法帮助他们克服重重困难，取得成功。

学习团队的构成

加利福尼亚州萨克拉门托的太平洋小学，在2003年新加入了80个苗族儿童。（苗族是老挝人，其中许多人由美国政府招募，参加了20世纪60年代的越南战争。由于担心受到报复，被获许在美国避难，其中两个最大的定居点在明尼苏达州的圣保罗和加州的萨克拉门托。）

今天，太平洋小学40%的学生是苗族，但教师和行政部门还在应对扩招产生的各种问题。如何处理？学校的文化始终关注的是学生成就。

太平洋小学设有年级学习小组。他们每个星期举行一次会议，在一个大房间里享受便捷的会议，在年级会议上进行互动，各年级教师之间也进行交流。

太平洋小学的团队会议使用正式的结构或"程序"。在会议前半段他们使用旭莫科（Schmoker）模型[①]，程序如下：

1. 焦点（3~5分钟）

◎ 确定具体的学习目标和将用于确定课程成功的评估。

◎ 写出一项学习目标/标准，明确规定课程目标。

◎ 展示目标/标准供所有团队成员查看。

◎ 确保团队对于评估有共同的理解。

2. 评估

◎ 按照标准/学习目标创建评估。

3. 安静写作（1分钟）

◎ 对于可能会成为一个卓有成效的课程教学（会帮助尽可能多的学生在评估

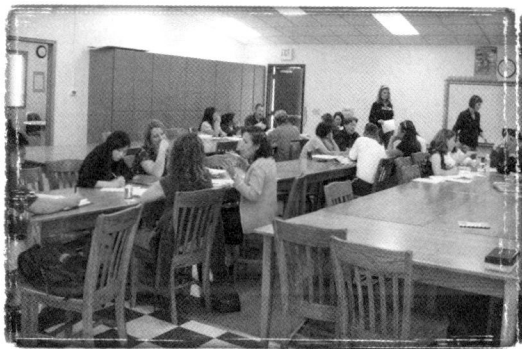

太平洋小学的团队会议在一个大房间里举行，以方便不同年级教师之间的交流。

---

① 麦克·旭莫科（Schmoker, Mike），1999.

中获得成功）的试卷内容、步骤或策略进行私下的悄悄的集思广益活动。

4. 集思广益（4~7分钟）

◎ 作为一个团队，用良好的集思广益协议（没有负面评论，任何想法均可接受，可借用别人的想法）捕获12~14种想法并使所有人都明白。

5. 选择（3~6分钟）

◎ 作为一个团队，选择最佳策略、步骤和内容，最有效地将它们综合起来以促使学生得到有价值的评估。

6. 课程提纲（4~10分钟）

◎ 作为一个团队，用上一步中所选的最佳想法，建立课程提纲。

◎ 收集相关想法、排好序列，并按需要增加或调整想法。

◎ 概括课程以使所有人明白。

7. 实施（返回课堂）

◎ 教授课程。

◎ 评估结果。

8. 下次会议

◎ 讨论教学结果（多少学生成功），以及课程或评估的优缺点。

◎ 商讨如何根据各个领域的优缺点调整教学。

团队会议上交换的所有信息均记入"团队学习日志"。

会议下半段的时间是用来讨论学生作业的。教师们摊开试卷、测验、批改学生功课或报告，分析每个学生的成绩。然后，他们相互交流教学内容和方法，及如何相互帮助改进教学，使学生能够更好地接受。

> 在一个学习团队里，教师们有能力共同协作以提高学生的学习效果。

GoBe

学区内合作

艾斯利普公学的新老师以团队形式开展工作，他们获得州立大学董事会毕业证书的比率高达98.3%。登录www.cyb.com.cn第24章，阅读有关"学校之路"的内容。

这所学校获得了成功，尽管在这里学习的大多是相当贫困的少数民族学生。在2006–2007学年，学校只需聘用两名教师。

这是一个非常积极的迹象，因为同类学校的教师流动率显著高于这个水平。

新教师科伊尤·阮（Kieu Nguyen）说："我喜欢在这里教学，因为我并不是孤单地靠自己。真不可想像我从经验丰富的教师那儿学到了多少东西，我们教师彼此合作真的会好得多。"

科伊尤·阮

"本田故事"

本田在俄亥俄州马里斯维尔工厂制造汽车。公司聘用的"协作人员"（而非工人）超过13,000人。

协作人员以集体形式工作。他们的一种程序是每组人在轮班结束时可向管理层提出意见和建议。在美国，管理层通常不希望听到问题，工人们也不想卷入问题。

"本田程序"要求回答三个问题：

1. 问题是什么？   2. 你对问题采取了什么行动？   3. 你对持久解决此问题有何建议？

本田改进质量的方法是，授权各组的工人解决问题，寻求改进方法，使全组更加出类拔萃。

学习团队里的评估

> 分析教学，而非教师或学生。

分析教学，而非教师

1993年，缅因州和新罕布什尔州的23名医生达成一项协议，相互观察对方的手术程序并分享意见。

经过九个月的观察和经验分享，又过了两年的实践和改进，他们将死亡率降低了惊人的25%。

对于历来孤立工作的专业教师来说，这个类比提供了有力的信息。如果他们的目标是降低学生的"不及格率"，那么教师的共同努力和合作可以帮助年轻人成功。

卓有成效的学习团队讨论学生的写作作业、数学问题、科学项目、工艺作品和孩子们每天都在制作的任何其他作品。

教师也分享自己的课程计划，并让他们的同事试验自己的课程计划。这是一项可怕的工作，但已制定了基本规则（如集思广益，一切均可接受），提高学生学习效果是会议的重点。

团队会议的重点是讨论提交的功课而非提交功课的特定学生或教师。

卓有成效的学校的校长及教师欢迎定期评估，它可作为一种方法用以尽早明确问题，即时解决问题。他们定期审查评估数据，以便在出现问题时第一时间查明原因。通过进行"根本原因"的分析，他们回顾数据以确定不足，并采取措施立即纠正教学上的缺陷。

症结通常在于输入——课程、教学、用于目标的时间——而不是产出（学生）。教师是业务专家，必须有丰富的专业知识，可以分析自己的教学以及让别人进行分析。根据他们接收到的意见，教师必须接受对其教学工作进行修改，以使每一个学生理解。

参与集体工作的教师必须承认，发现问题不是对教师进行人身攻击，而是找出教师教学方法不足的一个过程。

新执业医生在训练时注意"观察"。

用课程表给团队发通知

成功的学校使用课程表来调换课程。课程表按横向和纵向制作。课程表是一个宏大的电子表格，列出每个人过去、现在和将来的教学。

课程表是动态的，因为它不断变化，实时反映需要教授什么以推进学生的学习进展。

机场的飞行控制人员能在其显示器上看见在他们的区域天空范围内的所有飞机。火车时刻表列出某特定线路的所有火车的到达和出发时间。在旅行团里，每个人都会得到行程安排以及所有停靠站的清单。

同样，卓有成效的学校也有类似的地图、时间表或行程，跟踪正在教什么以及谁在教，以确保任何学生都不会错过学习这趟列车。

西地中海及摩洛哥十一晚航游旅行路线

DATE	PORT/CITY	ACTIVITY	ARRIVAL	DEPARTURE
Day 1	Barcelona, Spain	Embarkation		6:00 PM
Day 2	Provence (Marseilles), France	Docked	7:00 AM	6:00 PM
Day 3	Nice (Villefranche), France	Tendered	7:00 AM	8:00 PM
Day 4	Florence, Italy	Docked	7:00 AM	7:00 PM
Day 5	Rome (Civitavecchia), Italy	Docked	7:00 AM	7:00 PM
Day 6	Ajaccio, Corsica	Docked	7:00 AM	5:00 PM
Day 7	At Sea			
Day 8	Gibraltar, United Kingdom	Docked	1:00 PM	7:00 PM
Day 9	Casablanca, Morocco	Docked	7:00 AM	9:30 PM
Day 10	Tangier, Morocco	Tendered	9:00 AM	6:00 PM
Day 11	At Sea			
Day 12	Barcelona, Spain	Disembarkation	5:00 AM	

提高学生学习效果的工具

你在学习团队聚会时，重要的是注重和分享学生应该知道的一些基本技巧，以增加他们在课堂和人生中成功的机会。其中一些技巧包括：勤做笔记，阅读并理解教科书，组织安排家庭作业，并留意和记录每日功课。其中一些概念看似常识，但以下这句格言恰处其分地解释了常识的价值："常识的问题是，这并非如此普遍。"

制定课程表

　　詹姆斯·韦斯翠克（James Westrick）曾经是一名肯尼亚某个村庄的和平部队志愿者。他是设在非洲丛林中的一所小型中学的唯一的科学教师。他没有实验室，没有教科书，也没有正规的生物学、化学和物理学课本。然而，他有大量的时间。

　　他开始了下列过程：明确他希望他的学生在一年各时段应获得哪些知识和技能。有了这个计划，他就能着手研究什么知识内容和活动最适合用来帮助他的学生获得技能。这构成了他个人课程表的原始框架。

　　回到美国后，詹姆斯成为芝加哥城外的一个大型公立高中的七名化学教师之一。他有了所需的全部资源和课本，他甚至还有了一个实验室。但是，他不知道他的学生的知识水平，上过什么科学课。他发现自己因复制实验或练习册，经常与其他科学教师发生冲突，因此，他错过了许多跨学科教学的机会。虽然他周围都是教师和资源，他却感到在专业上他比在肯尼亚时更加孤立。

　　1999年初，詹姆斯出席了由海迪·海耶斯·雅各布（Heidi Hayes Jacobs）领导的"课程图"制定研讨会。将课堂上实际发生的情况制成图并与其他教师共享的想法对詹姆斯来说是完全合理的，因为他曾在肯尼亚使用该技术跟踪学生的学习情况，尽管他是那儿唯一的教师。

　　"课程制定表"诞生于詹姆斯"在洞穴里"教学的挫折感。他想利用他的学生已经知道的知识——而不只是重教相同的内容。他想知道其他教师实际上在学校做什么，以便他可以支持他们，使他的学生体验更有意义的教学。在学校教学时他还设计了"课程制定表"。随着越来越多的学校开始使用该系统，他认识到大多数学校存在共同的问题，使教师走出其"洞穴"是在任何地方建立相互关联的课程的第一步。

　　随着需求的增加，他在"课程制定表"上投入的时间越来越多，这一切都始于他为帮助他在肯尼亚的学生而需要的个人行动。目前，"课程制定表"被应用于美国48个州和加拿大。现在，吉姆正在帮助学校和学区实施其课程制定措施，以加强教师间的沟通和协作。

　　欲了解有关詹姆斯的"课程制定表"的详细信息，可登录网址www.clihome.com/cm。

我们将要分享的技能会帮助学生成功。教授这些技能，全年都要与全班一起复习。

1. 如何做笔记。

2. 如何阅读教科书。

3. 家庭作业是课堂学习的延伸。

当然，教师不应该讲太多，但这不是问题。高效能人士深谙做笔记的技能，这正是他们卓有成效之所在。

做笔记不仅用于课堂，人们在看电视、打电话、听取会议发言、综合阅读、回想信息等许多情况下，均在做笔记。

笔记属个人性质，这是人们想为自己提供的个人启发。教学生做笔记的程序，你就是在教授学生人生中有益的本领，如果那个学生珍视所收集的思想，想将它们变成下一个伟大的小说或发明，尤应如此。

> **做笔记体现了人生最重要的技能之一：" 聆听 "。**

如何做笔记

最常用的做笔记方法是，沃尔特·袍克（Walter Pauk）在康奈尔大学发明的 " 康奈尔笔记法 "。

精减　　　　　记录

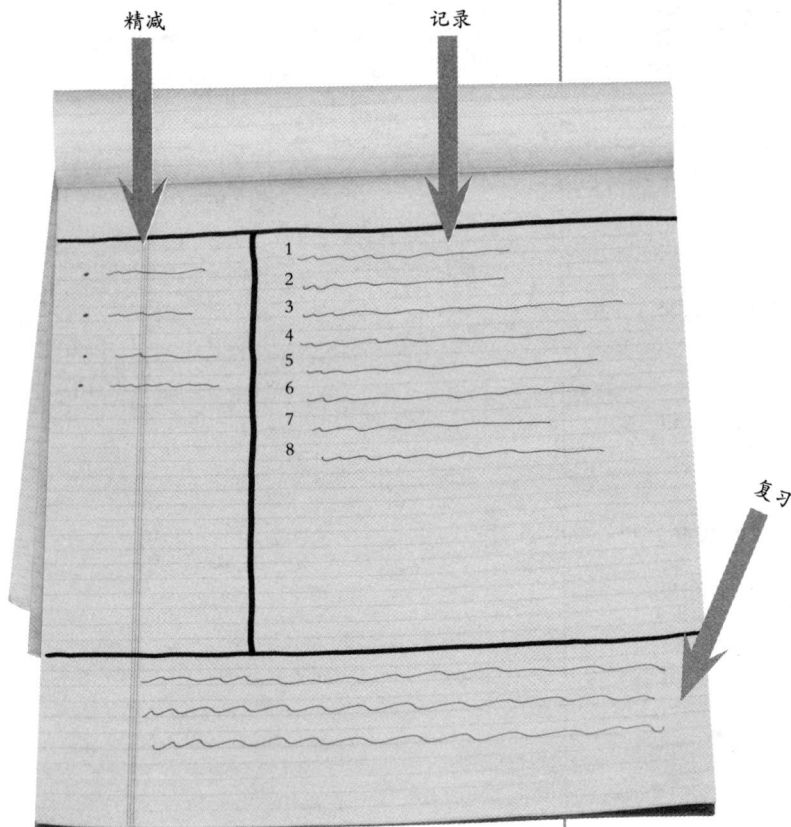

复习

做笔记并不复杂。最简单的形式就是将一张纸分为三部分。三部分被称为：记录、精简和复习。

互联网上甚至有个网站，方便你取用自己的康奈尔网页并下载、复制给你的学生。

"康奈尔笔记法"的优点是，不必重写笔记，可以随时复习。笔记可提示课程详情，在测验或课堂讨论前可用于复习和学习。

"康奈尔笔记法"：

1. 记录。在此空间记录笔记。教授学生使用缩写和短语。不同主题之间留空白。整洁并不重要，组织编排很重要。

2. 精简。根据笔记在左纵行写上简语、提示词和要点。鼓励简洁和简明。

3. 复习。在页底，写一个句子或词组来概括该页笔记，可增添任何余留问题，或写上供进一步研究的想法。

如何阅读教科书

讲求效率的阅读者不一定要从一本书、杂志或报纸的起首读起。报纸和杂志出版商知道这一点，因而将部分目录印在封面上，作为内容摘要，以吸引你的注意。

他们知道，速效读者会浏览、扫视、从一页跳到另一页。同样，阅读课本时这种方法叫作SQ3R阅读法：概览（Survey），发问（Question），精读（Read），背诵（Recite），和复习（Review）。

该方法能教授学生如何阅读课本。

◎ 概览

首先阅读本章摘要，查明后文是否有趣。

寻找是否有标明任何关键思想或概念的句子。

浏览全部黑体句子。

阅读大写、斜体、标示或框格里的字词。

观看图片，阅读说明。

阅读所有章节标题，了解该材料的组织编排特点。

◎ 发问

询问此章内容。

询问小节内容。

学生问问题的目的性越强，学生越能理解该章或节传达的主要信息。

◎ 精读

带着问题阅读每一节。

◎ 背诵

口头回答所提问题。

◎ 复习

反思问题或关键思想，核实原有理解。

你有过在自助餐厅排队，却不知道有什么供应的经历吗？问你前面的人？他们也不知道？你难道不想知道有什么供应，这样你就能在盘子上分配空间？

走出队伍，来到柜台询问你是否能在入座之前对自助餐进行SQ3R的调研。他们欣然应允。

纵览自助餐的布局，有一张以上的桌子吗？有热食区吗？有切肉的刀吗？甜品桌在哪里？

问一下在火锅料理盖子下的是什么，看看酱汁，它们是奶油做的吗？有供应低盐、有利于心脏健康的食物吗？

阅读所有食品包装上的标签。

默背由你精心研究布局而设定的所有美妙的选择。

回顾你对自己所做的不暴饮暴食的承诺。然后，排队，准备负责任地享用自助餐。

家庭作业是课堂功课的延续

家庭作业必须与课程目标和评估一致。不然，它就是滥竽充数，没有任何家庭作业的价值。

安排的任何家庭作业都必须是课程目标的一部分，而且必须有助于评估学习。如果不是，就是无价值的家庭作业。

理解了这个概念，迈阿密的埃尔摩·桑切斯（Elmo Sanchez）称他的家庭作业是为了督促学生在家学习。

他只布置可复习和强化学生课堂所学内容的作业。

家庭作业不是为了新的学习。如果家庭作业有新的学习内容，很可能挫败许多学生乃至家长，因为他们正被要求去学习或教授课堂尚未教授的知识。

正如高效能教师使用有引导性的练习，然后是独立练习，家庭作业或在家学习应该是加强课堂所学知识的额外练习。

GoBe

保持任务跟踪

卡尔发明了一种日常任务帮助其学生追踪自己的任务进程。请登陆www.cyb.com.cn在第24章阅读相关内容。

如果一个学生学习溜冰或上音乐课，那么教师应该让学生回家去练习这些课程内容，而不是创造新的东西。

关键词是"练习"。安排家庭作业前，问问自己：

◎ 学生在课堂上学到了什么？

◎ 学生能做什么来巩固这个新知识？

这成为当天的作业。在许多小学班级里，学生获得一个"带回家"的文件夹，其中就包含需要在家学习的所有功课。

尝试在课堂上完成家庭作业。在头两个星期内，花时间在课堂上教学生如何做家庭作业，然后再让他们带作业回家。也可将这种做法稍作变化，让学生在课堂上"开始"家庭作业，然后在家里完成。

学习团队拥有一个共同的愿景

成功的旅行由清楚了解目的地开始。如果你不知道自己要去哪儿，那你怎么知道是否能到达呢？

增进学生成果的旅程没有什么不同。每个相关的人——管理人员、教师、学生和父母——都需要对增进学生学习产生强烈的关注。

他们需要创设目标和绘制能引导他们共同到达目标的地图。这个概念即为共同的愿景。

在一个共同的愿景中，教师共担领导，共同的焦点是学生学习。工作人员围绕学习目标进行协作，并且这是由共享的决策过程完成的。

> **在一所拥有共同愿景的学校，领导者努力让大家**
> **协同工作。人们彼此紧密联系而不是相互分离。**

为了实现这个共同的愿景，每个学习团队在每一节课上始终思考着这些问题：

◎ 学生要学什么（见第21章）？

◎ 我们将如何教授希望学生学习的知识（见第21章）？

◎ 学生需要为学习准备些什么（见第22章）？

◎ 对于学生的学习，我们评估什么，应做哪些调整（见第23章）？

教师学习团队必须定期会晤以寻找以下问题的答案：

1. 我们在按照商定的标准教学吗？

2. 我们在增进成就方面正在取得进展吗？

没有成效的学校缺少教师学习团队，也就无所谓共享。这里课程混乱，因此孤立的教师在同一所学校的同一年级却教授差异极大的主题。没人知道也没人关心还要教什么。评估是为了成绩而不是学生学习。

在卓有成效的学校里，课程为学生学习而构建。学习团队经常自我评估，以确认他们是否保持和培育一个共同、共享的关注学生学习的愿景。

◎ 他们创造和使用课程图表，使学习团队共同协调和评估教学。

◎ 他们经常自问，是否需要教或重教为取得学生成功所需要的学术内容或程序。

常识说明且研究也支持了以下事实：教师花费在管理课堂冲突上的时间越少，他们用于教学的时间就越多，也越能提高学生的学业成果。

对于卓有成效的教学，建立程序和惯例以便腾出更多教学时间最为重要。

高绩效学校的特征

以下是关于高绩效学校、卓有成效的教学和改进学生学习的已有研究结论：

◎ 孤立教学的时代已经结束。良好的教学已在支持性的学习环境里蓬勃发展，该环境是由教师和学校领导营造的，他们共同努力，在强大的专业学习团队的支持下改进学生的学习。

◎ 当教师感到与学校和同事紧密相连时，他们也在不断成长。

◎ 教师需要也希望有归属感。如果他们不能以积极的方式归属，则会以消极的方式抵制。

◎ 高绩效学校的特征是社区性、连续性和连贯性。

◎ 高绩效学校拥有高绩效的文化，其特征是所有的学生共担学习责任。

据现有报告，拥有这些特征的学校能在增进学生学习上产生最大的成效。这只能发生在那些教师一起工作，一起评估，一起学习以增进学生学习的学校里。

当我们对学校寄予期望

学生成功的核心是其所有的教师都拥有一个共同的愿景。愿景就像是一颗指引努力方向的明星，它联合每个人迈向共同的目标。它为致力于教学目标、信念和优先性奠定了基础。没有这个共同愿景，人们就失去了教学的方向。

这可能对你来说不算震撼，但研究一再表明，多数在教育方面做出的决定并不是为学生所做，而是为成人及其计划所做。

只有一个教育愿景：学生学习的进展。绝不要忽略这一事实。当旅行者使用地图或GPS（全球定位系统）导航时，他们绝不会看不到自己将去何处。我们考虑做出的每一个决定都必须指向学生的学习。

有时我们可将学校想像为独立自主的一组房间，有给全体教师的停车场，有时也有一个给学生的停车场。但要使学生的学习连续一致地进行，每个教室都必须与走廊相连，且可通过敞开的大门自由出入。各教室是相互关联的，每个人也必须信奉一致的共同愿景。

在每一次团队会议时，拿起指南针、地图、全球定位系统，不断发问：

◎ 我们共同的愿景是什么？

◎ 我们跟随自己的明星了吗？

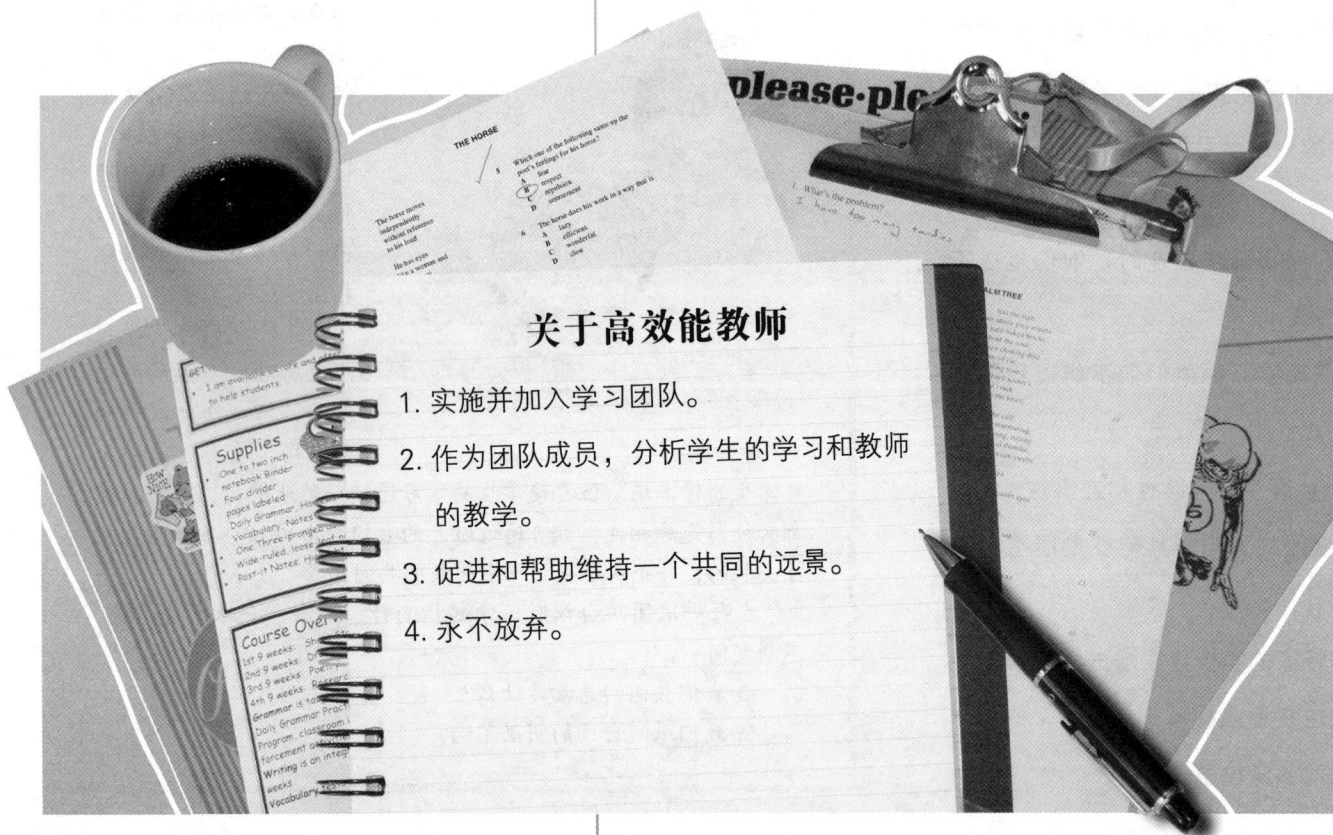

关于高效能教师

1. 实施并加入学习团队。

2. 作为团队成员，分析学生的学习和教师的教学。

3. 促进和帮助维持一个共同的远景。

4. 永不放弃。

单元 E

全新的理解：
从高效能老师成长为教师领袖

孜孜不倦地学习和成长的教师，最终会成为专业的教育工作者。

单元 E

全新的理解：从高效能老师成长为教师领袖

孜孜不倦地学习和成长的教师，最终会成为专业的教育工作者。

专业教育者是教师领袖

> **当你宣称和认为自己有所作为的时候，你正在彰显自我尊严和教学这个职业的尊严。**

这是本书的最后一个单元。A至D单元的重点是学生成就。E单元的重点是你——一位教师，同时也是一位不断学习的学生。

你很快就会发现，教师学得越多，每个学生就会学到更多。换言之，你了解的教学技巧越多，你的学生获得成功的机会就越大。

> **我们教你做计划，是为了使你能够制订计划来教学。**

教学成功的最大秘密

如果你想成为一位前途光明的职业教育者，如果你想改变他人的人生并从中得到幸福、受人认可，那请你从自己的人生开始做起吧，先改变自己的人生。教学成功的最大秘密：乞，借，窃！

我们曾在第8页谈到过这一点。

关键理念

教师学得越多，学生会学到更多。

教学

教书是你会喜欢的最具挑战性的事情

教师海迪·阿尔宾（Heidi Albin），加州海沃德

> 一旦有个人凝视着岩石堆，想象着它是个大教堂，那么岩石堆就不再是岩石堆了。
> ——安东尼·德·圣-埃克苏佩里
> （Antoine de Saint-Exupery）

最早的IBM个人电脑。

北加州教师克里斯·霍尔沃森（Kris Halverson）最近进行了一些有关作业方面的改变。她以积极的态度欢迎这种改变，说："我很高兴开始一个新的学习曲线。"

纽约教育家苏希·珏曾（Susie Drazen）说："我的研究生院教授建议，我们的教师应兼收并蓄——观看一切，但只取用最好的。"

每当露丝玛丽黄（Rosemary Wong）去参加会议时，无论会议内容多么枯燥或看似无关，她总是不断寻找其潜在的好处："在发言者甚至还没有分析和解释其讲课技术时，我已经想好了在我的课堂上应如何做得不同或更好"。

人脑是一台奇妙的电脑。实际上，人脑的确是一台富有创意的电脑！高效能教师始终不停地在思考、梦想和规划。

你实施的教学技术和在新理念下自我成长的能力，将决定你未来的幸福和事业的成功。

如果你不提高自己，你将没有知识可教，教师不可能教授自己不会的知识。如果你不对自己负责，无人会对你负责。就这么简单。只有当你承认和接受你会有所作为时，职业尊严才会得到提升。

仍处于"维持教学"阶段的教师

专业是个人特质、文化和思想意识的综合体。尽管如此，专业人员可分为两大类：

◎ 有些人只想挣钱谋生。他们工作是为了活着，日复一日地生存。

◎ 有些人想要有所作为。他们活着是为了工作，因为他们所做的工作会给他们和他们的学生带来成就。

不幸的是，有些教师说，"但我不能使用你的技术，因为我教高中"，"我学生的阅读还没有达到年级平均水平"，"所有巴士的抵达时间都不同，所以我无法准时开课"，或"你不理解我学生的文化背景"。

这些教师找各种借口混日子，无所事事或得过且过，最终一定会导致停滞不前。

当你处在一个许多教师不想学习的学校文化氛围里，显然学生也不会去学习。

另一方面，有的教师现在已经达到精熟。我们将这些教师称为"专业教育者"和"教师领袖"。

达到精熟

我期待管道工、牙医和律师精通业务，我们称其为专业人员。同样，高效能教师被称为专业教育者。

专业人员不是按一个人从事的业务来确定的，而是根据其从事业务的方式来界定的。

专业教育者无需催促、监督或管理，他有持续提高资质的计划，并不断地努力提高每一组新学生的水平。

高效能教师会思考、反思和实施。高效能教师以身示范对学生的期待——思维能力和独立解决问题的能力。高效能教师借助其积累的知识来解决问题，而知识的积累需要长期坚持和不懈的学习。

专业教育者始终如一地学习和提高。他们通过寻求新的理念、新的信息和持续改进技能，与学生一道，不断获得成功。

> 重要的不是你投入了多少时间，而是在这些时间里你投入了多少精力。
>
> 有些人经历人生，只不过是在积累岁月。而另一些人经历人生，却能向其岁月中注入生命。

成为教师领袖的教师

高效能教师依托个人的人生计划来指导自己的事业，该计划的最终目标是成为教师领袖。这些教师很容易识别。

教师领袖是乐观主义者，他们每天都能看到生活中的成就，也能清楚地看到迎接他们的光明未来。

"教师领袖"一词是个很新的概念。几十年来，许多教育工作者认为自己"仅是教师"。他们一般单独教学，如果他们想得到更多的报酬或表彰，他们会求助工会。

随着每一代教师变得越来越卓有成效，随着他们更加精于改进学生的学习，许多教师意识到他们应当做出选择来决定或充实自己的生活。

他们选择走出"仅为教师"的制约，踏上成为领导者的道路。这些教师认识到，领导者不是"老板"，只执行规则、条例和程序，领导者不仅仅只是有权告诉别人做什么，真正的领导者具有实现集体成功所必要的特定素养。

简明扼要地定义，领导是激励者、调解者和指导者。

高效能领导者的10种品质

1. 领导者要有远见卓识。

2. 领导者要树立榜样。

3. 领导者要掌握必要的人际交流技巧。

4. 领导者要动员和鼓舞别人努力实现共同的目标。

5. 领导者需专注于目标。

6. 领导者需要规定期限，定时完成任务。

7. 领导者要会在调和个人和群体间的冲突和分歧。

8. 领导者要认识到具有适当的知识和技能的重要性，并督促培训。

9. 领导者要会分享信息，并指导年轻和生手成员。

10. 领导者要做好准备、热情洋溢、坚持不懈。

按最广义的说法，领导能力会促成改进。就教育而言，教师的改进会促成学生的改进。要是没有教师领袖，就不会有学生的进步。

因此，正是有了教师领袖，我们才能使学生最终获得成就。

试想下面两种说法：

◎ 低效能教师都一样。

◎ 高效能教师都很独特。

如果你在读到这种说法时会有一种"啊哈"的感叹，那说明你已经很好地走上了成为一位教师领袖的道路。或许你已经成为了名副其实的教师领袖？如果你挠头自问，说明你仍在提高和学习。给自己留些时间，继续学习和发现教师领袖的特质。

> **教师领袖**
>
> 　　教师领袖认识到他们是专业的开拓者，因此必须承担课堂之外的更多工作，如开办讲座、写期刊论文、支持新教师、为管理者分忧。正是他们提升了教师的权威和专业性，打破深深限制学校工作的孤立壁垒。
>
> 　　简单地说，教师领袖采取行动、承担责任，推动教育界的积极改变。
>
> 　　——威廉·傅瑞特（William Ferriter）
> **北卡罗来纳州六年级教师教师领袖网络**

所有成功教师均是领袖，而非劳工

你可以根据这些特征，预测你今后5年、10年、20年甚至30年的教师生涯。

许多教师把教学作为赚钱付账和养家的一种手段。他们承诺在下课铃响时准时走人，没有时间或意愿去争取和抓住帮助学生成长和学习的机会。

像劳工一样，领袖也工作和花时间挣钱，但领袖愿意多花时间去改进自己、与自己一起工作的人们的工作环境。结果是，领袖通常挣更多的钱。

"教书匠"	教师领袖
当危机出现时才进行管理。 总找借口。	有领导能力进行管理。 有计划、目标和愿景。
劳工穿着。 畏缩地坐在会议室的后排。	穿出成功。 坐在他们可以学习的地方。
抱怨专业发展。 抱怨他人、环境和事物。 责备他人、环境和事物。	乐于参加会议。 赞赏他人、环境和事物。 与人合作，美化环境和事物。
经常迟到。 不停嘟囔。 总是在发问："我该怎么做？"	总是准时并事先准备好材料。 专心。 能做出决定，并能促成问题的解决。
不订阅或阅读专业期刊。 不加入专业组织。 很少甚至从不参加讨论会，总是抱怨学区主办的会议。 消极对待其义务："我必须服务吗"，"我只能这样做，因为我不得已"。 都是以"我"为中心。	订阅专业文献。 加入专业组织。 出席讨论会，甚至可以在会议上做专业发言。 热情谈论其选择方案，如"我愿意加入专业学习小组"，"我喜欢参加学区课程委员会的工作"。
讨要尊重，而非赢得尊重。 决定做别人所做的。 操心他们的工作和工作条件。 成为受害者。 不愿学习或寻求别人的帮助。	获得成功，赢得尊重。 选择执行他们所知的最佳方案。 具有事业心，有可供选择的方案。 具有控制力。 知识渊博并善于寻求帮助。
看待生活的态度是："又过一天，又挣一美元。" 得过且过。	相信生活是"尽力在各方面做到最好，并且积极追求生活、爱情和幸福"。

领袖通常多挣钱，不是因为多花时间工作，而是因为他们多花时间去提高技能和改善他们的生活。

生活奖励胜任工作者而不是上班看表的人。

> **工作是一个人为谋生所做的事；事业是一个人毕生的追求。**

教师领袖是专业人士。他们不忧心时间和金钱，而是专注于成长和与他人的合作。

> 不要只走别人的老路。而要在别人没走过的路上，留下自己的足迹。
>
> ——罗伯特·弗罗斯特（Robert Frost）

职务头衔并不能反映出一位教师是教书匠还是领导人

一个教师写到：

新教师并不是入职课程的唯一受益者，教育协会和管理部门的参与对学生、同事、管理人员同样有积极的影响。我们要把团队工作打造成可实现共同目标的途径。

玛丽·埃克（Mary Ecker），执行委员会
密歇根州 休仑港教育协会

一位行政主管说：

在职超出五分钟，你就欠我五分钟。

新泽西州
地方教育协会主席

教师领袖是积极主动的

什么是高效能教师：

高效能教师善于实施。高效能教师有能力实施他人的成果，不论其年级、主题或专业领域如何。

他们能够借用他人的成果，加以改变以适应自己的情况，用于自己的课堂。他们善于观察、反思、发明和应用。

高效能教师积极主动。他们学会如何预防问题，而不是应付问题。他们积极主动而不是消极被动。

低效能教师总是消极被动的。被动的教师没有组织有序的课堂计划，却将无效归咎于学校或社区环境。

被动的教师很少或根本不能掌控其课堂，因为他们通常是纪律执行者，他们会坚持对某些学生实行特别处罚或要他们承担后果。

然而在很多时候，这些学生最聪明、最容易对无序的课堂产生厌烦的情绪。这些学生即使仅凭直觉认识到他们有一位被动的教师，也会觉得有机可乘，他们学会了操纵他们的教师，与教师玩游戏，让自己成为关注的中心。结果是，这些学生实际上控制了课堂——而不是教师，因为教师不断地对"破坏性"的学生进行惩罚，以此作为对不能接受的行为的反击。总之，被动的教师不是领导者，他们只是一般的工作人员，他们的学生也是这样认为的。

积极主动的教师制订有防止问题发生的课堂管理计划，他们设计由标准和目标指引的课程，并且他们对学生的学习抱有积极的期望。

GoBe

你是普通员工还是领袖？

普通员工让别人为他们做决定，领袖自己做决定。要理解这个概念，可参阅www.cyb.com.cn的第25章。

高效能教师懂得通盘考虑

教学是一种工艺。它要求奉献和承诺。它要求与其他人在学习团队里通力协作。它要求持续的自我改进。

虽然一些人具有天生的教学能力，但没有人生来就具有教师领袖所必需的知识和专业技能。

首先，你需要理解的是，你必须管理好你的课堂。就像成功经营一个商店要求有良好的管理技能，成功的课堂教学要求精心的准备。对于学生的学习，没有简单和神奇的方法，你必须为此努力。

如果你期望你的学生听从你，你必须也愿意学习。

> **最高效的老师会成为专业教育者。**
> **专业教育者会成为教师领袖。**

最脆弱的教师

最脆弱的员工，是无法做出选择来计划自己的职业生涯的得过且过者。他们知道他们应该提升自己的职业以及他们所教学生的人生。他们知道应该与帮助他们的其他教师合作。

但是，在教师会议上和教职工休息室里，消极人群大声抱怨邻里文化、薪资、条件、

> 你必须倡导你所相信的；否则，你将成为一个受害者，只一味地相信别人要你相信的。
>
> ——杰西·杰克逊（Jesse Jackson）

试想你最喜欢的商店。

为何它获得成功?

因为有三个因素：

1. 商店管理良好。

有序舒适。

你感到在此购物很开心。

2. 商品好。

商品选择多。

价廉物美很值。

3. 顾客得到温馨服务。

人们对你彬彬有礼。

你得到礼待、尊重和尊敬。

销售人员感激你的购买，与你建立起良好的关系。

你忘不了这些商店。它们大小各异，所卖商品不同，各地均有。但它们具备以上三个特征，才促使它们获得成功。它们为了成功获利而将各方面的因素都准备好了。

想象成功的课堂。

别无二致，

因为有三个因素：

1. 课堂管理良好。

学生感到课堂有序、安全和愉悦（这是C单元的"课堂管理"）。

2. 教师很好地教授课程。

学生学得好，体验良好、享受上课。

这是D单元的"掌握课程"。

3. 学生得到良好的对待。

他们受到尊重。

如果需要，他们会得到额外的帮助。

他们得到关爱和珍视（这是B单元的"积极期待"）。

你已看到过或可以想象这些课堂。他们大小不一，学生多样，存在于不同的地方。但它们都因为这三个特征，才促使它们获得成功。因为教师准备好了一切，学生才能学得好，获得成就。

父母、管理人员以及学生——他们特有的客户。

低效能教师甚至不喜欢他人所说的或所信的。记住，消极人群往往通过责备他人来保护自己。

如果你听到有足够多的人诽谤管理人员、父母和学生，你会相信是管理人员、父母和学生使你成为受害者。

当你在特定情况下只看到其他人的所见，你就会陷入此境，并成为此境的受害者。

成功的教师学会倾听、学习和引导，学习有选择地做选择！

> **如果机会不来敲门……那么建一座门。**
>
> ——米尔顿·伯尔（Milton Berle）

通往成功的最可靠的道路

教师领袖实践改善行为。他们花费许多时间参与、学习和成长，以提高自己的生活以及与他们互动者的生活。采取增进与合作的态度是通往成功的最可靠的途径。

他们乐于学习和参与，所以他们去参加讨论会、大会和集会。他们体现了学校学习社区的精髓，他们能与他人互动、分享并听取他人的意见。

努力改善行为的人是属于"我们"的一群人。你会一直听到他们使用"我们"这个词，如"我们需要在我们的学习团队里工作，找到减少辍学率的办法"，"在我们进行晚间游行活动时，有人能为呼叫中心工作吗"，或者"我们能够做到——我知道我们能够做到——所以让我们努力分析学生的作业，来发现我们怎样才能改进学生学习"。

属于"我们"的这群人，心里首先考虑的是学生的成功。他们不断地改进，增长其知识和技能。他们的态度和能力就是他们的力量所在。他们不会老是停留在问题上，抱怨他人、环境和事物，因为他们发现，追逐未来的挑战，而非惋惜过去，会使生活

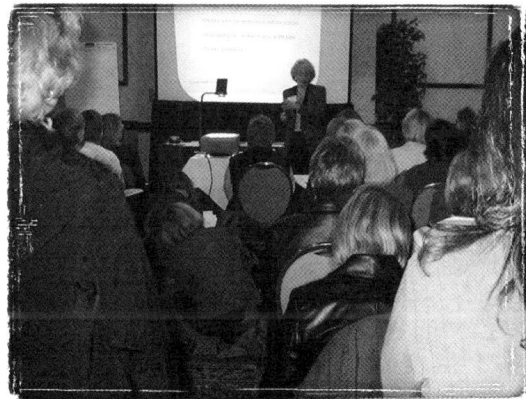

参加讨论会是一名专业人员成长和学习的最佳途径之一。

> **"** 取得成功的人是那些努力寻找他们想要的机会的人，如果找不到机会，他们就去创造机会。**"**
>
> ——肖伯纳（George Bernard Shaw）

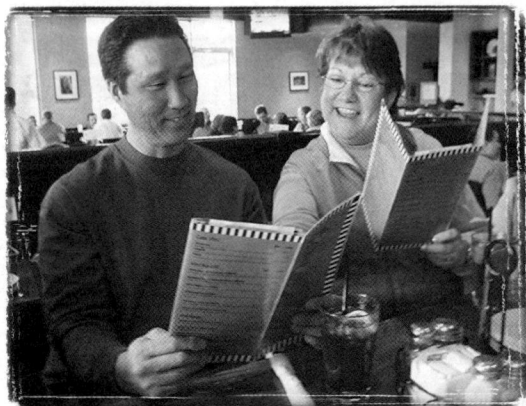

当你研究菜单时，你做选择还是做决定？
一般工作人员让他人做决定。领导人自己做选择。

更加充实。

要成为专业人员需要工作和付出努力。出席讨论会、阅读杂志、在委员会服务与同事互动，这些都需要时间。

加入学习团队、对需要的学生给予额外的帮助、通过进修提高个人技能和理解力，这些均需要努力。但是奖励和满足感归于愿意为惠益他人而对自己投资的专业人员。这些是他们用以提升自己的人生的自由选择。

成功人士会选择

既然你知道教书匠与教师领袖的差别，你想选那一个呢？你会"决定"成为"教书匠"吗？或你会"选择"成为"领袖"吗？

决　定

看看决定（decide）这个词的两部分。前缀de–，意为off（关闭）或away（离开），如defeat（败）、destroy（毁）、denigrate（谤）和deemphasize（贱），这是一个负面的前缀。词干cide，意为cut（削减）或kill（杀死），如 suicide（自杀）、pesticide（杀菌剂）、insecticide（杀虫剂）和 herbicide（杀草剂）。To decide（决定）就是cut away（砍掉）或kill off（杀掉）——不是什么令人开心的活动。

许多人通过决定做出决策。你是否有这样的经历——与某人在饭店进餐，而他无法选定菜单的菜肴，桌旁所有人都在等此人订餐，某人不耐烦地吼叫："你要多久才能做出决定呀？何时你将做决定呀？你不能决定吗？"

那人点菜了吗？没有。相反，那人问饭桌上的其他人打算点什么，然后照做。

"哦，你要一个火鸡三明治？我要一样的。不要蛋黄酱？哦，好的，我也一样。我要一样的。"

吃饭于是变成了一种克隆的行为。

决定这样做的人会发生什么呢？他们会成为受害者，因为他们让其他人为自己做决定。

选　择

领袖不做决定。领袖做"选择"！

领袖能控制他们自己的人生。他们知道，只要努力学习，就能在生活中获得美好的事物。他们创造自己的幸福，这种幸福主要来自于服务他人和与他人分享。领袖享受解决问题、排除障碍和面对挑战的乐趣。

领袖是以成就为导向的。他们拥有可帮助他们超越其任务或工作的愿景。他们知道选择这个词意味着什么以及如何使用它。

◎ 选择意味着我对我挑选的东西、做出的决定负责。

◎ 选择意味着我应对我的选择所带来的结果负责。

◎ 选择意味着我能控制自己做什么。

◎ 选择意味着我接受我的选择带来的后果。如果某事失败了，我应受到责备。但是，如果它成功了，那么我已经赢得了奖赏。

教书匠作为决策者不会为成功、幸福、金钱或职业尊重而奋斗——这就是为什么他们没有得到所渴求的奖励。

专业教育者作为领袖会得到他们正在为之奋斗的奖励——不论是幸福、成功、金钱、成就、声望还是职业尊重。领袖是为成果奋斗并热情追求成就的一群人。

一般员工做决定	领袖做选择
生活的奖赏来自他人为我提供了什么。	生活的奖赏来自我勤奋努力获取的结果。
我期望他人给我带来幸福。	我将创造自己的幸福。
当我得到一个新的X或更多Y的时候，生活就会更美好。	当我与人共享或帮助他人之时，生活会更加美好。
如果我不必做所有这些事，生活就会更加轻松。	生活是美好的，因为我希望并选择做这些事。
我所希望的就是安宁和安静。	我喜欢挑战；挑战是打破平庸的灵丹妙药。
我做不到。我得回家去喂狗。	我将做这个。然后我回家，与家人享受美妙的夜晚。
我急切等待周末的到来！	我急切盼望着数学讨论会的到来！

既然你知道决定和选择之间的差别，那么你会决定什么或选择什么呢？

我们做出的选择将决定我们的未来

1955年12月1日，罗莎·帕克斯（Rosa Parks），一位42岁的非裔美国妇女在公交车2857上做出了选择。

今天你可以在密歇根州迪尔伯恩的亨利福特博物馆和格林费尔德村乘坐那班车，

坐在罗莎·帕克斯在那决定历史的一天所坐的同一座位上，重温历史。

当时，吉姆·克劳（Jim Crow）法规定，巴士前10排应留给白人坐。罗莎·帕克斯坐在第11排，没错，白人区后的第一排。

然而，那一天，公交汽车上所有的座位很快就坐满了。当一位白人男子登上公共汽车时，司机（遵循种族隔离的标准惯例）要求坐在紧靠白色区后的四个黑人放弃他们的座位，这样白人男子就可以坐在那里。罗莎·帕克斯（Rosa Parks）平静地拒绝放弃自己的座位。

当警察来到公共汽车上时，对罗莎·帕克斯说："你知道如果你继续坐在那里，我们将不得不把你扔进监狱。"她回答："你可以那么做。"这是一种极为礼貌的说法，它真正的意思是：我今天摆脱了过去42年一直遭受的禁锢，与那比起来，你的监禁算什么呢？

她那天在公共汽车上的行为就是她的个人选择。

在她被拘捕之后，当地民权积极分子发起了一项抵制蒙哥马利公交系统的活动。抵制团体的领导者是一位新来蒙哥马利的年轻的浸礼会牧师，他的名字是小马丁·路德·金（Martin Luther King,Jr.）。

因为非裔美国人在蒙哥马利的巴士乘客中占了约75%，抵制活动对该公司和白人的社会统治构成了严重的经济威胁。抵制活动持续了381天，直到1956年12月，美国最高法院裁定：隔离法是违宪的，蒙哥马利公共汽车应被整合为一体。

罗莎·帕克斯的被捕最终给予了每个美国公民下列自由权：不论肤色、信仰或民族血统，可在自己所选的位置坐，可在自己所选的位置吃，可在自己所选的地方做礼拜，可在自己所选的地方学习。

Rosa Parks

> **充满激情地工作。倾听自己心灵的声音。据此做出决定。**

你选择学习

虽然我们都有学习的自由，但请注意人们在小组会议时所坐的位置。一些人早到只是为了能保留最后一排的座位，或坐在最不起眼的角落里。他们的信息是明确的："我不想学，也不想合作"。他们表现得就像他们自己所抱怨的学生。

如果这是你学校的文化或某些教师的行为，那么做出你个人的选择，绝对不允许消极影响和学校风气成为你的敌人。如果你有孩子，告诉他们也要这样做。

这是个令人悲痛的事实，你可能是最好的教师之一，拥有最好的教学技术和程序，但如果你在具有消极文化的环境中工作——文化总是压倒性的。

那天，当罗莎·帕克斯（Rosa Parks）坐下，就是在某种程度上认可，在此之前通过遵循隔离法她实际上是在与种族主义同谋，因而助长了种族主义。

作为一名教师，如果你成为消极文化的一部分，那么你就助长了一种使孩子们成为失败者的文化。

曾经有一段时间，我们歧视少数民族，将他们限制在条件恶劣的地方。这使得少数民族得不到任何东西，而主体民族能够选择一切——工作、学校教育和机会。

然而，因为有像罗莎·帕克斯一样的积极分子，今天唯一能在法律上歧视你的人就是你自己。

由于罗莎·帕克斯及她的同代人，我们现在可以平等获得自由世界的所有机会。她留下了鼓舞人心的遗产，其中之一就是——可以自由地选择学校和学习。

专业教育者选择不断学习和提高。专业教育者的旅程永无止尽，他们总是不断寻找更好的新理念、新信息和不断追求技能的改进，以促使学生成功。

他做出了选择，要成为一位高效能教师

埃尔摩·桑切斯（Elmo Sanchez）在迈阿密戴德县公立学校教书并做出了一个选择。当他的父母从古巴来到美国时，他们也做出了一个选择。

他写道：

我受聘教五年级阅读、语言艺术、特殊学生教育入门和非母语学生的英语课程。

8月8日，星期一，是学年的第一天。我挣扎地奋力教完一天的课程。我的学生整堂课都在讲话，一点都不知道该听从教师的指令。我发现自己在使用"响亮和/或愤怒"的声音。我愤怒地回到家，我的家人直接受到了影响。

学年结束时，我反省自己在这一年的课堂教学中的成就和失败。我将自己归类为"低效能教师"，因为我的课堂缺乏组织性。作为一名专业人员，我对自己很失望，觉得自己需要做些改变。

每年，迈阿密戴德县公立学校都有一个夏季专业发展会议。6月9日，周五，我记得自己坐在迈阿密湖区教育中心礼堂里，确实着迷了。黄博士的课堂管理策略、技术和解释都非常有道理。然后，正如他说，我有了一个顿悟的"灯泡"时刻。如果我能带回这些策略来改善我的课堂管理方式，那么将会发生什么？

我能在头脑中想象，下一学年我课堂中要发生的变化。在研讨会结束时，变化已在我脑中呈现。我可以想象把我从失败变为成功的方式。

在网上看完雪龙达·色若亚（Chelonnda Seroyer）的幻灯片演示后，我开始制作自己的幻灯片演示。这本书我还通读了两遍，并开始制定一项适合自己的教学计划。

我花了约一个月的时间来制作我的课堂管理幻灯片演示。

想象一下：8月14日，星期一，新学年的第一天。我在上午8:15打开门，伸出双臂欢迎我的学生。握住学生的手，我会说："欢迎来到我们的课堂，我很高兴你们来这里。"我的学生以温暖的笑容回敬我。

我用幻灯片放映早自习作业。到我关上门时，所有的学生都在努力学习。我简直不敢相信。

在学生完成了早自习后，我开始向他们展示我创作的幻灯片演示。

那天结束前，我的学生一直都遵循课堂程序。下午3点钟下课铃声响起时，没有人站起来。他们都在等我宣布下课。我已经控制了我的班级，而这只是开学的第一天。这天结束时，我很安心。

我高兴地回家。我的职业生涯中第一次有一种在我的生活中很长时间未曾有过的感觉。我的家人注意到了我的异样，并且喜欢这个新的、更快乐的我。在开学第一天后，我开始爱上自己的职业，我的学生在我所创建的课堂氛围中也感到很安全。回想去年，我还是一个在混乱课堂中筋疲力尽的教师。

现在，我觉得自己是一个在结构井然的课堂中的高效能教师。我的学生总是乐意来到我的班级。父母们总是问："你怎么使我的孩子在你的班级变得如此投入？尽管我的孩子生病了，他还是想来你的班级上课。"

我的秘诀是，通过程序来构建课堂。我很高兴自己选择了重建课堂。

在6月9日，我作为一名专业教师的职业生涯发生了改变。谢谢您帮助我做出了成为高效能教师的选择！

生活始于你做出选择时

劳拉是位教书匠。她是无数甜美、善良的普通教师中典型的一员。劳拉是一位得过且过者。她做了她该做的工作。她教课、布置作业、编写测验、放映录像、分发学生练习册、监督食堂、参加教师会议，为该年她所在的教科书遴选委员会烤饼干。她有家人，还在教堂唱诗班唱歌。

她53岁时提前退休，已经"就职"30年了。在此期间，她从未阅读过一本刊物，加入过一个专业组织，或者参加过一次会议。

在这30年中，劳拉没有出过任何问题，没有滥用她的病假，也很少在教师会议上发言。在教师会议上她总是坐在后排针织。她真的没有伤害过任何孩子，但她也从来没有真正激励过任何人。她做了她该做的，并且感觉她已做得够好了，就像一些工人经常生气地告诉你："难道我没有做工作吗？你还想要我多做什么？我希望他们停止这次教职工会议，我得回家。"

十年多后，我在商场看见了这张熟悉的面孔。我小心翼翼地走过去说："请问，你是劳拉吗？还记得我吗？我们过去在一起教书。"她没有很大热情地说："噢，是的。"

我问她一直在做什么，她哼着说，"哦，不多。我经常来商场。你知道这里很安全。我照看孙儿，我有三个孙儿，还看电视，这就是我的生活。我在商场散步、照看孙儿和观看电视。"

然后她问："那你在做什么？"

我微笑说："噢，我很高兴自己选择教学作为职业。我写了一本书，在国际阅读协会会议上做了报告，在教师会议上认识了我的妻子，并沉溺于品味美食。我的生活一直非常好。"

我们在附近的一条长凳上坐下来，周围是路过的购物者和忙于社交的青少年。她悲伤地看着我，眼里涌出泪水，问道："美好的生活是什么时候开始的？"

我没告诉她："劳拉，美好的生活始于你开始做选择时。"

黄绍裴

GoBe

成败一线间

成败只在一线间，成功的那一刻就是如此简单和令人惊讶。为了获得成功，请登录www.cyb.com.cn详细阅读第25章中的相关内容。

新教师的基础知识

新教师生涯中的头三年是最关键的。统计显示，约40%的新教师会在其工作的最初几年里选择离开教学。虽然管理人员习惯于将这称作自然减员，而在工厂里，它叫"辞职"。

不管以前的教师给出什么原因离开这个崇高的职业，事实是，成功的教师"不会放弃"。

专业教育者愿意承担个人成长的责任，并投入必要的时间来成为一个高效能和成功的教师。

"不抱怨，不责备"。相反，将以下的话作为你生活中的口头禅：

"为了做我份内的事，我需要知道什么？"

再说一遍：

"为了做我份内的事，我需要知道什么？"

当然，你必须知道如何管理课堂，如何教学及如何评估学生的学习。那些正是这本书的主题。

你还需要了解此行业的发展，这样你才不会成为受害者。

本书的目的是，帮助你在开学伊始时启动，也利用这些宝贵的时间来启动你的人生；帮助你正确地开始；帮助你勾画一副宏伟蓝图，做一些有助于你成为一个高效能教师的事情。

将你的人生重点高度集中在成为一个教师领袖。成为教师领袖对于提高学生成就是最重要的因素。

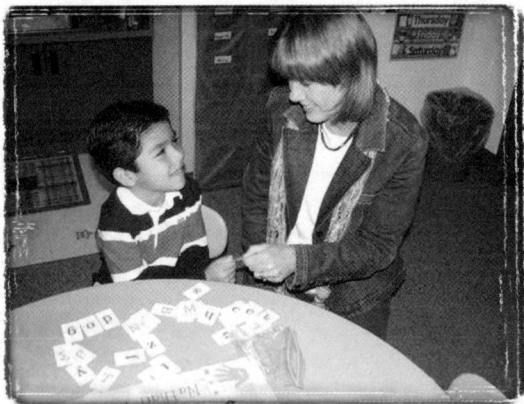

教师在孩子的生活中扮演重要的角色。

研究一致证明，教育改革和创新不是提高学生成绩的主要因素。

教师的重要性在于他是始终影响学生成绩的唯一因素。

教师的重要性

社会需要具有领导能力的模范。还有比社区教师更好的领袖模范吗？

可以很准确地将教师与商业执行主管作比较。与执行主管相似，教师每天均在发展、管理和评价很多人的工作和效率。

比较教师和医生，教师做的决定实际上比医生更加复杂，惯例更少而且更加频繁。

更多的教师是因为另一位教师的影响而进入教学的，其他行业则不是这样，因为教师是有影响力的。

教学这个行业使其他所有行业变成可能。我们是唯一的职业，致力于让世界变成对后代更美好的地方——我们的后代是我们的遗产。

承诺、奉献和辛勤工作使一个人成为领袖，光有能力和天赋是不够的。这个世界热爱天赋，但个性更能使人受益。个性是能力和天赋加上不懈的实践，再经过多年培训及锻炼的产物。

除此之外，领袖奉献得更多，因为他们全心全意地帮助孩子取得成就。

如果你教学已经超过20年，那么你可以回想学生回访时泪光闪闪的情感体验对你的意义。即使你才刚刚开始，我们祝愿你在将来的某个时候也会有同样的感受。

> 66 我是一个很普通的人，但是我对自己所承担的每一项任务都全身心地投入。从这个意义上来说，我是非凡的。 99
>
> ——露丝玛丽·黄

教师生涯中最得意的一天

也许教师生涯中最得意的一天，是以前的学生回来探望的时候。当这个面孔突然出现在门口时，你正因教学而憔悴。来访者是以前的学生，但是你已经认不出他了。孩子们在大约20年后都会有所改变。

你怀疑他是学生的父母。所以，你直接问："什么事？"

"莱利夫人？"那人回答。

因为被打扰而感到心烦意乱，而且正在上课，又没有做任何预约，你简短地回应："是的，我是莱利夫人。"

"还记得我吗？基思，基思·马洛。23年前我曾在你的班上，我就坐在那里，那张椅子上。还记得我吗？"

你不记得了，但你假装还记得。

"噢，是的，基思。你好吗？"

"我很好，你好吗，莱利夫人？"

"噢，我也很好。"

"我不住在这里了。我住在2,000英里之外，但我不时回来看我的父母。在我回机场的路上，我注意到我有一些空闲时间，所以我决定过来看望你。我真高兴看到你仍然在这里。"

"你看，莱利夫人，我来到这里是有话要说的。

"我就是我，我尽我所长，我享我所在，这都是因为你在23年前给我的印象。"

注意，基思没有说莱利夫人教了他什么，也没有说他在课堂上做的一些有趣活动。

基思把莱利夫人描述成一个典范。

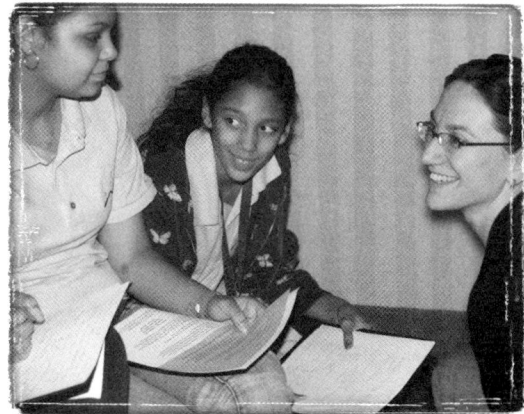

高效能教师知道，所有的孩子都有能力成功。

她是一个榜样，她是他生活中的一个重要人物。

他伸出手与莱利夫人握手时说："我今天到这里来只想说'谢谢你'。"

基思微笑着、肯定地点头、转身、正要离开时，莱利夫人说："基思，请不要离开，我有话要说。"

在28个学生的注视下，她流着泪说："基思，我们教师很少得到对我们工作的肯定。但是你今天做的正是所有教师期望的——知道我们教师对学生的人生有所作为。"

莱利夫人哽咽着说："感谢你给了我荣耀的一天。"

基思回答："感谢你，莱利夫人，但是你给了我得意的一生。"①

你起了重大的作用

你是成功课堂的主宰者。不但通过你的行动，而且通过你的积极态度和对孩子们的强烈肯定使这成为可能。

你的领导能力能够和应该对学生们的一生起到重大的作用。

你选择相信什么就能成就什么。

成功教师的10条信念

1. 相信每一个进入你课堂的孩子都希望成长、学习和成功，也都具有这样的能力。

2. 相信自己，你具备触动孩子并将他们带到新高度所需要的技能。

3. 相信每一天都是新的，有重新开始的机会。

4. 相信你是更大的教育工作者群体的一部分，他们都为自己的职业感到自豪并且献身于它。

① H.黄（Wang,H.）"教师生涯中最得意的一天"，《这样去教学：打动人心的励志故事》印第安纳州：国际教育荣誉协会.2007.

5. 相信你每天展示给学生的友好微笑会温暖更多的心灵，且数量超出你的想象。

6. 相信与同事、管理人员和父母的相互合作将有助于培养孩子。

7. 相信你既是一名教师又是一名学习者，并且使自己每年在专业上有所提高。

8. 相信，要成功就必须辛勤工作。

9. 相信，教育是人类的基石。

10. 相信，我们在这里是为了帮助你和你的学生取得成功。

教师所做的是个不折不扣的奇迹，它使我们所有的人谦逊同时又受到鼓舞。

你是孩子们看世界的窗口。你是他们沉重的心灵得到安宁的庇护所。

让学生有所作为只需要一人，我们大力赞扬能这么做的人。

> **你不只是有所作为，你是独一无二的。**

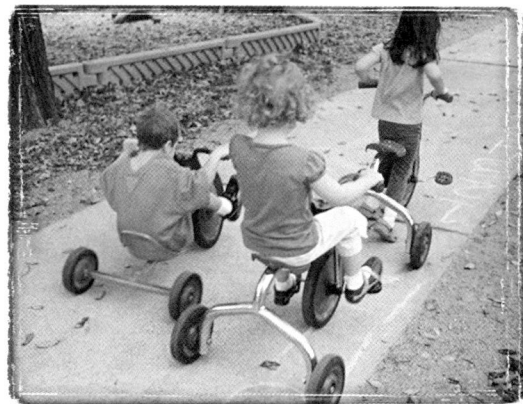

百年之后，一切都无关紧要——
我曾开什么样的车，
我曾住什么样的房子，
我在银行曾有多少钱，
或我的衣服又如何。
但是，世界将会是一个更美好的地方，因为我曾在孩子的人生中起了重要的作用。
弗瑞斯特·E.威特克拉夫特（Forest E.Witcraft）

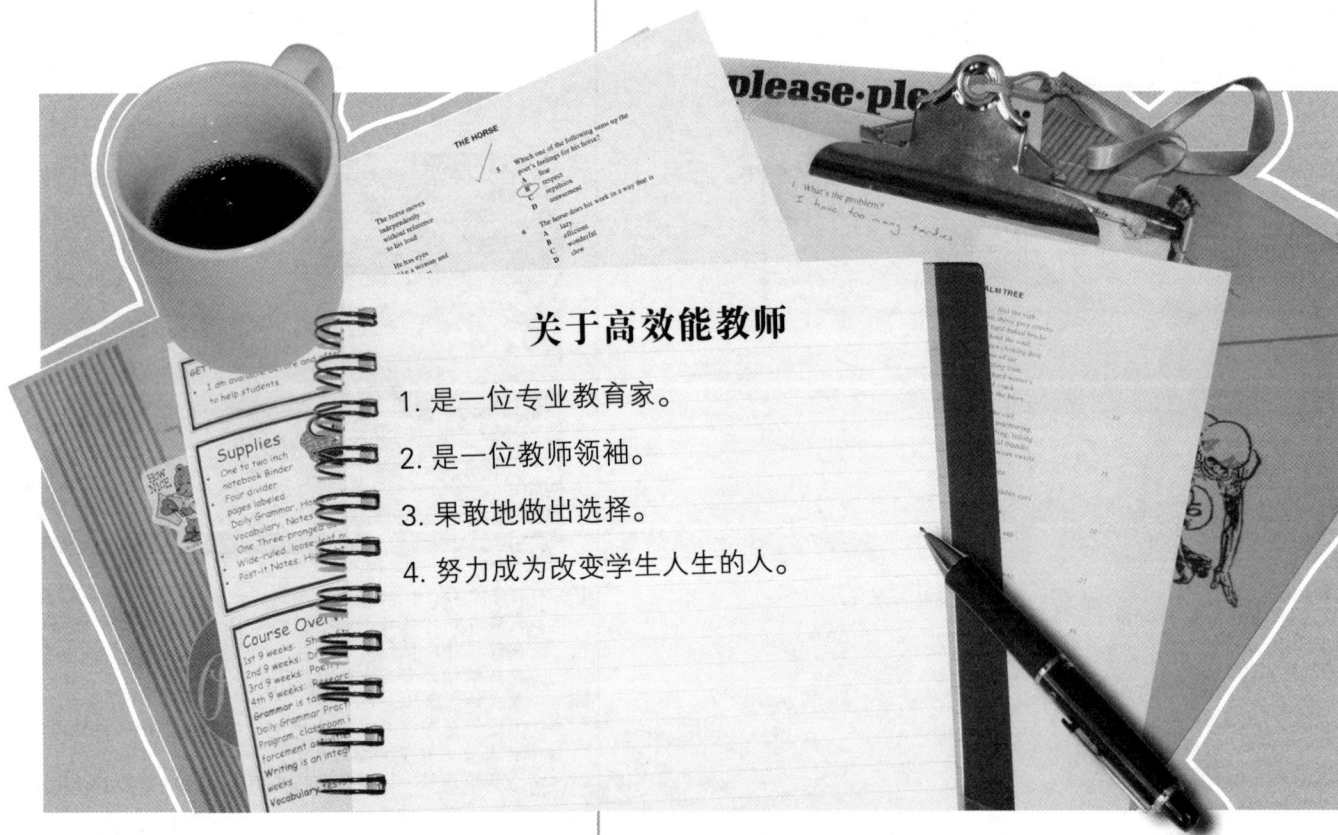

关于高效能教师

1. 是一位专业教育家。

2. 是一位教师领袖。

3. 果敢地做出选择。

4. 努力成为改变学生人生的人。

关键是一致性

> **高绩效学校拥有一致性的文化。**

高绩效学校拥有一致性。

当你购买产品和使用某人或某公司的服务时，你想得到的就是一致性。这就是为什么你会有最喜欢的美发师、谷类食品、餐厅和商店。一致性意味着你可以相信此产品或服务。一致性意味着你的期望可被满足，具体地说，你知道使用产品或服务将会发生什么，并且你相信能获得可预测的结果。一致性并不意味着维持现状，绝不变化。

高效能课堂是一致的。请返回到第7页，本书正文的第一页，重温课堂一致性的概念。其中一部分的内容是这样的，"学生们希望有一个安全的、可预知的教学培育环境——这便是一致的连贯的教学模式。没有人对他们吼叫，学生们可以自主学习不受打扰"。

本书以课堂一致性的概念开始，用25个章节来解释如何建立这种一致性。当你看见每个人都在一个安全的、关爱的、重点突出的课堂环境里学习时，你知道这个课堂是有一致性的。

安全的：学生在一个管理良好的课堂里学习。（C单元）

关爱的：教师对学生的成功抱有积极的期望。（B单元）

重点突出的：教师就需要学习的内容提供指导。（D单元）

现在，本书也将以学校一致性的概念结束。

未来

文学作品中的结语叙述人物的未来，本书的结语也是同样的——叙述你在教育领域的未来，以及依靠多年的课堂经验你可以做什么来帮助那些跟随你脚步的教师。

本书的前25章是针对教师的。本章的内容适合于教师领袖、教练、教职工培训人员、指导老师、管理人员，最重要的是，它适合于你——教育专业的领导者和未来的领导者。此结语向你解释如何塑造和培养高效能教师文化。

一学期的最后几天

我在一个全日制中学当校长已经步入第三个年头了。听了你的演讲之后，我顿然认识到，如何把一所学校建设成为拥有众多优秀教师的好学校是多么令人激动的事业。

尽管这个学年快要结束了，我还是认为，不要等到下一学年再开始实施你推荐的方法。时机非常重要，同时，让学校的教职员工参与这一过程也很重要。

在学生回来上该学年最后的九周课之前，我们召开了一次教师会议。我给大家看了一张来自"高效能教师"（The Effective Teacher）DVD系列中的DVD3"管教与流程"（Discipline and Procedures），并以此为出发点，让大家就"全校范围内需要建立的流程"这一话题进行讨论。我的想法很简单：随着我们进入一个学年的最后时段，学校必须建立一定的程序并确立相应的日常规范。

接下来，我让教师们分成几个小组，让他们列出学校需要制定的六大程序。最后，每个小组上交了他们的列表，之后，教师们就他们认为最重要的六大方面进行投票表决。

1. 在走廊右边行走，说话声音要低，手放在自己身上。

2. 安静地走进教室，很快坐下，把书包放在课桌下方。

3. 每次铃声响起之后，教师们应该先于学生离开教室进入走廊。

4. 示意安静：把手举起来。

教师把学校的新规告知家长，并在教学楼周围以及每个教室里墙上都张贴了学校最新实行的程序。教师花了几天的时间训练学生遵守新的程序和规定。学生认识到这些程序的重要性，并乐于遵守。教师感到轻松了许多，能够集中精力于教学和学习。

故事并没有到此为止。在本学年的7月，当教师在其工作日返校时，我们观看了DVD4"程序和惯例"（Procedures and Routines）。教师重温了我们制定的程序，决定保留4个学校程序，再添加另外3个：

5. 所有的学生将坐在为其指定的座位上。

6. 学生们将在自己的计划本上写上课程目标和家庭作业。

7. 每一课将从自习活动开始。

我们刚刚完成了最近9个星期的课程。许多教师发表评论：与前几年相比，今年的学生表现好多了。一位教师甚至说这是她曾有过的最好的9个星期的教学经历。学生纪律问题低于前几年。教师士气更加高涨。

黄博士，你是对的。秘密就是保持全校程序的"一致性"，创造拥有高效能教师的高绩效学校。

校长托马斯·哈奇（Thomas Hatch）
安妮切斯纳特中学费耶特维尔，北卡罗来纳州

精通业务与卓有成效

我们坚定地认为，每个人都能成为高效能教师。很多研究表明，卓有成效的教师能让学生受益，提高成绩。

> 是教师以及他们的教学实践让学生受益，而课程项目、学校结构上的改革、以及立法命令都无法达到同样的效果。

德克萨斯州使用这个标示牌欢迎学生入校。

我们来看一下这两个关键词：

精通业务：具有一定的知识与技能。

卓有成效：有一定的效果；产生一定的结果。

既精通业务又有效率的教师能帮助学生在学习上收益更多。课程计划并不能使学生进步；教师才能让学生进步。

> 教师，而非课程计划，才是硬道理，才能让学生进步。

GoBe

这是个令人愉快的地方

　　爱德华校长说："教师和学生都喜欢来学校。"他是怎样做到的？请登录www.cyb.com.cn查找。

成功的学校与不成功的学校有显著的不同：

◎ 不成功的学校强调课程计划的发展，并非常推行结构上的变化。他们花费数百万美元，为追逐潮流而推出一个又一个的课程计划。他们始终在追求快速和简便的

学习规划

你无需做结构上的调整来提高学生的成绩，比如改变教学日程安排、减少班级人数、减少整个学校的学生人数等，你应该做的是改变教师的教学方式。在一所好的学校里，领导非常清楚希望教师采取什么样的教学方式，并能据此制定一套相应的教学模式。①

解决办法。

◎ 成功的学校强调教学实践。学校的管理人员投入资金对学校的教师——即他们的人力资本——进行培训，使他们的业务能力有所提高。他们不是在教一个个的课程计划，他们教的是基本的、传统意义上的学术内容。他们在努力提高教师的教学能力，因为他们明白，教师的教学技能是帮助学生在学业上有所进步的首要因素。

与其花钱去购买一个又一个的课程计划，还不如将钱花在培训和发展教师队伍上。教育领导者们应该知道，学校最重要的是能否为最需要的学生们提供优秀教师，这些教师应该受过专业训练，有良好的教学策略以及过硬的学术知识和技能。

低效能教师对学生的成长帮助甚微。如果一个学校经常有新的课程计划，经常修改教学日程、颁布新规、发布指令，那么在这样的环境下低效能教师绝不能使学生的学习成绩有所提高。

而高效能教师，即使是在普通学校，仍然能让学生受益，提高成绩（更多信息请见第29页）。

这就是为什么卓有成效的管理者在招聘教师后，要对他们进行培训，提高他们的工作能力和效率。

学校里最有价值的资产

诺贝尔奖获得者西奥多·W.舒尔茨（Thodore.W.schults）创造了"人力资本"这一概念，首次把人看做是"资产"。工业革命时期，人们把诸如黄金、产品、建筑物、资金等实物资本看做主要的财富资源以及经济增长的主要动力。而在今天的数字时代，

---

① R.爱尔摩（Elmore,R.）："'变化'的局限"，哈佛教育信件，2002年1月/2月.

各家公司纷纷在人力资本上进行投资，以期带来利润和经济增长。

人力资本指的是那些精通业务又有效率的人。人力资本不是以累积的实物资产数量来衡量的，而是以人的知识、技能以及态度为衡量标准的。以人力资本代替实物资本的概念非常具有创新意识，这个概念的积极倡导者——来自芝加哥大学的经济学家——加里·贝克尔（Gary Becker）也由此获得了诺贝尔奖（1992年）。

当今的公司依靠人力资源来开拓新领域，并为公司的发展出谋划策。人力资本涉及到一个公司的财富及未来。人是公司最重要的资产。

彼得·德鲁克（Peter Drucker）说，如果你要求任何一位商人说出他们最重要的资产，他们会告诉你是他们的员工。资产之所以是资产，是因为你会在它上面进行投资，使其成为更大更有价值的资产。这就是为什么各公司每年会花费530亿美元培训员工——它们的资产，目的是使他们变得对公司更有价值。于是，这些公司也就将它们的员工看成是它们的人力资本。一个公司的员工资产越好，公司就会越成功。

然而，如果你去问学校领导或教育政策制定者他们认为最有价值的资产是什么，他们通常会告诉你是资金或学校进行的各种课程计划。尽管研究结果多次表明，教师是一所学校最有价值的资产，但我们很少听到有学校领导这样说。

教师的教学质量对于提高学生成绩或缩小学生差异来说至关重要。

优秀的管理人员、教练、教职工培训人员以及教师领袖等都是一个学校的教学领袖。一项在七个城区进行的研究表明，能够使学生成绩明显进步的改革方案具有以下特点：

◎ 教师要有清晰的教学目的。

◎ 教师要有广阔的职业发展空间。

◎ 教师需有多年的教学经验。[①]

GoBe

训练，而非教导

很多学区都已经认识到，一个成功的入职培训计划最关键的因素是训练。为什么呢？请登录www.cyb.com.cn的结尾部分查找原因。

① C.T.克劳斯（Cross,C.T.）和D.W.里戈登（D.W.Rigden）：《提高教师素质》，《美国学校委员会杂志》，189（4），24～27页，2002年4月.

你去问问棒球经理、建筑工地领班或律师事务所的资深合伙人，新员工入职后都应该做些什么。他们会告诉你，对新员工的培训从入职第一天起直至他们离开时都没有间断过。

现在，你再去问问学校领导，他们是如何对待新入职的教师的。有些学校没有任何培训计划。而大部分的学校会告诉你，他们会给每位新来的教师安排一个指导教师，但几乎没有人去检查这种"以旧带新"方式的效果究竟如何。

缩小学生学习成绩差距的唯一办法是缩小教师的能力差距。把老师教好，他们就能把学生教好。

高绩效学校有这样一种文化：他们会对人力资本——教师——进行持续的投入。

创建有效的学校文化

高绩效学校都有一种建立在其人力资本基础之上的文化。 卓有成效的校园文化有两个特点：信念和实践。

1. 信念：一个团队的愿景、目标和信条。

2. 实践：为实现信念而付出的行动和进行的演练。

> 所有的好学校都有一个愿景或信念，他们的信念永远都是"学生的成功"。要实现这个信念，学校需要付诸行动——教师们的实际教学。

GoBe

一所高绩效的学校

你可以登录www.cyb.com.cn参观一所高绩效的学校，观察一下，这所学校采取了哪些措施。

低绩效学校缺乏良好的文化。它们不会将它们的教师当作人力资本进行开发和培育。在这些学校的教学楼里，教师们被隔离在不同的办公室内，各自做着他们声称是自己的工作。这些教师唯一共享的是学校的停车场。

> **校方管理者的任务是建立、培育和传播校园文化。**

李·道格拉斯（Lee Douglass）是某一城市学区的校长。她学区的600名学生大部分都是少数族裔，家庭结构和收入水平都不怎么好，但这些学生的测验成绩却都非常出色。孩子们和教师们都爱呆在学校，而且没有一位老师辞职离开学区！李·道格拉斯在她的学校里创建了一种成功的学习文化。

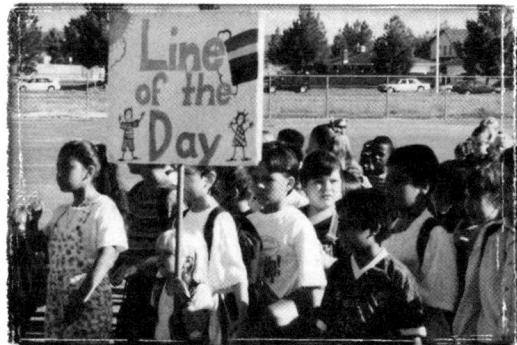

一位教师开始击鼓拉开学校一天的序幕。学生一听到鼓声，就开始集合，各自站到指定的队列。学生们都很清楚此程序，因为他们都想获得当天的"口号吟诵奖"。

然后，有一组教师举起手，操场上立刻一片安静。不需要使用语言，不需要发出命令，也不需要大声吼叫。

早晨惯例由此开始——是由一组学生主持的。每周都会有一个不同的班级引领学校的早晨惯例。而每天这个班都会有一位学生站到前面，根据当天的预定顺序引导学生们完成程序：

◎ 对祖国效忠宣誓

◎ 30秒的默想

她是如何创建学校文化的

这所学校的良好文化并不是与生俱来的。而是在李·道格拉斯（Lee Douglass）的指导下，并通过全体教职人员的共同努力而形成的。那么，具体来说她的学校是怎么形成这种文化的呢？

◎ 她指定教师小组总结一本书的每一章，就是本书。

◎ 整个学年期间的每个星期五，先由受指定的教师小组对他们的那一章进行汇报，并根据学校的实际情况提出若干建议——比如，让每班进行早自习，学生应如何在走廊中走动，以及如何迎接学生进入教室等等。

◎ 教师小组只提出建议，最终程序的采纳得由所有教师民主决定。学校管理方不做任何硬性的规定。

◎ 这些在全校范围实施的程序成为学校文化的一部分。

当学生们都知道了当天学习内容的构成后，就可以把更多的课堂时间放在教学上。这样，从长远看，学生就能学到更多，整个学校的测验成绩也会相应提高。

◎ 校歌（只限于周二和周五）

◎ 校训

◎ 对学校宣誓

◎ 学校口号

（以上各项是为了每天都对学校文化和愿景进行强化。）

◎ 一位教师点评本周的学习和生活

◎ 李·道格拉斯快速宣布一些通知，并发当日的"口号吟诵奖"

接下来先由引领当日惯例的班级离开操场，其他班级跟在后面，回到各自的教室。

每个班级通过走廊时，没有学生说话或相互推搡。能做到这一点是因为"不说不动手"的程序在起作用。这个程序的意思是学生的嘴应像拉链一样拉上，而胳膊则应相互交叉放在胸前。

各班回到教室后，便开始早自习的任务，一天的学习正式开始。

每位学生都是在一个安全和充满关爱的环境中专心致志地学习。

因此，孩子们爱学校，家长爱学校，教师也爱学校。

李·道格拉斯说，有一天当她抬头看站在学生队伍后面的家长们的时候，看到了一位三岁大的孩子站在一队学生后面。这个孩子已经记住了所有的口号，正在和全体学生一起喊呢。这个孩子对她说："我已经准备好上学啦！"

由于全校学生都参加这一早晨惯例，学校文化每天都得到强化。

当李·道格拉斯被安排去启动一所新学校时，她会带上8到10位骨干教师——她的人力资本，这些教师能够协助她迅速地在新学校塑造积极向上的文化。

有一年，李·道格拉斯（Lee Douglass）受邀前往一个学区当顾问。这个学区的情况是，那里的七所学校都上了该州勒令整改的学校名单。在一年之内，她就使其中的六所学校成功转型，并下了整改名单。那个没能成功转型的学校是怎么回事呢？那所学校的校长是这样说的："我弄丢了开会记录。"

教师的重要性

超过200项的研究表明，提高学生成绩最重要的因素是有一位知识广博、教育有方的教师。[①]

最重要的是教师

我们知道这一点已经有几十年了，但就是这么浅显的道理我们却一直没有付诸实施。

当教师的教学效果提高、人力资本增长时，最先受益的是那些相对后进的学生（第27页有更多对教师重要性的证明）。

贫穷家庭或少数族裔家庭的学生所面对的成就差距并不是由于贫穷或家庭条件引起的，而是取决于教师素质的差异。这些差异会产生深远的影响。举例来说，一位学生若是连续两年接受一位低效能教师的教育，那他/她今后将永远无法弥补这两年在学习上的损失。

教师的重要性

加利福尼亚大学洛杉矶分校（UCLA）教授约翰·古德莱德（John Goodlad）对40年来的教育理念进行了研究，发现，只有一项因素可以提高学生的学习成绩——

这一项因素就是教师的重要性。

此外，哈佛大学发表的一项大型研究发现，在开发教师人力资源和提高教师素质

> **三个"是"**
>
> **❝** 教师是很重要的。
>
> 教师是有影响力的。
>
> 教师是有能力改变学生的人生的。**❞**
>
> **海伦·莫星克**（Helen Morsink）

[①] 教学和美国未来国家委员会，"做什么最重要：教学质量投资"，华盛顿特区，1997年11月.

方面的投资比其他任何学校资源的使用都更有助于提高学生的成绩。[1]

能够提高学生学习成绩的是教师及教师接受的培训。

管理人员的重要性

卓有成效的管理人员能够创造一种学校文化，使学校以教师的教和学生的学为中心，而不是以各种计划、结构、时尚或观念为中心。

◎ 学校主管：学校主管的领导能力和学生的学习成绩之间有直接的联系。如果学校主管能使他们的学区以教师的教和学生的学为中心（而不是各类课程计划），学生的成绩就能得到提高。[2]

◎ 校长：一项回顾了30年研究成果的研究项目表明，如果校长本人是教学领袖，又能致力于向教师传授正确的教学方法（而不是各类课程计划），那么他能使一个成绩处于第50百分位区间的学校再提高10到19个百分点。[3]

教师职业发展的重要性

虽然一个学区80%以上的预算都花在支付教师工资上，但有许多教育管理者和教育政策制定者，在聘用了教师后却不把他们当作需要开发的重要资源。他们草率地将新教师扔进教室，让其自生自灭，没有给他们准备有组织的、前后一致的职业成长和发展计划。有些新教师甚至连课程表都没有拿到，这听起来可能会让管理者很难堪。

培养高效能教师的最佳途径是，实施一个全面的新教师入职培训计划，这个计划

在35,000英尺高处求助

不向新老师提供全面的入职培训，就像是在飞行员第一次学习飞行时就让他驾驶载满乘客的飞机上天。

要是该飞行员遇到麻烦的话，他只可以打电话向至少35,000英尺以外的导师求助。

[1] R.弗格森（Ferguson, R.）:《资助公共教育》,《哈佛法律杂志》,1991.

[2] J.T.华特斯（Waters, J.T）和罗伯特·J.马尔扎诺（Robert J.Marzano）,:《有成效的学区领导能力：主管的领导能力对学生成绩的影响》,科罗拉多州奥罗拉：中部大陆的教育和学习研究,2006.

[3] J.T.华特斯（Waters, J.T）,R.J.马尔扎诺（R J.Marzano）和B.A.麦克纳尔迪（B.A.McNulty）:《平衡的领导能力：30年研究显示的领导能力对学生成绩的影响》,科罗拉多州奥罗拉：中部大陆的教育和学习研究,2003.

必须从开学第一天之前就开始。

没有好教师，就不可能有好学校。创建好学校的是管理者，创建好课堂的则是教师。

绝大部分工作都需要制订全面的培训计划，这是各行各业通行的做法。不信的话你可以问问棒球队经理、建筑队的工头或律师事务所的资深合伙人是怎么做的。你也可以问那些像达美乐披萨（Domino's Pizza）、星巴克（Starbucks）、乳酪蛋糕工厂（Cheesecake Factory）和麦当劳（McDonald's）等著名连锁店的员工，是不是每位员工都曾接受过培训。即使是新员工中教育程度最好的，也需要在职培训。医生在完成大学和医学院的学习后，得花好几年的时间在医院进行实习后才能真正开始从业。新当选的法官，即使拥有法律学位和多年的经验，也得先上司法学院才能开始履行法官职责。除了初始培训，每次飞行员交换位置，比如从副驾驶员到驾驶员，或者每次更换机型，比如从737到757，都要接受反复的训练。

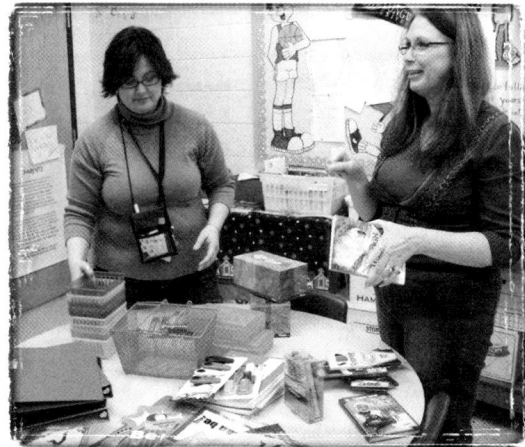

在卡特·G.伍德森学校，迎接新老师的是无数的礼物。

全面的职业发展

在弗吉尼亚州侯普维市的学校（Hopewell City Schools），对每位新教师都提供了以下人员上的便利：

教师伙伴：该教师由学校指定，新教师在任何时候都可以向其求助。

教师指导员：该教师是课堂管理和教学技能方面的专家。他们的角色就是开发课堂管理和教学上的技能。

课程组长：该教师可就涉及其所教课程的问题帮助新教师。每所学校都有5位课程组长，分别负责英语、数学、科学、社会研究和技术。

GoBe

霍普韦尔模式

霍普韦尔并没有花费重金，然而那儿的老师都很愉快，学习都能获得成功，请登录www.cyb.com.cn中的结语部分，查找他们是如何做到的。

北卡莱罗纳州加斯顿县的学校（Gaston County Schools）专门有一幢用于教师职业发展的大楼。20年来，这里一直有一批全职教员，专门致力于建立和维持一套组织良好、前后一致、可持续的培训体系，培养精通业务的优秀教师。

如果一位新教师被弗吉尼亚州侯普维市的卡特·G·伍德森学校（Carter G.Woodson School）聘用，他/她会收到大量的礼物。学校教师为了迎接新教师的到来，会先摆出各种盒子和篮子，其他教师可以在里面放入制作教室公告牌的材料、短笺本、蜡笔、书以及其他教学用品。接下来，老教职员工会帮助新教师安排他们的教室！

侯普维市的学校形成了一套成效卓著的学校体系，被标准普尔（Standard and Poors）评为"优秀学区"。而且，侯普维市的所有学校都百分之百地通过了资格认证。

团队成果

各公司的员工大多以团队形式展开工作，这样做的原因是：团队合作能产出良好的结果，在孤立的环境中工作的员工是不会产出好结果的。按照目前学校的组织架构，学校教职员工都单独行事，很少合作。更糟糕的是，新教师很少能观摩其他课堂。这种孤立教学和缺乏支持的学校环境，使新老师原有的问题变得更加严重。

研究的结果很清楚——相互合作的教师能大幅提高他们的教学效率和教学质量。[1]

在那些低收入学区内的成功学校中，教师和校长都在他们的教学日程表中加入了一项新的内容，即专门留出时间让教师们充分交流各自的想法和课堂程序，在教学上合作共事。第287页提到的学校所使用的旭莫科模型就是一个很好的例子，它为学校提供了可以用来安排和组织教师合作的方法。

专业人员一般都不会单干，他们都以团队形式进行工作。当教师们为组织小组集会共同致力于解决一个问题时，他们就成为一个单元，并致力于一同为那些有困难的学生提供帮助。

[1] T.嘎斯克义（Guskey, T.）和M.哈伯曼（M. Huberman）（合编）：《教育中的职业发展：新的模式和做法》，纽约：教师大学出版社，1995.

教师职业发展是最有效的方式，同一对一的教师帮带相比，教师们在可持续的教师网络和学习小组中能学到更多的东西。[1]合作是教师积累教学经验最有效的方式。

协作能留住教师

这一点已经众所周知。教师各自单干的话，要让学生在学习上获得成功是一件几乎办不到的事情。

苏珊·摩尔·约翰逊（Susan Moore Johnson）主持了哈佛教育研究生院的"下一代教师项目"，她说："我们的研究表明，那些不依赖新旧教师间一对一的帮带，而重视建立一个促进新旧教师在全校范围内频繁交换信息和想法的体制的学校会更加成功。"[2]

> 同一年级的教师团队若能前后一致地使用精心设计的课程计划，效果要比单个教师单独使用折衷性的课程好得多。

现在聘用的大部分教师属于Y世代。Y世代本身的特点有利于这些教师建立一种更加平等、合作的学习环境。Y世代追求合作，很快就能融入集体，而且精力充沛。如果各学校能够利用好新一代教师的集体才智、创造力和天分，学生的学习一定能得到改进。

只要想想如果一位新教师能加入一个共同合作和学习的教师团队，那么我们的教师和学校会变得多么卓有成效。

> ❝ 教师们应该进行团队协作，共同就全校公认的或与学生相关的问题献策献力。❞
>
> ——凯瑟琳·富尔顿（Kathleen Fulton）

GoBe

Y时代的老师有很多积极的方面有助于他们的教学，你可以登录www.cyb.com.cn，在结语部分查找这些积极的特质。

① M.嘎雷德（Garet, M.），A.波特（A.Porter），L.德斯莫因（L.Desmoine），B.伯曼（B.Birman）和S.K.邝（S.K.Kwang）：《什么使职业发展有效》，《美国教育研究杂志》，38（4），915～946页，2001.

② 苏珊·摩尔·约翰逊（Johnson, Susan Moore）和莎拉·E.博克兰（Sarah E.Birkeland）：《追求成就感：新老师解释他们的职业决定》，《美国教育研究杂志》，页码：608，2003.

到了翻开新一页的时候了

> 各公司每年都要花费高达530亿美元进行员工培训，而教育界每年则花费73亿美元招聘和更换教师。

各地学校每年都花费上亿美元的巨资聘用新教师，为的是补上一年的新教师离职后留下的缺。其实，可以用那些资金的一小部分来启动一个组织良好、前后一致并且可持续的教师职业发展计划。当教师们在教学上获得成功时，他们就会留下来。

我们已知道了下面这些：

◎ 对学生成绩优劣影响最大的是教师的教学效果。

◎ 新教师的教学效果没有老教师的好。

◎ 惯于单干的教师的教学效果没有那些加入了教师团队的教师好。

◎ 若不断地聘用新教师来补上一年雇用的新教师留下的缺，不仅成本巨大，而且不合理。

◎ 要是新教师接受培训，得到其他教师的支持，他们就更有可能成功并留下来。

因此，为了让新教师留下来，为了减小教师们在教学上的差距，为了逐步改进学生的学习效果，向新教师提供以下项目：

1. 一个组织良好、前后一致的新教师入职计划，并以此计划为基础演进为一个可持续的教师职业发展计划。

2. 一个新教师可以立即加入由全年级教师或某一课题教师组成的共同学习的团队。

GoBe

职业发展计划

那些关注教师培训并希望留住教师的学区，通常都有教师职业发展计划，请登录www.cyb.com.cn，阅读如何实施该计划。

　　对教育界人士来说，是时候该停下来反思一下着手变革了。我们到了为教育翻开新一页的时候了。新一代的教师领袖和管理人员应该将自己看成重要的资源和人力资本，能够使用已有的方式对教师的教学技能进行改进。我们现在就需要这样的教师和管理人员。我们不需要再启动另一个教学计划，进行结构变化，或者坚持传统的教育观念。

　　商业的底线是利润，同样的道理，教育的底线是学生的学业成绩。教师们追求专业发展的最终目的是提高每位学生的学业表现。

　　为了实现这个目的，需要利用你们自己的知识水平，技能和才智，充分开发自身的人力资本。学生要在学业上获得持续的进步，关键在于他们的教师要通过职业发展来充分挖掘出自身的人力资本。

　　在学校的资产负债表上，教师是唯一一项没有出现的资产，但教师却是每所学校最有价值的资产。今天我们聘用的教师将成为影响下一代人的灵魂工程师，他们的成功直接决定着一整代学生的成功。

　　高绩效学校会为未来投资。

　　他们的校园文化能培养出精通业务、卓有成效的教师。

　　他们的校园文化能提供可预测的结果。

　　他们的校园文化倡导一致性。

忠心感谢你们为了给孩子创造一个积极美好的未来

而付出的努力和热情

Harry + Rosemary

书名	书号	定价
特别推荐——从优秀到卓越系列		
★ 从优秀教师到卓越教师：极具影响力的日常教学策略	9787515312378	33.80
★ 从优秀教学到卓越教学：让学生专注学习的最实用教学指南	9787515324227	39.90
★ 从优秀学校到卓越学校：他们的校长在哪些方面做得更好	9787515325637	59.90
★ 卓越课堂管理（中国教育新闻网2015年度"影响教师的100本书"）	9787515331362	88.00
名师新经典/教育名著		
最难的问题不在考试中：先别给答案，带学生自己找到想问的事	9787515365930	48.00
在芬兰中小学课堂观摩研修的365日	9787515363608	49.00
马文·柯林斯的教育之道：通往卓越教育的路径（《中国教育报》2019年度"教师喜爱的100本书"，中国教育新闻网"影响教师的100本书"。朱永新作序，李希贵力荐）	9787515355122	49.80
★ 如何当好一名学校中层：快速提升中层能力、成就优秀学校的31个高效策略	9787515346519	49.00
★ 像冠军一样教学：引领学生走向卓越的62个教学诀窍	9787515343488	49.00
像冠军一样教学2：引领教师掌握62个教学诀窍的实操手册与教学资源	9787515352022	68.00
如何成为高效能教师	9787515301747	89.00
★ 给教师的101条建议（第三版）（《中国教育报》"最佳图书"奖）	9787515342665	49.00
★ 改善学生课堂表现的50个方法（入选《中国教育报》"影响教师的100本书"）	9787500693536	33.00
改善学生课堂表现的50个方法操作指南：小技巧获得大改变	9787515334783	39.90
快速破解60个日常教学难题	9787515339320	39.90
美国最好的中学是怎样的——让孩子成为学习高手的乐园	9787515344713	28.00
建立以学习共同体为导向的师生关系：让教育的复杂问题变得简单	9787515353449	33.80
教师成长/专业素养		
更好的沟通：如何通过训练变得更可信、更体贴、更有人脉	9787515372440	59.90
教师生存指南：即查即用的课堂策略、教学工具和课程活动	9787515370521	79.00
如何更积极地教学	9787515369594	49.00
教师的专业成长与评价性思考：专业主义如何影响和改变教育	9787515369143	49.90
精准教育与可见的学习：如何用更精简的教学实现更好的学习成果	9787515368672	59.00
教学这件事：感动几代人的教师专业成长指南	9787515367940	49.00
如何更快地变得更好：新教师90天培训计划	9787515365824	59.90
让每个孩子都发光：赋能学生成长、促进教师发展的KIPP学校教育模式	9787515366852	59.00
60秒教师专业发展指南：给教师的239个持续成长建议	9787515366739	59.90
通过积极的师生关系提升学生成绩：给教师的行动清单	9787515356877	49.00
卓越教师工具包：帮你顺利度过从教的前5年	9787515361345	49.00
★ 可见的学习与深度学习：最大化学生的技能、意志力和兴奋感	9787515361116	45.00
★ 学生教给我的17件重要的事：带给你爱、勇气、坚持与创意的人生课堂	9787515361208	39.80
教师如何持续学习与精进	9787515361109	39.00
从实习教师到优秀教师	9787515358673	39.90
像领袖一样教学：改变学生生命，使学生变得更好（中国教育新闻网2015年度"影响教师的100本书"）	9787515355375	49.00
★ 你的第一年：新教师如何生存和发展	9787515351599	33.80
教师精力管理：让教师高效教学，学生自主学习	9787515349169	39.00
如何使学生成为优秀的思考者和学习者：哈佛大学教育学院课堂思考解决方案	9787515348155	49.00
反思性教学：一个已被证明能让教师做到更好的培训项目（30周年纪念版）	9787515347837	59.90
★ 凭什么让学生服你：极具影响力的日常教育策略（中国教育新闻网2017年度"影响教师的100本书"）	9787515347554	39.00
运用积极心理学提高学生成绩（中国教育新闻网2017年度"影响教师的100本书"）	9787515345680	59.90
可见的学习与思维教学：成长型思维教学的54个教学资源：教学资源版	9787515354743	36.00
可见的学习与思维教学：让教学对学生可见，让学习对教师可见（中国教育报2017年度"教师最喜爱的100本书"）	9787515345000	39.90
教学是一段旅程：成长为卓越教师你一定要知道的事	9787515344478	39.00
安奈特·布鲁肖写给教师的101首诗	9787515340982	35.00
万人迷老师养成宝典学习指南	9787515340784	28.00
中小学教师职业道德培训手册：师德的定义、养成与评估	9787515340066	32.00
成为顶尖教师的10项修练（中国教育新闻网2015年度"影响教师的100本书"）	9787515334066	49.00
T.E.T.教师效能训练：一个已被证明能让所有年龄学生做到最好的培训项目（30周年纪念版）（中国教育新闻网2015年度"影响教师的100本书"）	9787515332284	49.00
教学需要打破常规：全世界最受欢迎的创意教学法（中国教育新闻网2015年度"影响教师的100本书"）	9787515331591	45.00
以学生为中心的翻转教学11法	9787515328386	29.00
如何使教师保持职业激情	9787515305868	29.00
★ 如何培训高效能教师：来自全美权威教师培训项目的建议	9787515324685	39.90
★ 让每个学生主动参与学习的37个技巧	9787515352787	45.00
给教师的40堂培训课：教师学习与发展的最佳实操手册	9787515310954	27.80
提高学生学习效率的9种教学方法		
★ 万人迷老师养成宝典（第2版）（入选《中国教育报》"2010年影响教师的100本书"）	9787515342702	39.00
课堂教学/课堂管理		
如何成为一名反思型教师	9787515372754	59.90
设计有效的教学评价与评分系统	9787515372488	49.90
卓有成效的课堂管理	9787515372464	49.90
如何在课堂上使用反馈和评价	9787515371719	49.90
跨学科阅读技能训练：让学生学会通过阅读而学习	9787515372105	49.90
★ 老师怎么做，学生才会听：给教师的学生行为管理指南	9787515370811	59.90
精进式学习法：基于提高学生能力的学习方法	9787515370606	49.00
好的教学是设计出来的：一套详细、先进、实用的卓越课堂设计和实施方案	9787515370705	49.00
翻转课堂与差异化教学：以学生为中心的课内翻转教学法	9787515370590	49.00
精益备课法：在课堂上少做多得的实用方法	9787515370088	49.00
记忆教学法：利用记忆在课堂上建立深入和持久的学习	9787515370095	49.00
动机教学法：利用学习动机科学来提高课堂上的注意力和努力	9787515370101	49.00
课堂上的深度：更深度、更系统地促进学生与思考	9787515370118	49.00
可见的教学影响力：系统地执行可见的5D深度教学	9787515369624	59.00
极简课堂管理法：给教师的18个精进课堂管理的建议	9787515369600	49.00
★ 像行为管理大师一样管理你的课堂：给教师的课堂行为管理解决方案	9787515368108	59.00
差异化教学与个性化教学：未来多元课堂的智慧教学解决方案	9787515367095	49.90
如何设计线上教学细节：快速提升线上课程在线率和课堂教学参与度	9787515365886	49.00
设计型学习法：教学与学习的重新构想	9787515366982	59.00
让学习真正在课堂上发生：基于学习状态、高度参与、课堂生态的深度教学	9787515366975	49.00
让教师变得更好的75个方法：用更少的压力获得更快的成功	9787515365831	49.00
技术如何改变教学：使用课堂技术创造令人兴奋的学习体验，并让学生对学习记忆深刻	9787515366661	49.00
课堂上的问题形成技术：老师怎样做，学生才会提出好的问题	9787515366401	45.00
翻转课堂与项目式教学	9787515366368	45.00
★ 优秀教师一定要知道的19件事：回答教师核心素养问题，解读为什么要向优秀看齐	9787515366630	59.00
从作业设计开始的30个创意教学法：运用互动反馈循环实现深度学习	9787515366364	56.00
基于课堂中精准理解的教学设计	9787515365909	49.00
如何创建培养自主学习者的课堂管理系统	9787515365879	49.00
如何设计深度学习的课堂：引导学生学习的176个教学工具	9787515366715	49.90
如何提高课堂创意与参与度：每个教师都可以使用的178个教学工具	9787515365763	49.90
如何激活学生思维：激励学生学习与思考的187个教学工具	9787515365770	49.90
男孩不难教：男孩学业、态度、行为问题的新解决方案	9787515364827	49.00
高度参与的线上线下融合式教学设计：极具影响力的备课、上课、练习、评价项目教学法	9787515364438	49.00
★ 跨学科项目式教学：通过"+1"教学法进行计划、管理和评估	9787515361086	49.00
课堂上最重要的56件事	9787515360775	35.00
全脑教学与游戏教学	9787515360690	39.00
深度教学：运用苏格拉底式提问法有效开展备课设计和课堂教学	9787515360591	49.00
★ 一看就会的课堂设计：三个步骤快速构建完整的课堂管理体系	9787515360584	39.90
如何有效激发学生学习兴趣	9787515360577	38.00
如何解决课堂上最关键的问题	9787515360195	49.00
多元智能教学法：挖掘每一个学生的最大潜能	9787515359885	49.00
探究式教学：让学生学会思考的四个步骤	9787515359496	39.00
课堂提问的技术与艺术	9787515358925	49.00
如何在课堂上实现卓越的教与学	9787515358321	49.00
基于学习风格的差异化教学	9787515358437	39.90
★ 让学生上课提问：好问题胜过好答案	9787515358253	39.00
高度参与的课堂：提高学生专注力的沉浸式教学	9787515357522	39.90
让学习变得有趣	9787515357782	39.00
如何利用学校网络进行项目式学习和个性化学习	9787515357591	39.00
基于问题导向的互动式、启发式与探究式课堂教学法	9787515357553	39.00
如何在课堂中使用讨论：促进学生讨论式学习的60种课堂活动	9787515357027	38.00
如何在课堂中使用差异化教学	9787515357010	39.90
★ 如何在课堂中培养成长型思维	9787515356754	39.90
每一位教师都是领导者：重新定义教学领导力	9787515356518	39.00
★ 教室里的1-2-3魔法教学：美国广泛使用的从学前到八年级的有效课堂纪律管理	9787515355986	39.90
★ 如何在课堂中使用布卢姆教育目标分类法	9787515355658	39.00
如何在课堂上使用学习评估	9787515355597	39.00
7天建立行之有效的课堂管理系统：以学生为中心的分层式正面管教	9787515355269	29.90
积极课堂：如何更好地解决课堂纪律与学生的冲突	9787515354590	38.00
设计智慧课堂：培养学生一生受用的学习习惯与思维方式	9787515352770	39.00
追求学习结果的88个经典教学设计：轻松打造学生积极参与的互动课堂	9787515353524	39.00

书名	书号	定价
从备课开始的100个课堂活动设计：创造积极课堂环境和学习乐趣的教师工具包	9787515353432	33.80
老师怎么教，学生才能记得住	9787515353067	48.00
多维互动式课堂管理：50个行之有效的方法助你事半功倍	9787515353395	39.80
智能课堂设计清单：帮助教师建立一套规范程序和做事方法	9787515352985	49.00
提升学生小组合作学习的56个策略：让学生变得专注、自信、会学习	9787515352954	29.90
快速处理学生行为问题的52个方法：让学生变得自律、专注、爱学习	9787515352428	39.00
让学生快速融入课堂的88个趣味游戏：让上课变得新颖、紧凑、有成效	9787515351889	39.00
★ 如何调动与激励学生：唤醒每个内在学习者（李希贵校长推荐全校教师研读）	9787515350448	39.80
合作学习技能35课：培养学生的协作能力和未来竞争力	9787515340524	59.00
基于课程标准的STEM教学设计：有趣有料有效的STEM跨学科培养教学方案	9787515349879	68.00
如何设计教学细节：好课堂是设计出来的	9787515349152	39.00
15秒课堂管理法：让上课变得有科、有趣、有秩序	9787515348490	49.00
混合式教学：技术工具辅助教学实操手册	9787515347073	39.80
从备课开始的50个创意教学法	9787515346618	39.00
中学生实现成绩突破的40个引导方法	9787515345192	33.00
给小学教师的100个简单有趣的科学实验创意	9787515342481	39.00
老师如何提问，学生才会思考	9787515341217	49.00
教师如何提高学生小组合作学习效率	9787515340340	39.00
卓越教师的200条教学策略	9787515340401	49.00
中小学生执行力训练手册：教出高效、专注、有自信的学生	9787515335384	49.90
从课堂开始的创客教育：培养每一位学生的创造能力	9787515342047	33.00
提高学生学习专注力的8个方法：打造深度学习课堂	9787515333557	35.00
改善学生学习态度的58个建议	9787515324067	36.00
★ 全脑教学（《中国教育新闻网》2015年度"影响教师的100本书"）	9787515323169	38.00
全脑教学与成长型思维教学：提高学生学习力的92个课堂游戏	9787515349466	39.00
★ 哈佛大学教育学院思维训练课：让学生学会思考的20个方法	9787515325101	59.90
如何更好地教学：优秀教师一定要知道的事	9787515324609	49.00
带着目的教与学	9787515323978	39.90
美国中小学生社会技能课程与活动（学前阶段/1-3年级/4-6年级/7-12年级）	9787515322537等	215.70
彻底走出教学误区：开启轻松智能课堂管理的45个方法	9787515322285	28.00
破解问题学生的行为密码：如何教好焦虑、逆反、孤僻、暴躁、早熟的学生	9787515322292	36.00
13个教学难题解决手册	9787515320502	28.00
★ 让学生爱上学习的165个课堂游戏	9787515319032	59.00
美国学生游戏与素质训练手册：培养孩子合作、自尊、沟通、情商的103种教育游戏	9787515325156	49.00
老师怎么说，学生才会听	9787515312057	39.00
快乐教室：如何让学生积极与你互动（入选《中国教育报》"影响教师的100本书"）	9787500696087	29.00
★ 老师怎么教，学生才会提问	9787515317410	29.00
★ 快速改善课堂纪律的75个方法	9787515313665	39.90
教学可以很简单：高效能教师教学7法	9787515314457	39.00
★ 好老师可以避免的20个课堂错误（入选《中国教育报》"影响教师的100本图书"）	9787500688785	39.90
好老师应对课堂挑战的25个方法（《给教师的101条建议》作者新书）	9787500699378	25.00
好老师激励后进生的21个课堂技巧	9787515311838	39.80
★ 开始和结束一堂课的50个好创意	9787515312071	29.80
★ 好老师因材施教的12个方法（美国著名教师伊莉莎白"好老师"三部曲）	9787500694847	22.00
班主任工作/德育		
30年班主任，我没干够（《凭什么让学生服你》姊妹篇）	9787515370569	59.00
★ 北京四中8班的教育奇迹	9787515321608	36.00
★ 师德教育培训手册	9787515326627	29.80
★ 好老师征服后进生的14堂课（美国著名教师伊莉莎白"好老师"三部曲）	9787500693819	39.90
优秀班主任的50条建议：师德育感动读本（《中国教育报》专题推荐）	9787515305752	23.00
学校管理/校长领导力		
★ 哈佛大学教育学院学校创新管理课	9787515369389	59.90
如何构建积极型学校	9787515368818	49.90
卓越课堂的50个关键问题	9787515366678	39.00
如何培养卓越教师：给学校管理者的行动清单	9787515357034	39.00
★ 学校管理最重要的48件事	9787515361055	39.80
重新设计学习和教学空间：设计利于活动、游戏、学习、创造的学习环境	9787515360447	49.00
重新设计一所好学校：简单、合理、多样化地解构和重塑现有学习空间和学校环境	9787515356129	49.00
校长引导中层和教师思考的50个问题	9787515349176	29.00
如何定义、评估和改变学校文化	9787515340371	49.90
优秀校长一定要做的18件事（入选《中国教育报》"2009年影响教师的100本书"）	9787515342733	39.90
学科教学/教科研		
精读三国演义20讲：读写与思辨能力提升之道	9787515369785	59.90
中学古文观止50讲：文言文阅读能力提升之道	9787515366555	59.90

书名	书号	定价
完美英语备课法：用更短时间和更少材料让学生高度参与的100个课堂游戏	9787515366524	49.00
人大附中整本阅读取胜之道：让阅读与作文双赢	9787515364636	59.90
北京四中语文：千古文章	9787515360973	59.00
北京四中语文：亲近经典	9787515360980	59.00
从备课开始的56个英语创意教学：快速从小白老师到名师高手	9787515359878	49.90
美国学生写作技能训练	9787515335979	39.90
《道德经》图解、导读与分享（诵读版）	9787515351407	49.00
京沪穗杭江浙名校名师联手教你：如何写好中考作文	9787515356570	49.00
京沪穗杭江浙名校名师联手教授：如何写好高考作文	9787515356646	49.80
★ 人大附中中考作文取胜之道	9787515345567	49.00
★ 人大附中高考作文取胜之道	9787515320694	49.00
★ 人大附中学生这样学语文：走近经典名著	9787515328959	49.00
让学生爱上数学的48个游戏	9787515326207	26.00
情商教育/心理咨询		
如何防止校园霸凌：帮助孩子自信、有韧性和坚强成长的实用工具	9787515370156	59.90
连接课：与中小学学科课程并重的一门课	9787515370613	49.00
给大人的关于儿童青少年情绪与行为问题的应对指南	9787515366418	89.90
教师焦点解决方案：运用焦点解决方案管理学生情绪与行为	9787515369471	49.00
9节课，教你读懂孩子：妙解亲子教育、青春期教育、隔代教育难题	9787515351056	39.80
★ 学生版盖洛普优势识别器（独一无二的优势测量工具）	9787515350387	169.00
中小学心理教师的10项修炼	9787515309347	36.00
别和青春期的孩子较劲（增订版）（入选《中国教育报》"2009年影响教师的100本书"）	9787515343075	39.90
幼儿园/学前教育		
幼儿园室内区域活动：107个有趣的学习游戏活动	9787515369778	59.90
幼儿园户外区域活动书：106个有趣的学习游戏活动	9787515369761	59.90
幼小衔接听课能力课	9787515364643	33.00
用蒙台梭利教育法开启0~6岁男孩潜能	9787515361222	45.00
德国幼儿的自我表达课：不是孩子爱闹情绪，是她/他想说却不会说！	9787515359458	59.00
德国幼儿教育成功的秘密：近距离体验德国学前教育理念与幼儿园日常活动安排	9787515359465	49.80
美国儿童自然拼读启蒙课：至关重要的早期阅读训练系统	9787515351933	49.80
幼儿园30个大主题活动精选：让工作更轻松的整合技巧	9787515339627	39.80
自由地学习：华德福的幼儿园教育	9787515328300	49.90
教育主张/教育视野		
为问题提出而教：支持学生从问题走向问题解决的学习模型	9787515372716	59.90
重新定义教：为核心素养而教，为生存能力而学	9787515369945	59.90
重新定义学：如何设计未来学校与引领未来学习	9787515367484	49.00
教育新思维：帮助孩子达成目标的实战教学法	9787515365848	49.00
★ 教学是如何发生的：关于教学与教师效能的开创性研究及其实践意义	9787515370323	59.90
★ 学习是如何发生的：教育心理学中的开创性研究及其实践意义	9787515366531	59.90
父母不应该错过的犹太人育儿法	9787515365688	52.00
如何在线教学：教师在智能教育新形态下的生存与发展	9787515365855	49.00
正向养育：黑幼龙的慢养哲学	9787515365671	39.90
颠覆教育的人：蒙台梭利传	9787515365572	59.90
如何科学地帮助孩子学习：每个父母都应知道的77项脑科学知识	9787515368092	49.00
学习的科学：每位教师都应知道的99项脑科学研究成果（升级版）	9787515368078	59.00
学习的科学：每位教师都应知道的77项脑科学研究成果	9787515364094	59.00
真实性学习：如何设计体验式、情境式、主动式的学习课堂	9787515363769	49.00
哈佛前1%的秘密（俞敏洪、成甲、姚梅林、陈梅玲推荐）	9787515363349	59.90
基于七个习惯的自我领导力教育设计：让学校教育人更有道，让学生自育更有根	9787515362809	69.00
终身学习：让学生在未来拥有不可替代的决胜力	9787515360560	49.90
颠覆性思维：为什么我们的阅读方式很重要	9787515360393	39.90
如何教学生阅读与思考：每位教师都需要的阅读训练手册	9787515359472	39.80
成长型教师：如何持续提升教师成长力、影响力与教育力	9787515368689	48.00
教出阅读力	9787515352800	39.90
为学生赋能：当学生自己掌控学习时，会发生什么	9787515352848	33.00
如何用设计思维创意教学：风靡全球的创造力培养方法	9787515352367	39.80
如何学习：用更短的时间达到更佳效果和更好成绩	9787515349084	49.00
★ 芬兰教育全球第一的秘密（钻石版）（《中国教育报》等主流媒体专题推荐）	9787515359922	59.00
培养终身学习能力和习惯的芬兰教育：成就每一个学生，拥有适应未来的核心素养和必备技能	9787515370415	59.00
★ 杰出青少年的7个习惯（精英版）	9787515342672	52.00
杰出青少年的7个习惯（成长版）	9787515353155	29.00
★ 杰出青少年的6个决定（领袖版）（全国优秀出版物奖）	9787515342658	49.90
★ 7个习惯教出优秀学生（第2版）（全球畅销书《高效能人士的七个习惯》教师版）	9787515342573	39.90

封面图像：真实教育工作者的真实教育场景照片，谨此以表对教育者的敬意。你正改变学生们的人生和这个世界。

从封面右边至封底左边依次是：爱德华·阿桂乐斯（Edward Aguiles），雪龙达·瑟若亚（Chelonnda Seroyer），杰佛瑞·W.史密斯（Jeffrey W.Smith），尼尔·门多萨·威尔森（Nile Mendoza Wilson），小埃尔摩·桑切斯（Elmo Sanchez,Jr.），莎拉·江达尔（Sarah Jondahl），希尔顿·杰伊（Hilton Jay），克克·戈登（Kirk Gordon），莉娜·努希奥—李（Lena Nuccio-Lee），和戴安娜·格林浩斯（Diana Greenhouse）。

如何成为高效能教师

图书在版编目（CIP）数据

如何成为高效能教师 /（美）黄绍裘，（美）黄露丝玛丽著；美国伊仑奈克斯翻译公司，中文在家译.
—北京：中国青年出版社，2011.9
ISBN 978-7-5153-0174-7

Ⅰ.如… Ⅱ.①黄… ② 黄… ③ 美… ④中… Ⅲ.教师—工作 Ⅳ.G451

中国版本图书馆CIP数据核字（2011）第173087号

Copyright © 2009 by Harry K.Wong Publications,Inc.
Simplified Chinese translation edition © 2011 by China Youth Press
ALL RIGHTS RESERVED.

作　　者：（美）黄绍裘　黄露丝玛丽
译　　者：美国伊仑奈克斯翻译公司　中文在家
策划编辑：韩文静
责任编辑：周　红
美术编辑：张　建
出　　版：中国青年出版社
发　　行：北京中青文文化传媒有限公司
电　　话：010-65511272 / 65516873
公司网址：www.cyb.com.cn
购书网址：zqwts.tmall.com
印　　刷：大厂回族自治县益利印刷有限公司
版　　次：2011年9月第1版
印　　次：2024年8月第17次印刷
开　　本：889×1194　1/16
字　　数：260千字
印　　张：21.5
京权图字：01-2010-5234
书　　号：ISBN 978-7-5153-0174-7
定　　价：89.00元

中青版图书，版权所有，盗版必究